Computerwissen

Grundlagen für Schule und Beruf

von

Manfred Koren

Handwerk und Technik – Hamburg

Bildquellenverzeichnis

Verfasser und Verlag danken den genannten Firmen, Institutionen und Privatpersonen für die Überlassung von Vorlagen und Abdruckgenehmigungen zu folgenden Abbildungen:

Apple.com: Seiten 30.24; 30.25; 30.26; 31.27; 31.28a; 31.28b
AVM Computersysteme Vertriebs GmbH, Berlin: Seite 15.20
Breitbandmessung der Bundesnetzagentur, www.breitbandmessung.de: Seite 36.1
Deutscher Bundesjugendring (DBJR), Berlin, https://yopad.eu/: Seite 45.15
Doodle AG, Zürich (Schweiz): Seite 45.14
DuckDuckGo Inc., Paoli (USA): Seite 50.24
Google Ireland Limited, Google Chrome, Dublin (Irland): Seiten 43.10; 43.11; 43.12; 44.13; 50.23
IONOS SE, Montabaur: Seite 48.19; 48.20; 48.21
iStockphoto, Berlin: Seite 111.45©annebaek (Mann)
Prof. Dipl.-Ing. Klaus Knopper, Schmalenberg: Seite 21.3
Lenovo (Deutschland) GmbH, Stuttgart: Seite 5.1
LIONCAST - eine Marke der STAGE10 GmbH, Berlin: Seite 11.13
Logitech Europe S.A., Lausanne (Schweiz): Seiten 17.26; 92.1
© 2022 Microsoft Deutschland GmbH, München: Seiten 7.4; 20.2; 21.4; 23.6; 23.7; 24.8; 24.9; 25.10; 25.Tab.1a-g; 26.11 oben; 27.12; 27.13; 27.14; 27.15; 28.16; 28.17; 28.18; 28.19; 29.20; 29.21; 29.22; 32.29; 33.31; 38.5; 38.6 (Menü); 41.9; 46.16; 51.1; 51.rechts (QR-Code); 52.links (Word-Icon); 52.2a; 53.2b; 53.3; 53.4; 53.5; 54.6; 55.7; 56.8; 56.9; 57.10; 57.11; 57.12; 57.13; 58.14; 58.15a; 59.15b; 59.16; 59.17; 60.18; 60.19; 60.20; 60.21; 61.22; 61.23; 61.24; 62.25; 62.26; 62.27; 62.28; 63.29;
63.30; 64.31a; 64.31b; 64.32a; 65.32b; 65.33; 65.34; 65.35; 66.36; 66.37; 66.38; 67.39; 67.40; 68.42; 69.43; 69.44; 69.45; 69.46; 70.47; 70.48; 70.49; 70.50; 71.51; 71.52; 71.53; 72.links (Excel-Icon); 72.1; 72.2; 73.3; 73.4; 74.5; 74.6; 74.unten; 75.7; 75.8; 76.9; 76.10; 77.11; 77.12; 78.13; 78.to do; 79.14; 79.15; 79.16; 80.17; 80.18; 80.19; 81.20; 81.21; 81.22; 82.Tab. 3; 83.oben; 83.23; 83.24; 84.25; 84. mitte; 84.26; 84.27; 85.28; 85.29; 85.30; 86.31; 86.32; 87.33; 87.34; 88.35; 88.36; 88.37; 89.38; 89.39; 89.40; 89.41; 90.42; 90.43; 91.44; 91.45; 93.2; 93.3a; 93.3b; 94.4; 94.5; 94.6; 94.7; 95.9; 95.10; 95.to do; 96.11; 96.12; 96.14; 97.15; 97.16; 98.17; 98.18; 99.19; 99.20; 99.21; 100.22; 100.23; 100.24; 101.25; 101.26; 102.27; 103.29; 103.30; 104.31; 104.32; 105.33; 105.34; 106.35; 107.36; 107.37; 108.38; 108.rechts; 108.39; 108.40; 109.41; 109.42; 109.43; 110.44
Moodle Pty Ltd, West Perth (Australien): Seite 47.17; 47.18
© 2022 Prezi Inc., Oakland (USA): Seiten 111.45; 111.46; 112.47
Shutterstock Images LLC; New York (USA): Seiten 5.2©Stanislaw Mikulski; 6.3©Kai Beercrafter; 8.5©corund ; 9.6©siiixth; 9.7©Maxx-Studio; 9.8©David Fadul; 10.11©Golden Sikorka; 10.12©pablofdezr; 13.15©rozbyshaka; 13.16©Farknot Architect; 13.17©nampix; 14.18©Den Rozhnovsky; 15.19©arka38; 16.21©kiri11; 16.22©Omnart; 16.23©ArtoBarto; 17.24©Surasit Ph; 17.25©Vlad Kochelaevskiy; 18.27©Anan Chincho; 22.5©Hadrian; 25.Tab.1h©Menno Schaefer; 30.23©Alexey Boldin; 38.6©Andrey_Popov; 39.7©Andrey_Popov; 93.3aa©3Dsculptor (NASA); 93.3ab©Serafima82 (Cleopatra); 93.3ad©Javrob (Vulkan); 93.3bb©bitt24 (Mozzarella); 93.3bc©HikoPhotography (Ofenkäse); 93.3bd©HandmadePictures (Camembert); 93.3be©Hquality (Parmesan); 93.3bg©Tatjana Baibakova (Käseplatte); 99.20a©Songquan Deng (Brücke); 99.21a©Songquan Deng (Brücke); 100.23a©Songquan Deng (Brücke); 106.35©Kite_rin (Frau); 107.36©Kite_rin (Frau); 107.37©Konoplytska (Katzen); 107.37©rtsimage (Piano); 107.37©Gandolpho (Pferd); 107.37©pikselstock (Schreinerin); 107.37©ValdisOsins (Kuchen); 109.42©Kite_rin (Frau); 109.42©Konoplytska (Katzen); 109.42©rtsimage (Piano); 109.42©Gandolpho (Pferd); 109.42©pikselstock (Schreinerin); 109.42©ValdisOsins (Kuchen); 110.44©Kite_rin (Frau); 110.44©Konoplytska (Katzen); 110.44©rtsimage (Piano); 110.44©Gandolpho (Pferd); 110.44©pikselstock (Schreinerin); 110.44©ValdisOsins (Kuchen)
stock.adobe.com: Seiten 9.9©starlineart; 12.14©vectorsanta; 93.3ac©anshar73 (Paris); 93.3bf©Meliha Gojak (Leerdamer)
TeamViewer Germany GmbH, Göppingen: Seite 33.30
Wikimedia Commons: Seiten 49.22©Creative Commons, Public domain; 93.3ba©PDPhoto.org, Public domain (Appenzeller)
Zoom Video Communications, Inc., San Jose (USA): Seiten 36.2; 37.3; 37.4

Trotz intensiver Bemühungen ist es uns nicht gelungen, die Urheber einiger Abbildungen zu ermitteln. Die Rechte dieser Urheber werden selbstverständlich vom Verlag gewahrt. Die Urheber oder deren Rechtsnachfolger werden gebeten, sich mit dem Verlag in Verbindung zu setzen.

ISBN 978-3-582-03369-7 Best.-Nr. 3369

Die Normblattangaben werden wiedergegeben mit Erlaubnis des DIN Deutsches Institut für Normung e.V. Maßgebend für das Anwenden der Norm ist deren Fassung mit dem neuesten Ausgabedatum, die bei der Beuth Verlag GmbH, Burggrafenstraße 6, 10787 Berlin, erhältlich ist.

Verlag Handwerk und Technik GmbH,
Lademannbogen 135, 22339 Hamburg; Postfach 63 05 00, 22331 Hamburg – 2023
E-Mail: info@handwerk-technik.de – Internet: www.handwerk-technik.de

Satz und Layout: tiffany GmbH, 10999 Berlin
Umschlagmotiv: Shutterstock Images LLC, New York, USA: ©4zevar
Druck: Brüder Glöckler GmbH, Wöllersdorf

Dieses Buch wurde für Schülerinnen und Schüler an allgemeinbildenden Schulen, Berufsschulen, Berufskollegs und Fachschulen konzipiert. Ob als Nachschlagewerk, als Begleitung im Unterricht oder zum Selbststudium, widmet es sich grundlegenden Themen für den Einstieg in die berufliche Nutzung von Computern.

In kompakter Form vermittelt es Grundwissen zu Hardware, Betriebssystemen und Anwendungsprogrammen.

Präsentationen erstellen, Daten in Excel erfassen und verarbeiten oder auch das Schreiben von Serienbriefen in Word gehört heutzutage zum Alltag in Schule und Beruf. Die grundlegenden Schritte hierfür werden anhand von Bildern verständlich erklärt.

Ebenso erhalten Sie zahlreiche Tipps zu intelligentem Suchen im Internet sowie zum Schutz der Privatsphäre.

Hinweis: Je nach verwendeter Programmversion (z. B. für Windows oder für Mac bzw. im Abo oder nicht ...) oder verwendetem Browser können die Fenster und Menüs in der Ansicht leicht abweichen. An einigen Stellen haben wir extra darauf aufmerksam gemacht und beispielhaft zwei Versionen gezeigt. In den meisten Fällen ist das allerdings aufgrund der starken Ähnlichkeit der Versionen nicht erforderlich.

Viel Erfolg wünschen Autor und Verlag

1 HARDWARE

Computer gibt es überall, beispielsweise sind in Mobil- und Festnetztelefonen, Waschmaschinen, Fernsehern usw. kleine Computer verbaut.

Abb. 1: Das Innere eines Stand-PCs

Ein Computer besteht im Wesentlichen aus zwei Komponenten, der Hardware und der Software. Hardware ist das, was man sehen, anfassen und z. B. wegtragen kann. Software, das sind die Programme. Man unterscheidet zwischen Systemsoftware und Anwendungssoftware.

Abb. 2: Die Symbole von Android, Apple, Windows und Linux

Systemsoftware

Systemsoftware, das sind die Programme, die der Computer braucht, um überhaupt etwas zu tun, sie steuern die Zusammenarbeit der einzelnen Hardwarekomponenten und zwischen Hardware und Anwendungssoftware. Darunter fallen Betriebssysteme wie Windows, macOS, Android, Linux, iOS usw.

Anwendungssoftware

Anwendungssoftware nennt man die Programme, die ein Benutzer zur Lösung seiner Aufgaben verwendet also z. B. Word, Excel, Acrobat Reader, Safari, Writer usw.

Programme auf Smartphones werden auch Applikationen oder kurz „Apps" genannt. Ist die Software in ein Gerät „eingebettet", so spricht man von **Firmware**. Die Programme in einem Fernseher, einer Waschmaschine oder einer „intelligenten Steckdose" sind von Anfang an „eingebaut", können aber manchmal durch neue Versionen ersetzt werden. Dies nennt man ein Update.

Updates

Updates sind der Ersatz eines Programmes durch eine neue Version, die neue Funktionen oder auch nur weniger Fehler hat. Für fast alle Programme gibt es regelmäßige Updates.

1.1 Prozessoren

CPU

Kernstück eines jeden Computers ist die CPU (Central Processing Unit), also die „zentrale Verarbeitungseinheit" auch Prozessor genannt. Der Prozessor führt alle Befehle aus, die in einem Programm vorgegeben sind.

Es gibt viele unterschiedliche Hersteller von Prozessoren (Intel, AMD, ARM, Apple ...). Programme, die für eine bestimme Prozessorart geschrieben wurden, laufen nicht ohne weiteres auf anderen Typen. So kann ein Programm, das für einen Apple-Computer geschrieben wurde, nicht ohne weiteres auf einem Windows-PC funktionieren.

Abb. 3: Ein Mikroprozessor mit hunderten Anschlüssen

Prozessortypen

In Stand-PCs oder Laptops fand man in den letzten Jahren überwiegend Prozessoren der x86-Familie. Dies ist eine Bauart, die von Intel und AMD entwickelt wurde. Erste Prozessoren dieser Familie gab es schon in den 1980er Jahren. Permanent kommen neue Modelle heraus, die weiter verbessert werden. Aktuelle Intel-Prozessoren heißen z. B. core-i5, core-i7, core-i9 oder xeon. Aktuelle AMD-Prozessoren heißen Ryzen oder Ryzen Threadripper. All diese Prozessoren gehören zur x86 Familie, was Voraussetzung für die Benutzung des Betriebssystems Windows von Microsoft ist.

Auch Apple benutzte x86 Intel-Prozessoren für sein Computerbetriebssystem macOS, führt aber seit Ende 2020 auch eigene Prozessoren ein. Das erste Modell heißt M1.

Moderne Prozessoren sind in der Lage mit 64-Bit-Betriebssystemen zu arbeiten, sodass mehr als 4 GB Speicher benutzt werden können. (siehe RAM)

Prozessorgeschwindigkeit

Ein wichtiges Kriterium für die Leistungsfähigkeit eines Prozessors ist die Geschwindigkeit. Es gibt einen Taktgeber und mit jedem Takt führt der Prozessor einen Befehl aus. Je höher der Takt ist, desto schneller arbeitet der Computer. Es gibt aber physikalische Grenzen. Je höher der Takt ist, umso mehr Strom verbraucht der Prozessor und umso wärmer wird er. Die Kühlung wird dann schwierig. Moderne Prozessoren passen die Taktfrequenz dynamisch den Anforderungen an. Wenn nichts oder wenig zu tun ist, sinkt die Taktfrequenz, wenn Höchstleistung gefordert ist, wird die Taktfrequenz, manchmal auch nur kurzfristig, erhöht.

Aktuelle Prozessoren haben eine Taktfrequenz von 2 bis 5 GHz. Die Taktfrequenz ist nicht alles. Eine Aufgabe wird nicht nur dadurch schneller erledigt, weil man schneller arbeitet, sondern kann auch schneller fertig werden, weil mehrere zugleich anpacken. Man baut hierfür mehrere (Teil-)Prozessoren in ein Gehäuse, so dass der Computer schneller wird. Der Prozessor hat dann mehrere **Kerne** (englisch Cores) die gleichzeitig arbeiten können. Die Programme müssen aber auch in der Lage sein, die Aufgaben entsprechend zu verteilen, sonst nützen viele Kerne nichts. Es gibt Prozessoren mit bis zu 72 Kernen, die aber aufgrund des hohen Preises für die Lösung besonderer Aufgaben vorbehalten sind.

Aktuelle Handys haben oft acht Kerne: vier langsame, die sparsam sind und vier schnelle, die viel Strom „fressen". Das Betriebssystem entscheidet dann, welche Kerne benutzt werden, um einerseits den Akku zu schonen, aber bei Bedarf schnell zu arbeiten. Genauso arbeitet auch der aktuelle Prozessor M1 von Apple, der in Arbeitsplatzrechnern und Notebooks verbaut wird.

Manchmal ist es auch hilfreich, wenn der Prozessor zwei Aufgaben „gleichzeitig" in einem Kern ausführt. Beim „Hyperthreading" teilen sich zwei (**Threads** genannte) Programme einen Kern, der aus verschiedenen Baugruppen besteht. Dadurch können alle Teile des Kerns besser ausgelastet werden. Die Aufgaben werden schneller erledigt.

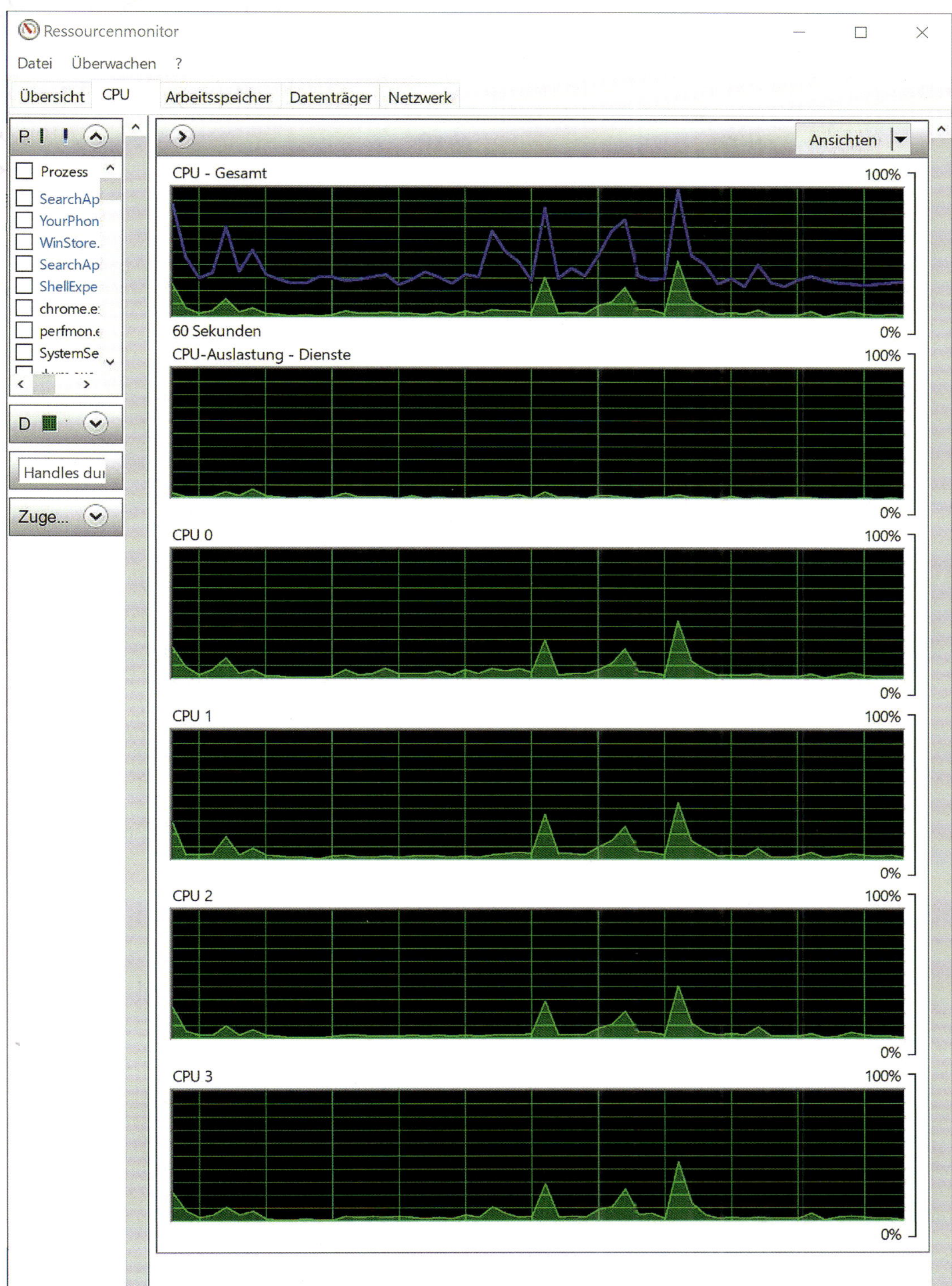

Abb. 4: Der Ressourcenmonitor von Windows zeigt vier Kerne (CPUs) an. Es gibt aber nur zwei echte Kerne mit jeweils zwei Threads.

Caches

Weil der Datentransfer vom Prozessor zum Hauptspeicher für den Prozessor sehr „langsam" ist, gibt es schnelle Zwischenspeicher im Prozessorgehäuse, sogenannte Caches.

Virtualisierung

Damit auf einem Computer mehrere Betriebssysteme parallel laufen können, unterstützen moderne Prozessoren die sogenannte Virtualisierung. In einem Fenster läuft dann beispielsweise Windows 10 und in einem anderen Linux oder Windows XP. Die einzelnen Betriebssysteme „sehen" nichts voneinander und arbeiten ungestört. Der Computer ist damit nicht auf ein Betriebssystem beschränkt.

1.2 Bits und Bytes

Die kleinstmögliche Informationseinheit wird „Bit" genannt. Mit einem Bit kann man genau zwei Zustände kennzeichnen (an/aus oder auch 0/1). Computer arbeiten herkömmlicherweise „binär", d. h. mit Bits. Fasst man 8 Bit zusammen so nennt man das ein „Byte". Ein Byte kann 256 verschiedene Zustände darstellen. Früher verwendete man für jeden Buchstaben, genau ein Byte. Es gab also nur 256 verschiedene Zeichen.

Das Wort „Kilo" vor einer Maßeinheit bedeutet eigentlich „das Tausendfache". Bei Datenmengen wird es meist für „das 1024-Fache" benutzt. Die korrekte Bezeichnung „kibi" wird nur selten benutzt. Das gleiche gilt für „mebi", „gibi", „tebi", „pebi" oder „exbi". Ein Kilobyte (KB oder KByte) entspricht 1024 Byte (eigentlich ein KiB).

- Ein Megabyte (MB oder MByte) entspricht 1024 Kilobyte.
- Ein Gigabyte(GB oder GByte) entspricht 1024 Megabyte.
- Ein Terabyte (TB oder TByte) entspricht 1024 Gigabyte.
- Ein Petabyte (PB oder PByte) entspricht 1024 Terabyte.
- Ein Exabyte (EB oder EByte) entspricht 1024 Petabyte.

1 KB = 1 KB
1 MB = 1.024 KB
1 GB = 1.048.576 KB
1 TB = 1.073.741.824 KB
1 PB = 1.099.511.627.776 KB
1 EB = 1.125.899.906.842.620 KB

Beispiele für Dateigrößen

- Eine Schreibmaschinenseite benötigt etwa 1–5 KB.
- Die Bibel als Text benötigt etwa 4 MB.
- Eine Stunde Internetradio benötigt etwa 56 MB.
- Eine CD kann etwa 700 MB speichern. Das entspricht einer Stunde Netflix schauen (mittlere Bild-Qualität).
- Eine Blu-Ray kann bis zu 50 GB speichern.
- YouTube wächst jeden Tag um etwa 1 Petabyte.
- Google belegt inklusive aller Dienste mutmaßlich mehr als 200 Exabyte.

Datenkompression und Datenreduktion

Um Speicherplatz zu sparen und zur Beschleunigung der Datenübermittlung werden Daten **komprimiert** (gepackt) und **reduziert**.

Bei der **Datenkompression** gehen keine Daten verloren, sie werden nur geschickt verdichtet („gepackt"). Nach der **Dekompression** bzw. dem „Entpacken" sind die ursprünglichen Daten wieder nutzbar. Bekanntestes Verfahren ist hier das **Zippen** von Dateien. Das zugehörige Dateiformat heißt ZIP. Wie stark komprimiert werden kann, hängt von den jeweiligen Daten ab.

Abb. 5: So funktioniert Datenkompression nicht.

Bei der **Datenreduktion** gehen dagegen tatsächlich Informationen verloren. Bei Bildern, Musik oder Filmen, für die diese Verfahren verwendet werden, nutzt man Kenntnisse über die Wahrnehmungsfähigkeiten von Menschen. Im besten Fall hört oder sieht man keinen Unterschied zum Original. Hier wird auch Kompression genutzt.

- Bei Bildern sind z. B. die Formate JPEG und HEIF bekannt.
- Für Musik werden oft die Formate MP3, ACC oder OGG benutzt.
- Für Filme nutzt man oft MPEG-4, HEVC, H.264 oder VP9.
- Bei den einzelnen Programmen lässt sich einstellen, wie stark reduziert wird. Mit steigender Reduktion sinkt aber die Qualität. Man hört und sieht Unterschiede zum Original.
- Bei Videokompression ist ein Kompressionsfaktor von 50 durchaus üblich. Das heißt, man braucht für einen Film nur eine Blu-Ray und nicht 50.

1.3 Speicher

Der Prozessor bearbeitet Daten, die er aus dem **Hauptspeicher** bekommt. Hauptspeicher besteht aus sog. **RAM-Bausteinen** (RAM = Random Access Memory). Dies ist ein „flüchtiger Speicher", d. h. wenn man den Computer ausschaltet, sind die hier gespeicherten Daten weg.

Bei manchen Computern sind die RAM-Bausteine austauschbar, sodass Speicher „nachgerüstet" werden kann. Üblicherweise haben Computer 4 bis 16 GB Hauptspeicher.

Abb. 6: Ein RAM-Baustein, auch „Riegel" genannt

Programme, die Videos bearbeiten, oder auch aufwendige Spiele laufen schneller, je mehr RAM zur Verfügung steht. Beim M1-Prozessor von Apple sind Prozessor und RAM in einem Gehäuse. Um Daten dauerhaft zu speichern braucht man „nichtflüchtige Speicher".

Unterschiedliche Bauformen

Herkömmliche **Festplatten**, auch **HDD** (Hard Disk Drive) oder **HD** (Hard Drive) genannt, bestehen aus mehreren rotierenden Scheiben in einem geschlossenen Gehäuse, auf denen die Informationen magnetisch abgelegt werden. Diese Scheiben rotieren bis zu 10.000-mal pro Minute. Die Kapazität einer HD kann bis zu 20 TByte betragen.

Seit etwa 1990 werden auch sogenannte **SSD**s (Solid State Drive) verwendet, in denen es keine beweglichen Teile mehr gibt. Sie sind meist schneller und mechanisch robuster. Um SSDs in älteren Computern nutzen zu können, haben manche die gleichen Anschlüsse wie HDs. Neuere Computer haben spezielle Stecker für SSDs. Ein Standard ist z. B. M.2. Die SSD ist dann nur eine kleine Platine ohne Gehäuse, die eingesteckt wird.

Abb. 7: Eine SSD im M.2-Format

Auf externen Speichermedien kann man Daten archivieren oder weitergeben.

- **USB-Sticks** sind hier weit verbreitet. Typische Größen sind 16 GB bis 128 GB. Es gibt aber auch Sticks mit 2 TB.
- CDs oder DVDs können „gebrannt" werden und werden optisch in einem passenden Laufwerk ausgelesen. Zur Archivierung werden sie noch eingesetzt. Medizinische Daten, Bankdaten usw. werden den Kunden meist per CD weitergegeben.

Abb. 8: Ein USB-Stick und CDs

Daten können auch in einer **Cloud** gespeichert werden. Viele Anbieter im Internet stellen hierfür Speicherplatz in ihren Rechenzentren zur Verfügung. Dropbox, Google Drive, OneDrive, iCloud oder AWS sind nur einige Beispiele. Man lädt die Daten per Internet hoch und kann sie bei Bedarf wieder herunterladen. Bis zu einer bestimmten Speichermenge sind diese Dienste oft kostenlos. Ob man persönliche oder sensible Daten einem dieser Anbieter anvertraut, sollte gut überlegt sein.

Abb. 9: Die Symbole unterschiedlicher Cloud-Anbieter

1.4 Eingabe, Verarbeitung und Ausgabe (EVA)

Computer arbeiten nach dem **EVA-Prinzip**. Man gibt Daten ein, der Computer verarbeitet sie und danach werden Daten ausgegeben.

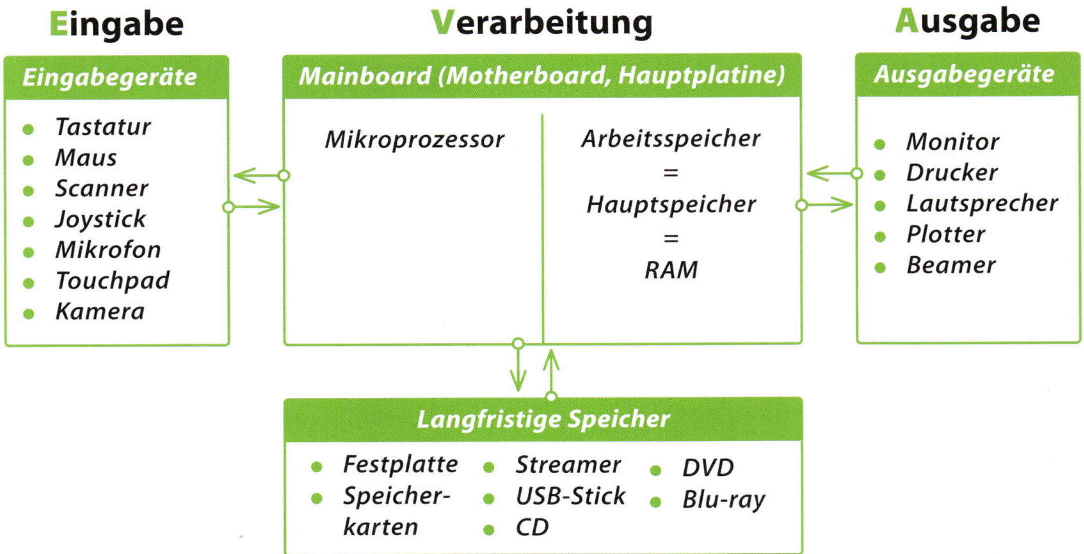

Abb. 10: Die Hardware-Komponenten

Man braucht also **Ein-** und **Ausgabegeräte** wie Tastatur und Bildschirm und **Schnittstellen**, über die diese Geräte an den Computer angeschlossen werden. Dies kann per Stecker und Kabel oder auch per Funk geschehen. Die meisten Computer haben Anschlüsse für Kopfhörer oder Lautsprecher und ein Mikrofon.

USB Drucker, Tastaturen, externe Speichermedien werden per **USB** (Universal Serial Bus) angeschlossen. Neuere Geräte können über USB auch aufgeladen werden oder Videos über diese Schnittstelle abspielen.

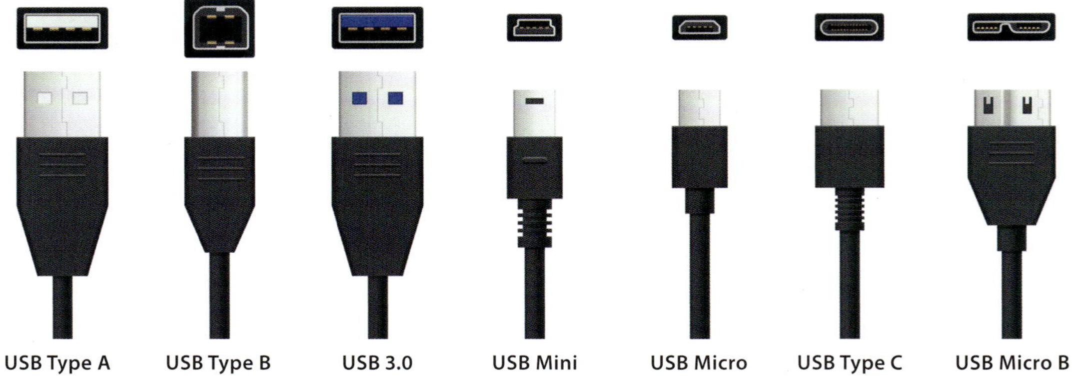

Abb. 11: Verschiedene USB-Steckertypen

Video Output Types
VGA
DVI
S-Video
Composite
VIDEO
Component
Y
Pb
Pr
HDMI
Display Port

Abb. 12: Verschiedene Stecker zur Video-Übertragung

Es gibt für USB unterschiedliche Steckertypen und unterschiedliche Geschwindigkeiten (z.B. USB 2.0, USB-3.2 oder USB4).

Monitore, Beamer oder Fernseher werden per VGA, DVI, HDMI oder Display-Port angeschlossen.

Drahtlose Mäuse und Tastaturen oder passende Lautsprecher kommunizieren mit dem Computer per Funk über Bluetooth. Netzwerke werden über Netzwerkkabel oder per Funk über WLAN angesprochen. Es gibt Tastaturen, die für Windows optimiert sind und solche, die an Apple Computern Vorteile bringen.

Windows-Tastatur

Computer-Tastaturen haben nicht alle die gleichen Tasten an der gleichen Stelle. Bei Tastaturen für andere Sprachen sind sogar die Buchstaben an anderen Positionen. Manchmal sind auf der rechten Seite der Tastatur nochmal Tasten für die Zahlen und Rechenzeichen vorhanden, Zehnerblock oder Ziffernblock genannt. Hier wird eine übliche deutsche Tastatur beschrieben.

Abb. 13: Eine Windows-Tastatur

	Deutscher Name	Englischer Name	Funktion
1	Esc (Escape)	Esc (Escape)	Die Abbruchtaste schließt ein Dialogfeld.
2	Tab (Tabulator)	Tab (Tabulator)	Tab wird in Textverarbeitungsprogrammen genutzt, um die Schreibmarke um einen vordefinierten Abstand zu versetzen. Im Browser dient sie zur Navigation zwischen Links und Buttons.
3	Umschalttaste, Hochstelltaste	Shift	Mit der Umschalttaste kann man die Zweitbelegung der Tastatur nutzen. Somit kann man z. B. Großbuchstaben und Sonderzeichen eingeben.
4	Feststelltaste, Umschaltsperre	Caps Lock	Die Feststelltaste lässt die Tastatur mit der Alternativbelegung nutzen, als ob Umschalttaste gedrückt wäre.
5	STRG (Steuerung)	Ctrl (Control)	Die STRG-Taste wird vor allem für Tastenkombinationen genutzt (siehe Tab. 2).
6	Win (Windows Taste)	Win (Windows Taste)	Die Windows Taste öffnet das Startmenü.
7	Alt (Alternativ)	Alt (Alternate)	Die Alt-Taste wird vor allem für Tastenkombinationen genutzt (siehe Tab. 2).
8	Leertaste	Space	Mit der Leertaste fügt man ein Leerzeichen ein.
9	AltGr (Alt Graph)	AltGr (alternate graphic)	Mit der AltGr-Taste hat man Zugriff auf die Drittbelegung der Tastatur z. B. für das Euro-Zeichen (€) oder das „at"-Zeichen (@). (Die Taste fehlt bei manchen amerikanischen Tastaturen.)
10	Fn (Funktion)	Fn (Function)	Die Fn-Taste wird für Tastenkombinationen und Zweitbelegungen der Tasten F1 … F12 benutzt.
11	Menütaste	Menu key	Die Menütaste öffnet ein Kontextmenü (Shift + F10).
12	Eingabe	Return	Die Eingabe-Taste (auch Enter-Taste genannt) macht einen Zeilenumbruch. In vielen Programmen wird sie zur Bestätigung benutzt.
13	Entf (Entfernen)	Del (Delete)	Mit der Entf-Taste löscht man den vor (rechts von) der Schreibmarke stehenden Buchstaben.
14	Rücktaste	Backspace	Mit der Rücktaste löscht man den hinter (links von) der Schreibmarke stehenden Buchstaben.
15	Druck	Print Prt Sc (Print screen)	Die Druck-Taste speichert ein Bild vom aktuellen Bildschirm in die Zwischenablage.

Tab. 1: Wichtige Tasten der Windows-Tastatur und ihre Bedeutung

Tastenkombinationen

Für manche Befehle müssen zwei oder drei Tasten zugleich gedrückt werden. Bei Windows-Rechnern sind folgende Tastenkombinationen hilfreich. (Zuerst die erste angegebene Taste drücken, diese gedrückt halten und dann die zweite zusätzlich drücken.)

Tastenkombination	*Funktion*
Alt + Tab	wechselt zwischen laufenden Programmen
Alt + F4	schließt das aktive Fenster
STRG + F	startet in vielen Programmen die Suche
STRG + C	kopiert markiertes Objekt in die Zwischenablage (siehe unten)
STRG + X	schneidet markiertes Objekt aus und kopiert es in die Zwischenablage (siehe unten)
STRG + V	fügt zuvor kopiertes oder ausgeschnittenes Objekt aus der Zwischenablage an der aktuellen Stelle ein
Shift + 10	öffnet ein Kontextmenü

Tab. 2: Hilfreiche Tastenkombinationen für Windows

Um „Objekte", also z. B. Texte, Bilder, Tabellen, Dateien an eine andere Stelle zu kopieren oder zu verschieben gibt es die sogenannte **Zwischenablage**. Das Objekt wird markiert und durch den passenden Befehl in die Ablage gelegt. Von hier aus kann das Objekt an anderer Stelle eingefügt werden.

Apple-Tastatur

Viele Tasten der Windows-Tastatur findet man auch auf der Apple Tastatur, wo sie jeweils die gleiche Funktion haben. Es gibt aber auch andere Sondertasten und Tastenkombinationen (vgl. *Abb. 14* und *Tabelle 1*).

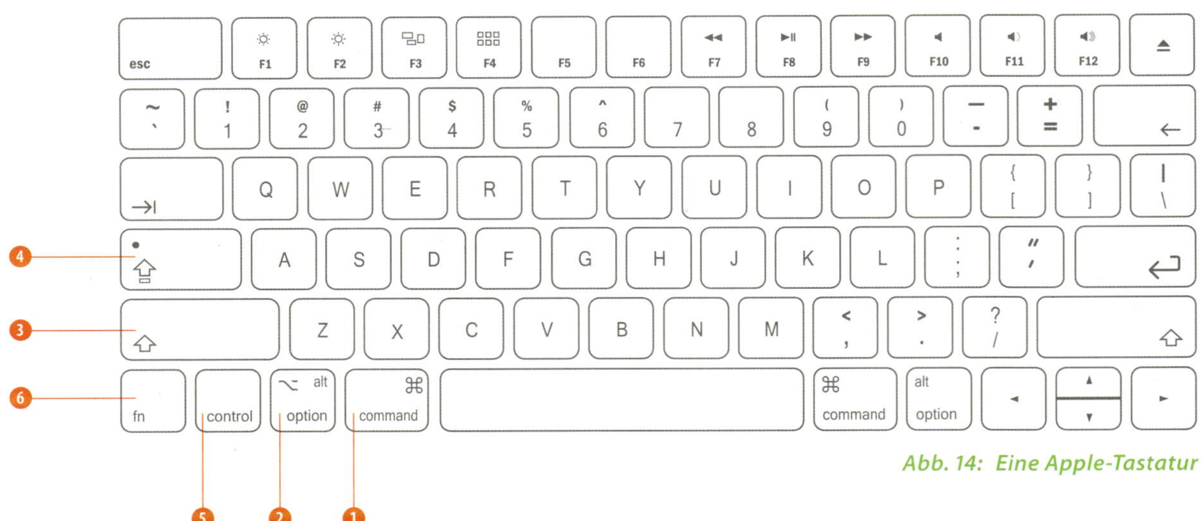

Abb. 14: Eine Apple-Tastatur

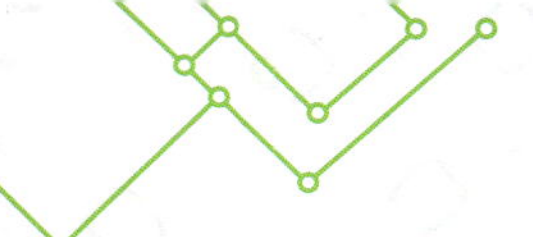

	Taste	Deutscher Name	Englischer Name	Funktion
1	⌘	Befehlstaste	Command, Cmd	wird für Tastenkombinationen verwendet
2	⌥	Wahltaste	Option oder Alt	schaltet auf die dritte Ebene der Tastaturbelegung
3	⇧	Umschalttaste	Shift	Mit der Umschalttaste kann man die Zweitbelegung der Tastatur nutzen. Somit kann man z. B. Großbuchstaben und Sonderzeichen eingeben.
4	⇪	Feststelltaste	Caps Lock	Die Feststelltaste lässt die Tastatur mit der Alternativbelegung nutzen, als ob Umschalttaste gedrückt wäre.
5	^	Control-Taste (oder Ctrl Taste)	Control oder Ctrl	wird für Tastenkombinationen verwendet
6	Fn	Funktionstaste	Function	wird für Tastenkombination mit den Funktionstasten benutzt

Tab. 3: Wichtige Tasten auf der Apple Tastatur und ihre Bedeutung

Tastenkombination	Funktion
⌘ + F	Elemente in einem Dokument suchen oder ein Suchfenster öffnen
⌘ + X	ausgewähltes Objekt löschen und in die Zwischenablage kopieren
⌘ + C	ausgewähltes Objekt in die Zwischenablage kopieren
⌘ + V	Inhalt der Zwischenablage in das aktuelle Dokument oder die aktuelle App einfügen
⌘ + Tab	wechselt zwischen laufenden Programmen

Tab. 4: Hilfreiche Tastenkombinationen für Apple

Maus

Die Bewegungen der **Maus** werden an den Computer übertragen und der **Mauszeiger** bzw. der **Cursor** wird auf dem Bildschirm bewegt.

Wird eine Maustaste in kurzem Abstand zweimal gedrückt, so nennt man das einen **Doppelklick**. Markiert man ein Objekt durch Anklicken und bewegt die Maus bei gedrückter Taste, so wird das **Ziehen** genannt. Man kann Objekte verschieben oder auch Fenstergrößen ändern. Manche Programme erlauben **Drag'n Drop**: Man markiert ein Objekt und „zieht" es an eine andere Stelle, wo man es dann loslässt und es eingefügt wird.

Abb. 15: Eine Maus

Bei Windows Rechnern öffnet ein Klick auf die rechte Maustaste ein **Kontextmenü**, je nachdem wo der Mauszeiger gerade ist. Je nach der Art des Objekts erscheint eine Auswahl passender Befehle.

Abb. 16: Ein Touch-Pad

Abb. 17: Stiftbedienung

Touchpad

Notebooks verfügen über eine Alternative zur Maus: das **Touchpad**. Man fährt mit dem Finger über das Pad und steuert so den Mauszeiger bzw. Cursor. Das Notebook kann aber auch mit einer Maus bedient werden.

Eingabestifte

Einige Tablets und Notebooks können auch mit speziellen **Stiften** benutzt werden. Man kann handschriftliche Notizen oder Zeichnungen eingeben.

Grafikkarte und Monitor

Stand-PCs haben auf der Hauptplatine oft schon Anschlüsse für einen oder mehrere Monitore eingebaut. Manchmal ist aber auch eine spezielle **Grafikkarte** eingebaut, an die man den Monitor anschließt. Die Hauptplatine hat sogenannte Steckplätze, in die eine solche Karte eingesteckt und festgeschraubt wird. Für Standard-Anwendungen reicht der Anschluss auf der Hauptplatine aus.

Abb. 18: Grafikkarte mit zwei Lüftern

Will man aber aktuelle Spiele spielen und sollen die Szenen im Spiel realistisch aussehen, so wird diese spezielle Hardware der Grafikkarte gebraucht. Je mehr Speicher und je mehr Recheneinheiten die Grafikkarte hat, umso flüssiger läuft ein Spiel auch bei hohen Auflösungen auf einem großen Monitor. Zum Thema Monitore finden Sie unter Abschnitt 1.6 Genaueres.

Achtung vor Überhitzung

Besonders leistungsfähige Grafikkarten brauchen viel Strom und erzeugen viel Abwärme. Der Rechner muss also entsprechend ausgelegt sein, um die Wärme abzuführen.

Videoschnittprogramme oder Programme zur künstlichen Intelligenz können auch von speziellen Grafikkarten profitieren. Um Bilder oder Videos anzuschauen braucht man sie nicht. Auch zur Erzeugung von Kapital („schürfen") in einer „Kryptowährung", wie Bitcoin oder Ethereum werden Hochleistungs-Grafikkarten verwendet.

1.5 Netzwerke

Damit Computer **untereinander** kommunizieren können, braucht man ein **Netzwerk**. Am bekanntesten ist natürlich das weltumspannende **Internet**.

LAN und TCP/IP

Ein Netzwerk in einer Firma oder zuhause ist ein **LAN** (Local Area Network), also ein räumlich begrenztes Netzwerk. Damit sich die Geräte gegenseitig verstehen, müssen sie die gleiche Technik verwenden. Die am häufigsten angewandte Technik nennt sich **TCP/IP.** Damit funktionieren das Internet, aber auch lokale Netzwerke. In einem solchen Netzwerk werden die einzelnen Geräte über eine Nummer angesprochen, die sogenannte IP.

Diese Nummern werden meist in einer Form wie 192.168.2.1 dargestellt. Es werden vier Zahlen hintereinander, jeweils getrennt durch einen Punkt aufgeschrieben, jede Zahl kann einen Wert zwischen 0 und 255 haben. Innerhalb eines lokalen Netzwerks gibt es bestimmte Zahlenbereiche, die benutzt werden können. Für das Internet sind andere Zahlenbereiche reserviert.

Die Bereiche 192.168.0.0 bis 192.168.255.255 und 169.254.0.0 bis 169.254.255.255 sind z. B. für private Netzwerke reserviert.

Jedes Gerät in einem privaten Netzwerk bekommt eine solche Nummer vom Router zugewiesen. Entweder man legt eine solche Zahl selbst fest oder man überlässt dem Router die Zuweisung.

VoIP

Im privaten Umfeld wird an den Router, per Kabel oder Funk (DECT), auch das Festnetztelefon angeschlossen. Telefonie erfolgt in Deutschland fast nur noch über das Internet. Bei der **VoIP** (Voice over IP) genannten Technik werden die analogen Signale digitalisiert, über das Internet versendet und beim Empfänger wieder in analoge Signale umgewandelt.

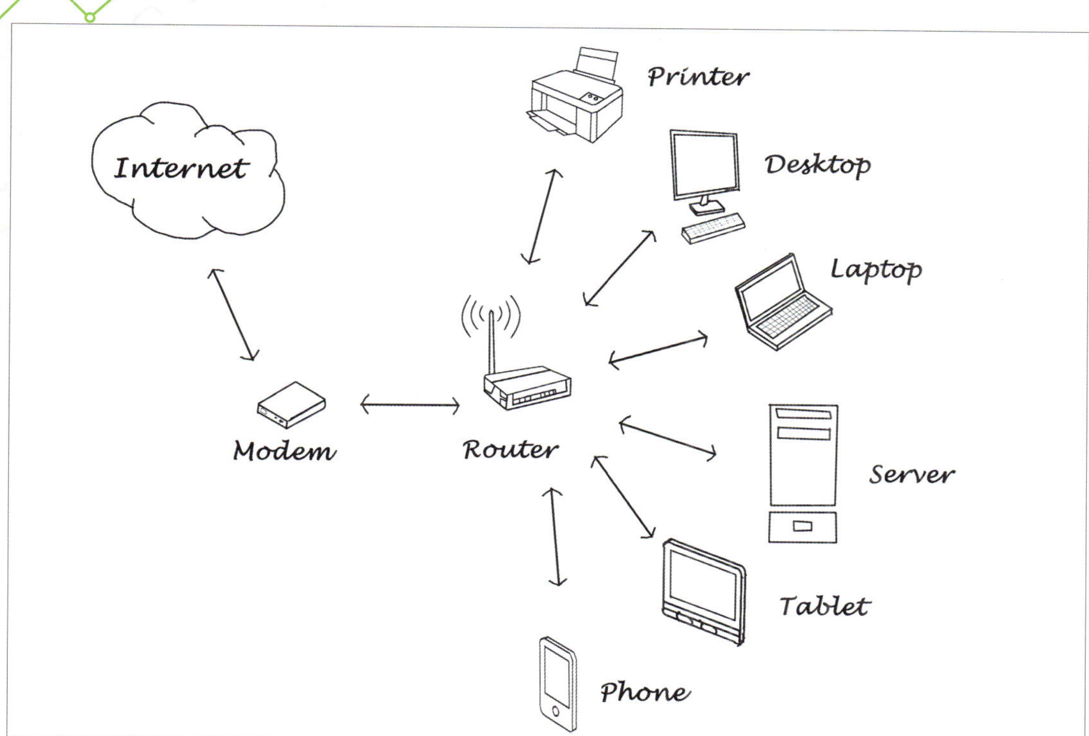

Abb. 19: Ein Netzwerk. Alle Geräte sind sternförmig mit dem Router verbunden.

Router

Meist gibt es einen **Router**, an den alle Geräte und der Zugang zum Internet angeschlossen werden. Nun können Internet, aber auch Drucker, externe Speicher usw. gemeinsam genutzt werden.

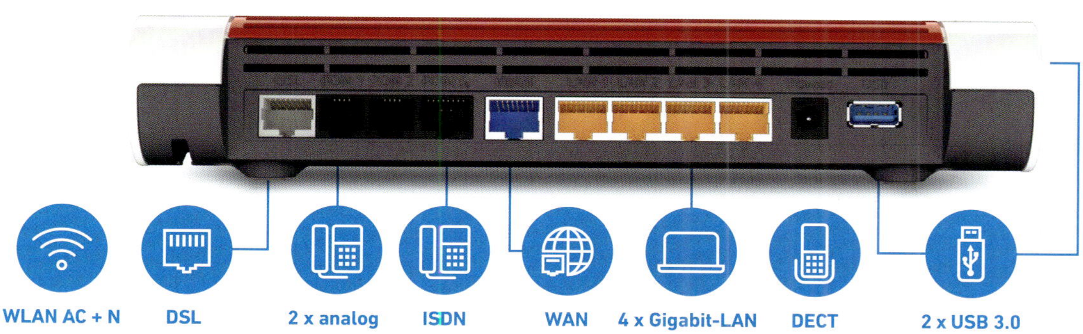

Abb. 20: Anschlüsse eines Routers

Die Geschwindigkeit, mit der Daten unterwegs sind, wird in Bit pro Sekunde angegeben. Für einen Film in mittlerer Auflösung braucht man etwa 3 Mbit/s in Ultra-HD 25 Mbit/s. Für einen Musikstream reichen 256 Kbit/s aus.

Die Verbindung zum Internet erfolgt meist über ein Kabel (DSL/ VDSL oder auch Kabelfernsehen) über Glasfaser oder über das Handynetz (LTE, 5G). DSL, VDSL oder Kabelfernsehen funktionieren mit Kupferkabeln. Das Signal wird mit elektrischem Strom übertragen. In Glasfaserkabeln werden die Informationen per Laserlicht übertragen.

FTTB und FTTH

Wenn die Glasfaserleitung im Gebäude des Kunden endet, spricht man von **FTTB** (Fiber to the Building). Führt die Leitung bis in die Wohnung des Kunden, so nennt man das **FTTH** (Fiber to the Home). Letztgenannte Technik erlaubt Geschwindigkeiten über 1Gbit/s. Ähnlich schnell kann die Verbindung über das Kabel des Kabelfernsehens, oder über das Handynetz 5G sein. DSL/VDSL erreicht maximal nur ein Drittel dieser Geschwindigkeit.

Bemerkenswert ist noch, dass die Geschwindigkeiten davon abhängen, in welche Richtung Informationen übertragen werden. Der **Downstream**, also das Herunterladen aus dem Internet, ist bei diesen Techniken wesentlich schneller als der **Upstream**, also das Hochladen ins Internet. Die Verbindung zum Internet über Satelliten könnte in Zukunft größere Bedeutung gewinnen.

Die Geräte können per Kabel verbunden werden. Hierzu benutzt man spezielle Netzwerkkabel mit RJ45-Steckern.

WLAN

Im **WLAN** werden die Daten nicht per Kabel, sondern über Funk übertragen. „W" bedeutet „wireless", also drahtlos. Der im Jahr 2022 aktuelle Standard heißt Wi-Fi 6 (WLAN-ax). Damit niemand die Funksignale unberechtigterweise „mithören" kann ist die Kommunikation verschlüsselt. Auch die Verschlüsselung wird ständig weiterentwickelt. Das früher verwendete WEP-Verfahren gilt seit 2001 als unsicher. Seit 2018 ist WPA3 die neueste Version.

Abb. 21: Netzwerkkabel mit RJ45-Steckern

Abb. 22: WLAN-Symbol

Es gibt unterschiedliche Frequenzbereiche in denen WLANs funken können: 2,4 GHz und 5 GHz. Je höher die Frequenz, um so schneller kann das WLAN sein. Die Reichweite, besonders in Gebäuden, wird aber geringer. Da ältere Geräte nur 2,4 GHz benutzen können und WLAN mittlerweile sehr verbreitet ist, ist die Wahrscheinlichkeit, dass sich hier die Geräte gegenseitig stören, höher. Im 5-GHz-Bereich, der höhere Geschwindigkeiten zulässt, aber nicht so gut durch Wände funktioniert, ist noch nicht so viel los. Das kann sich aber schnell ändern.

Bezeichnung der Wi-Fi Alliance	Bezeichnung IEEE	Erstveröffentlicht	Frequenzband [GHz]	Typische Geschwindigkeit [Mbit/s]
–	802.11	1997	2,4	1–2
	802.11b	1999	2,4	1–4,4
	802.11a	1999	5	5–25
	802.11g	2003	2,4	5–25
Wi-Fi 4	802.11n	2009	2,4 und 5	5–250
–	802.11ad	2012	60	bis 5000
Wi-Fi 5	802.11ac	2013	5	bis 660
Wi-Fi 6	802.11ax	2020	2,4 und 5	bis 660
Wi-Fi 6E		geplant (2021)	6	

Tab. 5: Unterschiedliche WLAN-Typen. Manchmal werden verschiedene Namen für den gleichen Standard benutzt.

1.6 Monitore

Computermonitore sind heutzutage Flachbildschirme (im Gegensatz zu den früher üblichen Röhrenmonitoren).

Abb. 23: Ein 34-Zoll-Monitor mit einem Seitenverhältnis von 21 : 9. Der Monitor ist gebogen, damit man möglichst immer senkrecht auf das Bild schaut.

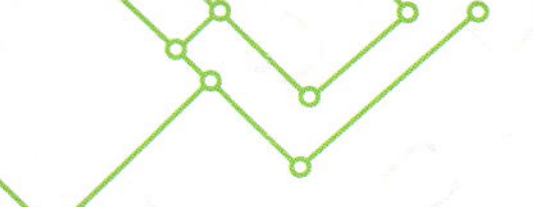

Abb. 24: Unter einer entsprechenden Lupe könnte man sehen, dass die Pixel aus farbigen Bildpunkten bestehen.

Typische Bildschirmauflösungen

Name	Auflösung	Pixel
EVGA	1280 × 768	983.040
SXGA	1280 × 1024	1.310.720
Full HD	1920 × 1080	2.073.600
4K	4096 × 2160	8.847.360
8K	8192 × 4320	35.389.440

Tab. 6: Gängige Bildschirmauflösungen

Das Bild besteht aus kleinen Bildpunkten, sogenannten Pixeln. Die **Auflösung** gibt an, aus wie vielen Pixeln ein Bild auf dem Monitor besteht. Hier (vgl. *Tab. 6*) gibt man die Anzahl der Spalten mal die Anzahl der Zeilen an.

Da Monitore unterschiedlich groß sind, ist auch die Angabe der Pixel pro Inch **(PPI)** interessant. Diese Punktdichte ist ein Maß für die Detailgenauigkeit der Darstellung. Ziel ist es, dass man als Betrachter ein möglichst scharfes Bild sieht. Hierbei spielt der Abstand des Betrachters zum Monitor eine wichtige Rolle. Wenn man weit genug weg ist, sieht man auch bei niedriger PPI-Zahl keine einzelnen Pixel mehr. Wichtig ist also, dass Monitorgröße, PPI und Betrachtungsabstand zusammenpassen.

Monitorgrößen
Als Maß für die Größe von Monitoren wird meist die Diagonale in Zoll angegeben. Gängige Größen sind hier 24 oder 27 Zoll. Dabei gilt zu beachten, dass Monitore unterschiedliche **Seitenverhältnisse** (Breite zu Höhe) haben können.

Abb. 25: Zwei Monitore mit unterschiedlichen Seitenverhältnissen

Für Bildschirmarbeitsplätze gibt es in Deutschland verschiedene Vorschriften. So sind spiegelnde Bildschirme im Allgemeinen nicht zugelassen. Die Hersteller geben meistens an, ob ein Monitor „glänzend" (und damit spiegelnd) oder „matt" ist.

1.7 Kameras

Fast alle mobilen Computer, wie Notebooks, Tablets oder Smartphones haben eine eingebaute Kamera. Man kann Fotos und Filme aufnehmen oder sich in Videokonferenzen austauschen. Diese Kameras werden auch **Webcams** genannt, obwohl Webcams ursprünglich nur Kameras waren, die Bilder in kurzen Abständen im Internet zugänglich machten. Das geht natürlich immer noch.
In manchen sicherheitsrelevanten Bereichen sind aber Notebooks ohne eingebaute Kamera notwendig bzw. vorgeschrieben. Wer das nicht möchte, kann die Kamera in seinem Gerät abkleben oder mit einem kleinen Schieber versehen, damit niemand unberechtigterweise mitschauen kann. An Stand-PCs kann per USB eine Kamera angeschlossen werden, die dann auch oft ein Mikrofon enthält.

Abb. 26: Eine externe Kamera

1.8 Drucker

Früher hoffte man, Computer würden die Büros papierlos machen, aber natürlich werden derzeit überall noch Drucker benutzt, um Ergebnisse auf Papier zu bringen. Dabei gibt es sehr unterschiedliche Techniken:

Nadeldrucker

Nadeldrucker finden sich heutzutage nur noch in speziellen Umgebungen: in Firmen, Arztpraxen, Grundbuchämtern etc. werden sie verwendet, weil sie wenig Wartung erfordern und die Ausdrucke beständig sind. Wichtig ist hier besonders, dass Durchschläge möglich sind. Kleine Nadeln drücken gegen ein Farbband vor dem Papier, sodass Farbe übertragen wird, ganz ähnlich wie früher bei Schreibmaschinen. Nadeldrucker sind nicht besonders schnell und oft laut.

Tintenstrahldrucker

Bei **Tintenstrahldruckern** werden winzige Tröpfchen Tinte auf das Papier gespritzt. Mehrere Patronen mit farbiger Tinte erlauben auch farbige Ausdrucke. Auf speziellem Papier können Fotos in hoher Qualität ausgedruckt werden. Bei preiswerten Geräten ist die Tinte oft sehr teuer, es gibt aber auch teurere Modelle für den Bürobetrieb, bei denen die Tinte besonders preiswert ist.

Laserdrucker

Bei einem **Laserdrucker** werden Partikel eines feinen Pulvers, Toner genannt, auf das Papier aufgebracht und fixiert. Es gibt Laserdrucker, die nur schwarz drucken, aber auch Geräte die farbig ausdrucken können. Laserdrucker erzeugen Emissionen, die oft als unangenehm empfunden werden. In Büros werden trotzdem meist Laserdrucker benutzt, obwohl spezielle Tintenstrahldrucker manchmal niedrigere Betriebskosten, bessere Druckqualität und gleiche Geschwindigkeit liefern.

Multifunktionsgeräte

Multifunktionsgeräte sind Drucker mit zusätzlichen Funktionen. Ein eingebauter „Scanner“ kann Seiten scannen und an einen Computer weitergeben oder direkt ausdrucken. Man hat also zugleich einen Kopierer. Manchmal können diese Geräte auch Faxe versenden und empfangen. Bei einigen Herstellern ist ein Ausdruck aus der Ferne über das Internet möglich.

Abb. 27: Ein Multifunktionsgerät

Drucker können per USB angeschlossen werden. Aber auch preiswerte Geräte erlauben den Druck über WLAN oder ein kabelgebundenes Netzwerk. Vor dem Kauf sollte man überprüfen, wie gut der Drucker mit den jeweiligen Geräten zusammenarbeitet. Es gibt Unterschiede, ob man von einem iPhone, einem Android-Handy oder einem Notebook drucken will.

2 SOFTWAREGRUNDLAGEN UND BETRIEBSSYSTEME

Schaltet man einen Computer an, so muss ein Programm gestartet werden, damit man ihn nutzen kann. Zunächst wird ein kleineres Programm gestartet, das fest eingebaut ist; das **BIOS** (Basic Input/Output System) erweckte den Computer noch bis vor einiger Zeit zum „Leben". (Das altgriechische Wort βίος (bios) bedeutet Leben.) Seit 2011 wurde das BIOS durch **UEFI** (Unified Extensible Firmware Interface) abgelöst. UEFI verfügt über mehr Funktionen und beschleunigt den Startprozess.

BIOS und UEFI

Da der Computer quasi aus dem „Nichts" startet, wird dieser Vorgang auch **Booten** genannt. Der Begriff bezieht sich auf „bootstraps", also „Stiefelschlaufen", an denen man sich einer englischen Redewendung nach, aus dem Sumpf ziehen kann. Die deutsche Variante wäre der eigene Haarschopf, an dem sich der Baron Münchhausen aus dem Schlamm zog.

2.1 Grundlagen

BIOS oder UEFI starten nach getaner Arbeit das **Betriebssystem (BS)** (englisch: Operating System oder **OS**), das auf einem Datenträger (Festplatte, USB-Stick, CD) vorhanden ist. Dafür werden die unterschiedlichen Datenträger nacheinander abgefragt, ob sich auf ihnen ein Betriebssystem befindet. Wird ein Betriebssystem gefunden, wird es gestartet. Im BIOS bzw. im UEFI lässt sich die Reihenfolge der Abfrage ändern, um z.B. ausnahmsweise ein Betriebssystem von CD oder USB-Stick und nicht von der Festplatte zu starten.

Betriebssystem

Ein Betriebssystem ist eine Sammlung von Programmen, die dafür sorgen, dass der Computer Eingaben entgegennimmt, Zeichen auf dem Bildschirm darstellt, Datenträger verwaltet und anderen Programmen diese Dienste zur Verfügung stellt. Das Betriebssystem verwaltet den Speicherplatz sowie angeschlossene Geräte und verteilt Prozessorzeit. Es verteilt Benutzerrechte und sorgt dafür, dass sich die unterschiedlichen Programme nicht in die Quere kommen.

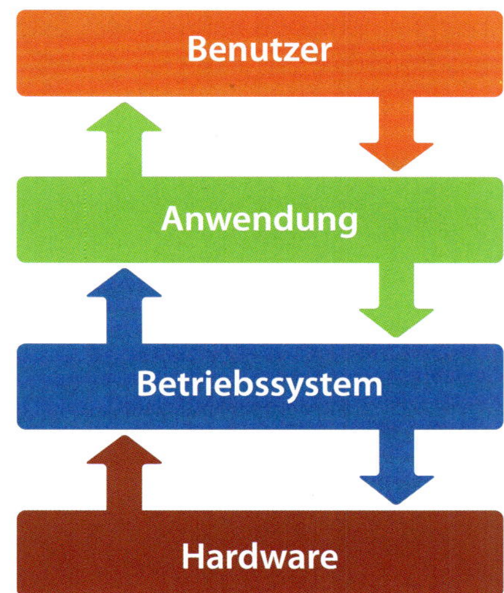

Abb. 1: Zusammenhang zwischen Betriebssystem, Hardware, Anwendungssoftware und dem Benutzer

Betriebssysteme sorgen auch dafür, dass sich unterschiedliche Benutzer anmelden können. So hat jeder Nutzer seine eigene Arbeitsumgebung. Das Betriebssystem verteilt unterschiedliche Rechte an unterschiedliche Benutzer: ein **Administrator** (auch **Superuser** genannt) kann Einstellungen vornehmen, die dem „normalen" Benutzer nicht zugänglich sind. So wird das System vor unbeabsichtigten Änderungen geschützt.

Mehrere Benutzer

Indem das Betriebssystem die einzelnen Programme voneinander trennt und Zugriffe aus Speicher und Speichermedien kontrolliert, sorgt es für eine erhöhte Robustheit, Sicherheit und Schutz vor Schadprogrammen. Auf die einzelnen Betriebssysteme gehen wir weiter unten genauer ein.

Schadprogramme (auch **Malware** genannt) sind Programme, die (aus Sicht des Opfers) unerwünschte Funktionen ausführen. Oft werden diese Programme verallgemeinerndd **Viren** genannt, obwohl ein Virus eigentlich ein ganz spezielles Schadprogramm ist.

Schadprogramme

Unerwünschte Funktionen können z. B. die Weitergabe von Passwörtern, die heimliche Veränderung von Daten, die Verschlüsselung von Dateien oder auch die Fernsteuerung des Computers sein.
Es gibt „Angriffe" auf Computer, bei denen wichtige Daten verschlüsselt und somit unbrauchbar gemacht werden. Ein Erpresser bietet dann gegen Geld die Entschlüsselung an. Aus Sicht des Kriminellen ist solche **Ransomware** (Ransom bedeutet Lösegeld) natürlich nützlich, ganz im Gegensatz zur Sicht des Opfers

Besonders kritisch ist natürlich der unerlaubte Zugriff auf Bankkonten.

Manchmal werden Computer „gekapert", d. h. sie können aus der Ferne gesteuert werden. Hat man die Kontrolle über mehrere Hundert oder Tausend Rechner, kann man Internetseiten mit Anfragen überhäufen, sodass die Seite überlastet und nicht mehr erreichbar ist. Eine solche DDOS-Attacke (Distributed-Denial-Of-Service) kann auch das Mittel einer Erpressung sein.

Es gibt unterschiedliche Arten von Schadprogrammen:

Trojaner

Trojaner (benannt nach dem trojanischen Pferd) sind Programme, die man für hilfreich hält und eventuell selbst installiert oder startet, die aber dann ihre schädliche Wirkung ausführen können. (Die Trojaner haben sich das hölzerne Pferd ja auch selbst in die Stadt geholt, ohne zu wissen, was in seinem Inneren drohte.)

Computerviren

Computerviren können sich wie ihr biologisches Vorbild selbstständig weiterverbreiten. Der Computervirus „infiziert" eine Datei, die dann andere Dateien „anstecken" kann.

Computerwürmer dagegen sind eigenständige Programme, die sich selbst vervielfältigen können.

Spezielle Antivirenprogramme durchsuchen den Computer nach bekannten Schädlingen, prüfen Programme vor der Installation, können aber auch „verdächtiges" Verhalten eines Programmes erkennen.

Virenerkennung von Windows

Das Betriebssystem **Windows** von Microsoft war jahrelang Hauptziel von Schadprogrammen. Seit der **Version 10** enthält Windows eine sehr gut funktionierende Virenerkennung. Installiert man mehrere Antivirenprogramme, so können sich diese gegenseitig stören.

Abb. 2: Windows 10 enthält bereits Schutz gegen Viren und andere Bedrohungen

Knoppix

Ein besonderes Betriebssystem ist **KNOPPIX**, eine Linux Variante, die nach ihrem Entwickler Klaus Knopper benannt wurde. Um Linux auszuprobieren, aber auch um virenbefallene Rechner zu säubern ist dieses System, das komplett im Arbeitsspeicher läuft, sinnvoll. KNOPPIX installiert keinerlei Daten auf dem Computer und lädt nur eigene Programme.

Ist z. B. ein Windows-System virenbefallen, so sollte man es nicht starten, da dann ja das Schadprogramm aktiv wird. Startet man KNOPPIX von einem schreibgeschützten USB-Stick, kann man auf die Festplatte zugreifen, das Schadprogramm kann aber nichts anrichten. Ein geeignetes Programm auf dem Stick kann dann eventuell den Schädling entfernen.

Abb. 3: Das KNOPPIX Symbol

Virtualisierung

Bei einem Multi-Boot-System wird beim Start des Computers ausgewählt, welches Betriebssystem gestartet wird. Es gibt aber auch die Möglichkeit, verschiedene Betriebssysteme gleichzeitig auszuführen. So kann man z. B. bequem Programme auf verschiedenen Betriebssystemen testen. **Geübte Nutzer** können sich auch anschauen, welchen Schaden bestimmte Schadprogramme anrichten. Das Schadprogramm arbeitet ja nur auf einem „virtuellen Computer", der einfach gelöscht werden kann. Ein echter Schaden kann also nicht entstehen.

Auf einem Computer mit z. B. Windows 10 (Wirt genannt) kann mit einer speziellen Software ein weiteres Betriebssystem (z. B. Windows 7 aber auch Windows 10 oder 11) installiert werden (Gast). Die beiden Betriebssysteme laufen nun ungestört nebeneinander in unterschiedlichen Fenstern. Sie „sehen sich nicht" und können sich gegenseitig nicht beeinflussen, weshalb virtuelle Computer manchmal auch als **sandbox** (Sandkasten) bezeichnet werden. Beim Spielen im Sandkasten kann man etwas ausprobieren, ohne Schäden anzurichten. Für Windows Rechner kann man hier z. B. das Programm *VMware* oder das in Windows 10 bereits enthaltene **Hyper-V-Manager** verwenden.

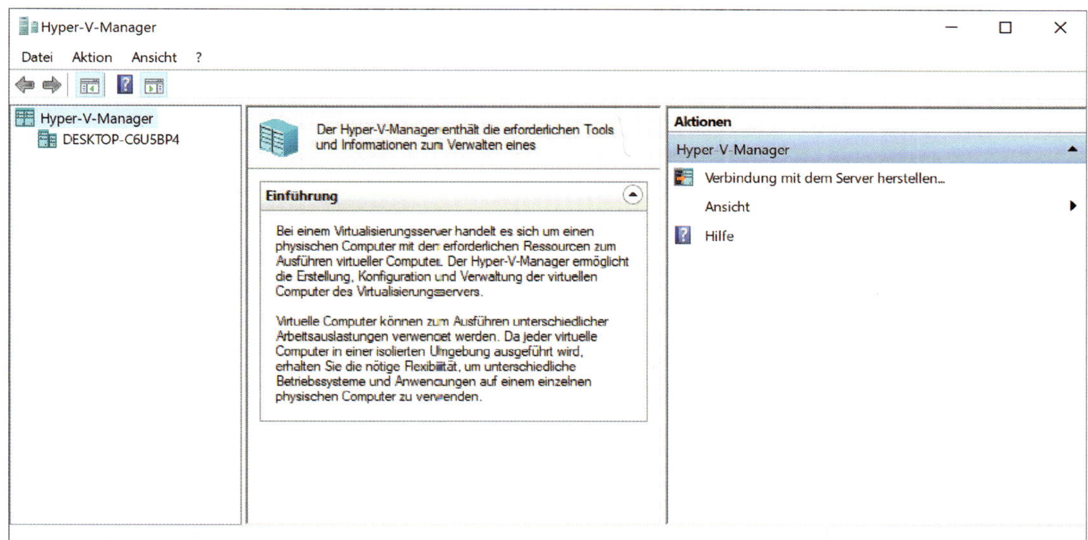

Abb. 4: Mit dem Hyper-V-Manager lassen sich „virtuelle Computer" erzeugen.

Für Apple-Computer gibt es z. B. **Parallels** oder **VMware**. Für Linux-Rechner gibt es beispielsweise **VMware** oder **Virtualbox**. Für Multi-Boot-Systeme und auch für Virtualisierungslösungen gilt, dass man für jedes einzelne benutzte Betriebssystem eine eigene Lizenz braucht.

2.2 Betriebssysteme – Was gibt es alles?

Windows

Das meistgenutzte Betriebssystem weltweit ist **Windows** von der Firma Microsoft. Die erste Version Windows 1.0 erschien 1985. Die aktuelle Version ist Windows 11. Windows 11 setzt laut Microsoft einen Prozessor mit einer Taktfrequenz von mindestens 1 GHz, 1 GB Arbeitsspeicher und 16 GB Festplattenplatz voraus. Aktuelle Windows-Rechner verfügen meist über 3 GHz und mehrere Kerne, 16 GB Arbeitsspeicher und 256 GB Festplattenspeicher. Dies kann aber stark variieren.

Windows 11 ist frei verkäuflich. Beim Erwerb von „Sonderangeboten" sollte man unbedingt sicher sein, dass die Lizenzen legal sind.

macOS

Das Betriebssystem **macOS** der Firma Apple geht auf Entwicklungen in den 80er Jahren zurück. Früher hießen die Betriebssysteme Mac OS X und OS X. Die aktuelle Version, während der Entstehung des Buches, heißt **macOS Ventura**.

macOS läuft (fast) ausschließlich auf Computern der Firma Apple. Es ist nicht frei verkäuflich.

Linux

Linux ist ein „freies", also auch kostenloses Betriebssystem, das dem früher verbreiteten UNIX ähnelt. Einer der wesentlichen Entwickler ist Linus Torvalds, daher der Name Linux.

Linux wird von Softwareentwicklern auf der ganzen Welt weiterentwickelt. Unterschiedliche Koordinatoren, darunter auch Linus Torvalds, sorgen für eine sinnvolle Zusammenarbeit. Linux ist eher unter technisch interessierten und versierten Benutzern verbreitet.

Chrome-OS

Chrome-OS ist ein Betriebssystem der Firma Google. Es wird meistens auf Notebooks benutzt, sogenannten **Chromebooks**. Chrome-OS ist in Deutschland kaum verbreitet. In den USA werden Chromebooks besonders im Bildungsbereich benutzt.

Android

Das Betriebssystem **Android** läuft auf vielen Smartphones. Die unterschiedlichen Hersteller passen die „Oberfläche" für ihre Geräte an, sodass die Bedienung nicht auf jedem Smartphone gleich ist.

iOS/iPadOS

Das Betriebssystem auf iPhones heißt **iOS**. Auf IPads läuft **iPadOS**. Bis 2019 lief auf iPhones und iPads noch das gleiche Betriebssystem.

2.3 Arbeiten mit Windows (ab Version 10)

Starten

Nach dem Start von Windows muss man zunächst das persönliche Passwort eingeben (vgl. *Abb. 5*).

Desktop

Die folgende Fläche (vgl. *Abb. 6*) heißt **Desktop** (engl. Schreibtischoberfläche). Wie auf dem Schreibtisch kann man verschiedene Dinge hier **ablegen**. Die kleinen Symbole auf dem Desktop heißen **Icons** (Icon: altgriech. Bild).

Diese **Benutzeroberfläche** kann man individuell gestalten (vgl. *Abb. 6*).

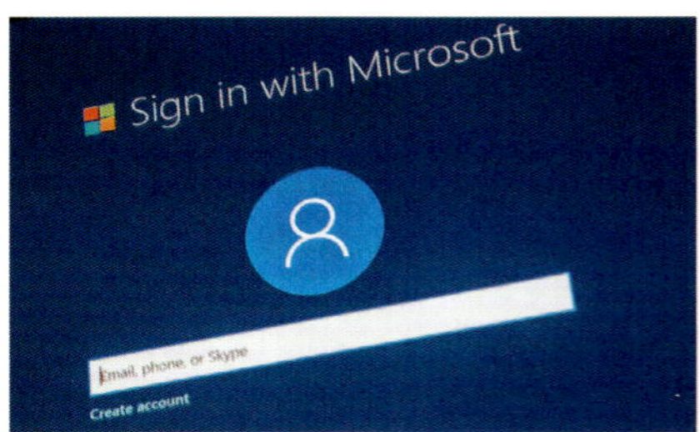

Abb. 5: Persönliches Kennwort eingeben

1. Die **Taskleiste** ist üblicherweise ganz unten quer angeordnet. Hier können auch Programme, die man öfter braucht, „angeheftet" werden. Sie werden dann schneller durch einfaches Klicken auf das Programmicon gestartet. Die Taskleiste erscheint, wenn man den Mauszeiger auf dem Bildschirm ganz nach unten bewegt, oder die Windows-Taste + T betätigt.
2. Der Unterstrich _ zeigt ein geöffnetes Programm an.
3. Ganz links befindet sich die Schaltfläche *Start*
4. Ganz rechts, sehr schmal, die Schaltfläche *Desktop anzeigen*
5. Programme
6. Ordner
7. Dateien

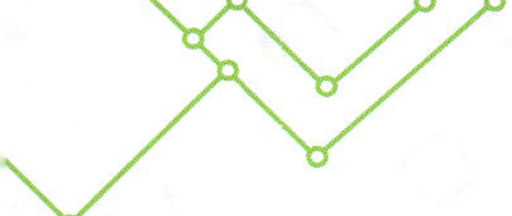

Abb. 6: Der Windows-Desktop

Startmenü

Programme, deren Icons auf dem Desktop liegen, werden durch einen Doppelklick gestartet. Ein Klick auf die Schaltfläche *Start* (oder das Drücken der Windcws-Taste) öffnet das **Startmenü** (siehe *Abb. 7*).

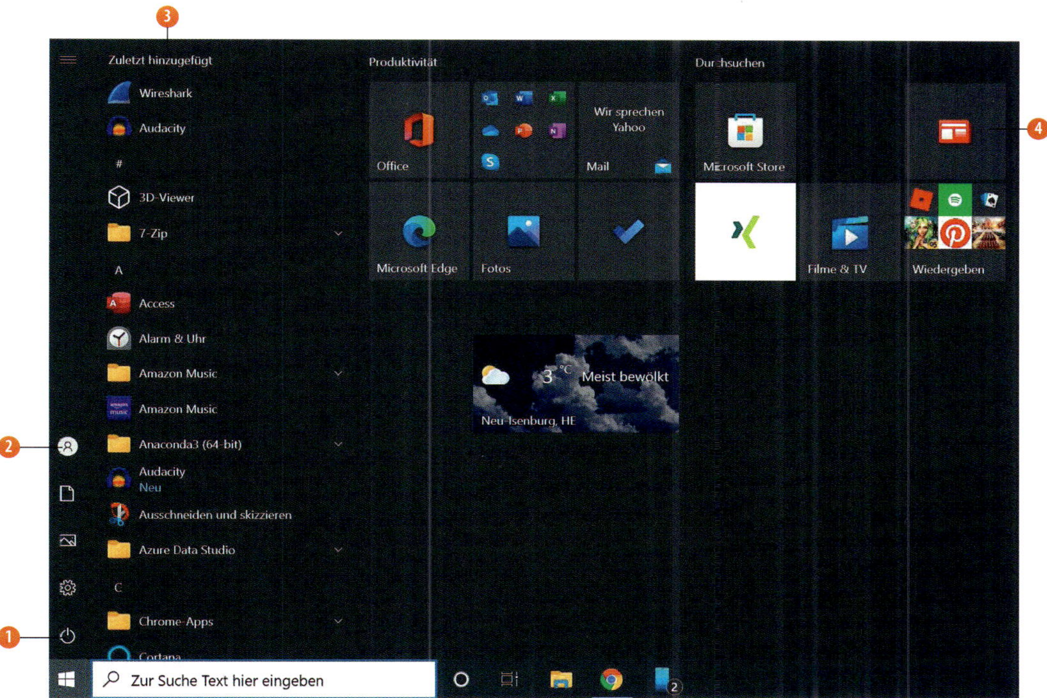

Abb. 7: Das Startmenü

1 Schaltfläche *Ausschalten*
2 Schaltfläche *Benutzer wechseln*
3 Eine Liste der installierten Programme
4 „Kacheln“ können kleine Anwendungen sein (Uhrzeit, Wetter ..) oder auch beim Klicken Programme starten.

Computer herunterfahren

Will man die Arbeit am Computer beenden, klickt man auf die *Start*-Schaltfläche, dann auf das Kreissymbol bzw. Ein/Aus und wählt *Herunterfahren*.

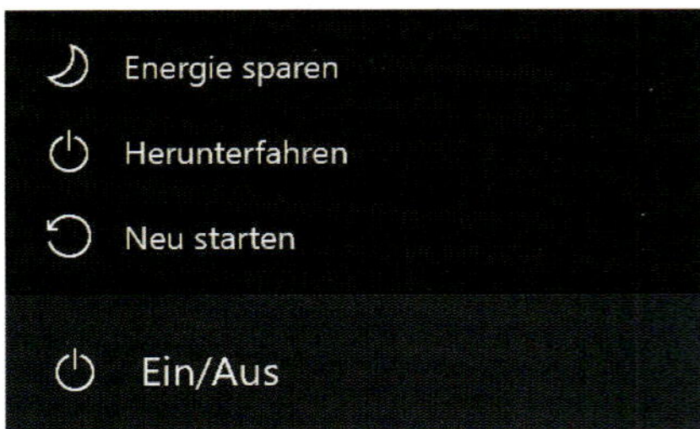

Abb. 8: Rechner ausschalten über die Start-Schaltfläche

Da der Einschaltprozess eines Computers **Booten** oder **Hochfahren** heißt, wird der Ausschaltprozess **Herunterfahren** genannt. Man sollte durch das Herunterfahren immer dafür sorgen, dass der Computer noch alle Programme ordnungsgemäß beenden kann, um keine Daten zu verlieren. Ein plötzlicher Stromausfall ist in dieser Hinsicht gefährlich. Für Stand-PCs gibt es als Zubehör eine **USV** (Unterbrechungsfreie Stromversorgung). Das ist ein Akku, der den PC so lange mit Strom versorgt, bis er vollständig heruntergefahren ist.

Programm-Fenster in Windows

Die **Programm-Fenster** in Windows haben alle die gleichen Grundelemente (vgl. *Abb. 9*).

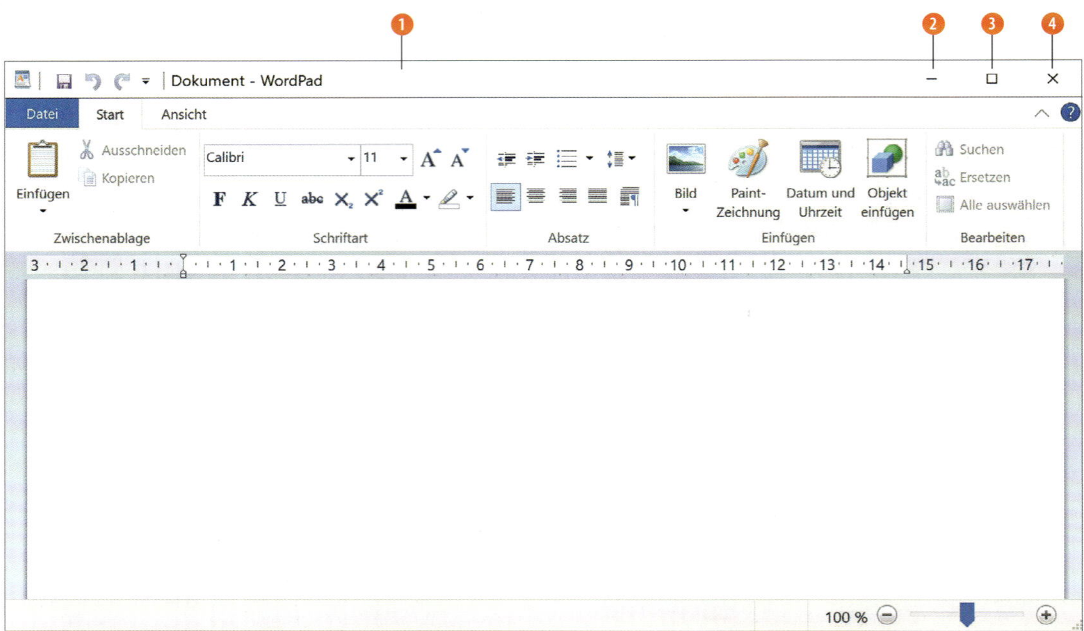

Abb. 9: Grundelemente eines Programm-Fensters unter Windows

1. Die **Titelleiste** zeigt den Namen des Programms an und ermöglicht das Verschieben des Fensters.
2. Die Schaltfläche *Minimieren* lässt das Programm von der Bildfläche verschwinden (es ist weiter geöffnet).
3. Hin- und Herschalten zwischen *Verkleinern* und *Vollbild*
4. Schließt das Programm (geht auch mit der Tastenkombination ALT-F4)

Hat man ein Objekt minimiert, so ist es nicht geschlossen. In der Taskleiste kann es durch Klicken auf das entsprechende Icon wieder vergrößert werden. Ein kleiner Strich unten auf dem Icon zeigt an, dass es noch ein geöffnetes Objekt gibt.

Fenster anordnen

Die Tastenkombination [Windows-Taste] + [▶] passt das aktuelle Fenster in die rechte Bildschirmhälfte ein (vgl. *Abb. 10*). Man kann dann ein Fenster für die linke Seite auswählen. Mit der Taste [◀] funktioniert das auch umgekehrt.

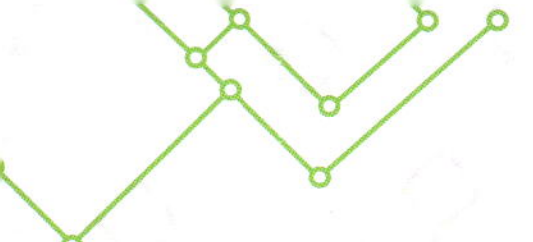

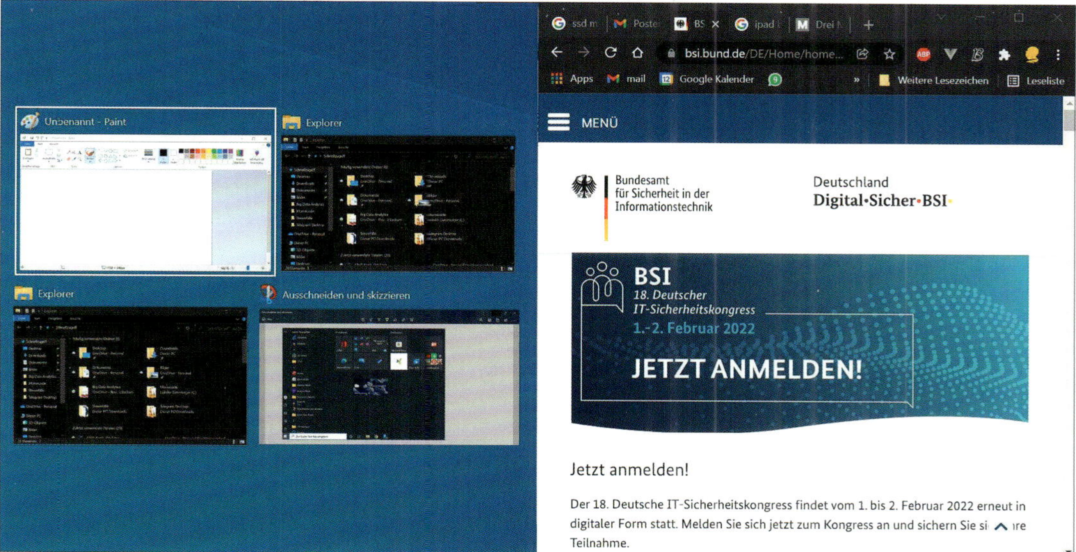

Abb. 10: Auf der rechten Seite ist ein Browser geöffnet, für die linke Seite kann man ein Fenster durch Klicken auswählen.

Dateien verwalten

Programme und Daten werden in unterschiedlichen **Dateien** gespeichert. Die Dateien werden in **Ordnern**, auch **Verzeichnisse** genannt, abgelegt. Bei der Installation eines Programmes werden die benötigten Dateien automatisch an den richtigen Stellen abgelegt. Anders ist es mit Dateien, die die Benutzerin selbst anlegt: Textdokumente, Berechnungen eines Tabellenkalkulationsprogrammes, Grafiken, Filme oder Musik. Hier muss man selbst für Ordnung sorgen und die Dateien in passenden Ordnern ablegen.
Anhand des Icons auf dem Desktop kann man erkennen, um welche Objektart es sich handelt (vgl. *Tabelle 1*).

Icon	Typ	Icon	Typ
Ordner	leerer Ordner	Microsoft PowerPoint-Präsentation	PowerPoint-Datei
Ordner 2	Ordner mit Unterordner und Dokument	Libre Office	Libre Office Text-Datei
Angebot Roth	Word-Datei	Libre Office Tabelle	Libre Office Tabellen-Datei
Microsoft Excel-Arbeitsblatt)	Excel-Datei		eine Bilddatei

Tab. 1: Beispiele für Icons und ihre Bedeutung

Hierarchische Dateisysteme

Moderne Betriebssysteme benutzen „hierarchische Dateisysteme“: Ein sogenanntes **Wurzelverzeichnis** enthält Dateien, aber auch Verweise auf weitere Verzeichnisse, die wiederum weitere Unterverzeichnisse enthalten können.

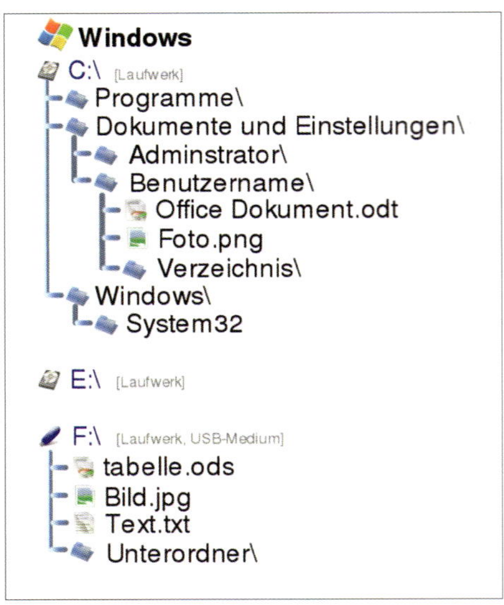

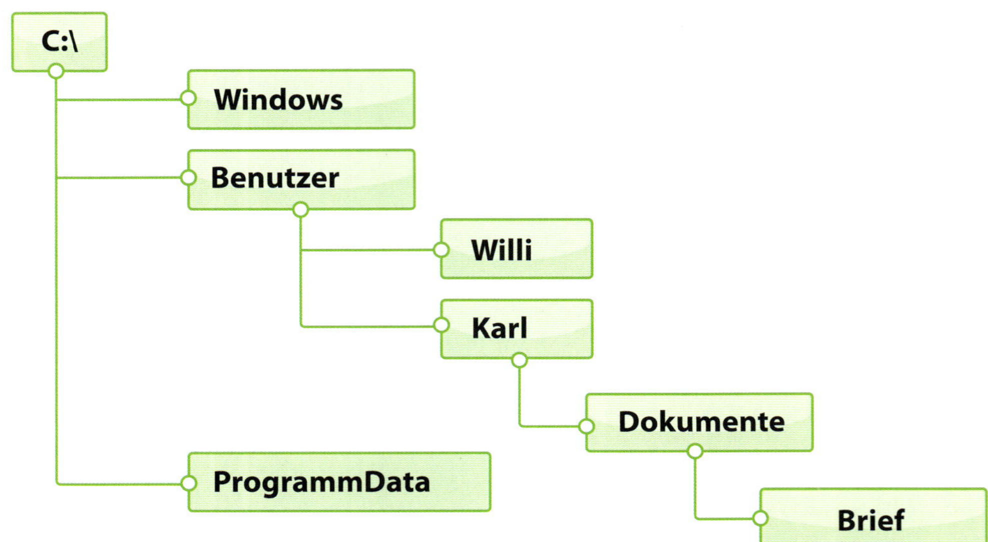

Abb. 11: Das Windows-Dateisystem

Laufwerke

Die einzelnen **Laufwerke**, also Festplatten, USB-Sticks oder Netzlaufwerke werden bei Windows mit den Großbuchstaben ab „C“ bezeichnet. („A“ und „B“ waren früher für andere Datenträger reserviert.)

Im Beispiel ist das Dokument *Brief* über den **Pfad** *C:\Benutzer\Karl\Dokumente\Brief* ansprechbar. Genauer bedeutet dies: Auf der ersten Festplatte, diese wird *C:* genannt, gibt es einen Ordner *Benutzer* oder *Users*, darin ein **Unterordner** *Karl*, darin den Unterordner *Dokumente* und in diesem liegt das Dokument *Brief*.

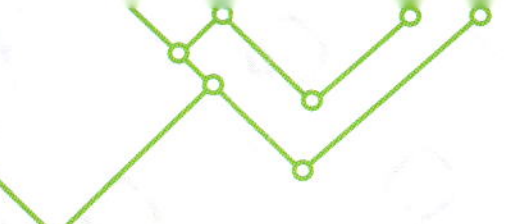

Windows-Explorer

Bei Windows hilft der **Explorer**, den Überblick zu behalten. Er kann z. B. über die Tastenkombination ⊞ + E aufgerufen werden.

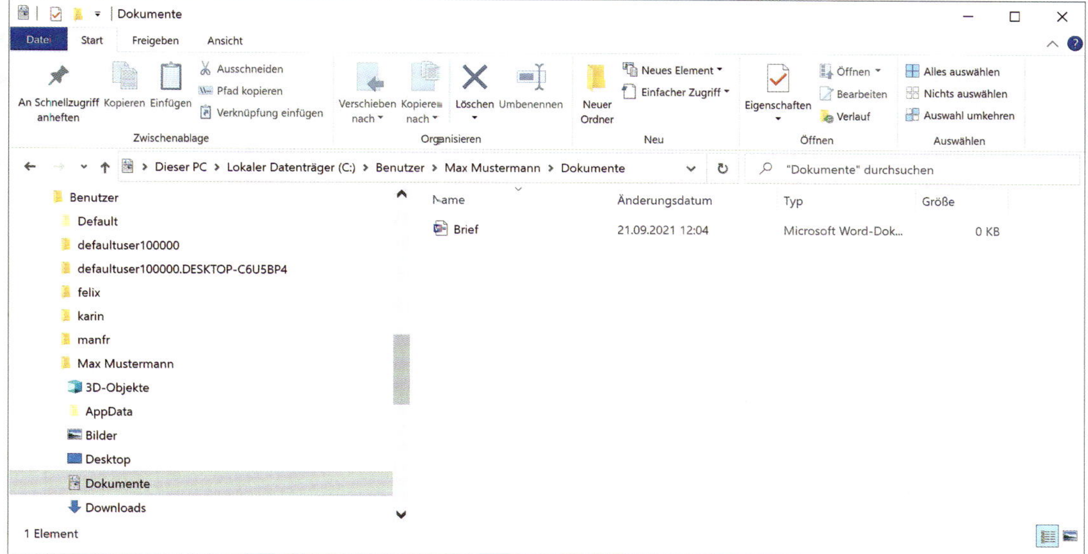

Abb. 12: Der Windows-Explorer

Unter *Ansicht* kann man im Explorer einstellen, wie die Übersicht aussehen soll. Je nach Dateityp und Bedeutung, können die Ansichten *Symbole*, *Liste* oder die *Details* sinnvoll sein.

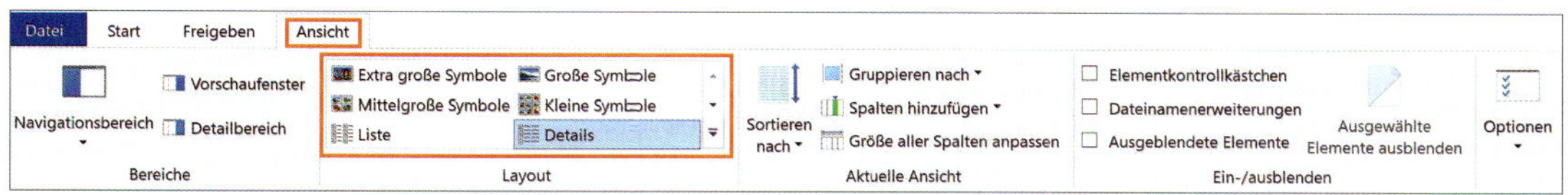

Abb. 13: Man kann unterschiedliche Ansichten einstellen.

Name	Änderungsdatum	Typ	Größe
Angebot Meier	21.09.2021 12:04	Microsoft Word-Dok...	0 KB
Angebot Müller	21.09.2021 12:11	Microsoft Word-Dok...	0 KB
Angebot Roth	21.09.2021 12:12	Microsoft Word-Dok...	0 KB
Rechnung Müller	21.09.2021 12:12	Microsoft Word-Dok...	0 KB

Abb. 14: Ansicht „Details“

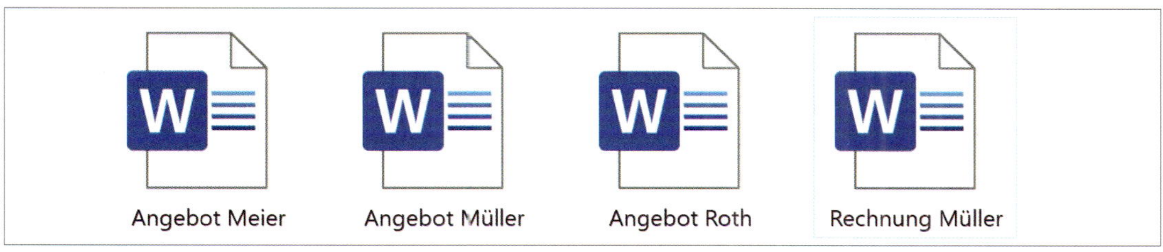

Abb. 15: Das Gleiche in der Ansicht „Große Symbole“, diese ist oft z. B. dann sinnvoll, wenn man ein bestimmtes Bild sucht.

Verknüpfung

Jede Datei *liegt* in genau einem Ordner. Es gibt aber auch die Möglichkeit, dass eine „Verbindung“ zu einer Datei, also eine „Verknüpfung“ bzw. ein „Link“ in einem oder mehreren anderen Ordnern auftaucht. Eine **Verknüpfung** „verweist“ oder „zeigt“ auf eine Datei. Ein Doppelklick auf die Verknüpfung öffnet die Datei mit dem passenden Programm. Wird nur die Verknüpfung gelöscht, so passiert mit der Datei, „auf die die Verknüpfung zeigt“ nichts, sie bleibt erhalten.

ACHTUNG: Wenn man eine Verknüpfung auf z. B. einen USB-Stick kopiert, so wird nur der Verweis, aber nicht die eigentliche Datei übertragen. Dafür muss schon die Datei selbst auf den Stick kopiert werden.

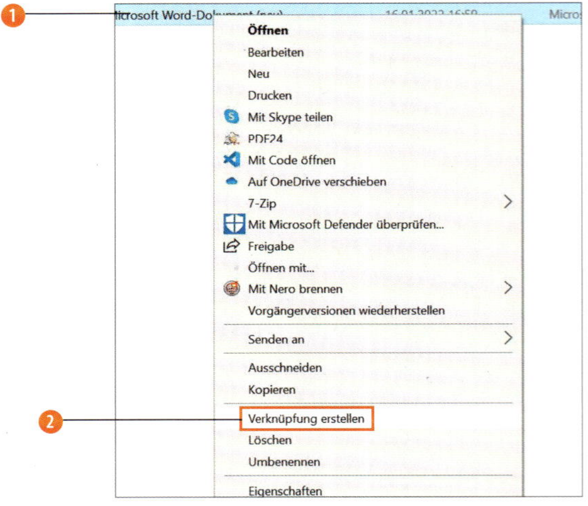

1 Rechtsklick auf einen Dateinamen.
2 Hierüber wird die Verknüpfung erstellt.

Abb. 16: Nach einem Rechtsklick auf das Dokument kann man eine Verknüpfung erstellen.

Name	Änderungsdatum	Typ
Angebot Meier - Verknüp...	21.09.2021 12:16	Verknüpfung
Angebot Meier	21.09.2021 12:04	Microsoft Word-Dok...

Abb. 17: Das Dokument „Angebot Meier" und seine Verknüpfung

Microsoft Excel-Arbeitsblatt - Verknüpfung

Abb. 18: An dem blauen Pfeil unten links erkennt man eine Verknüpfung (hier ist also nicht die Excel-Tabelle, sondern nur die Verknüpfung abgelegt).

Dateien geschickt ablegen unter Windows

Um den Überblick zu behalten, ist es sehr wichtig, dass man sich genau überlegt, wo man Daten ablegt: Man erstellt **Ordner** mit verständlichen Namen und legt passende **Unterordner** an.
So könnte ein Ordner „Briefe" heißen und die Unterordner „Geschäftlich" und „Privat". Sucht man später ein Dokument, dann hat man gute Chancen es gleich zu finden.

Abb. 19: Der Ordner „Briefe" hat zwei Unterordner. „Privat" hat auch zwei Unterordner.

Dateien finden mit dem Windows-Explorer

Im Explorer kann man nicht nur nach dem Namen, sondern auch nach dem Datum, dem Dateityp oder der Dateigröße suchen.

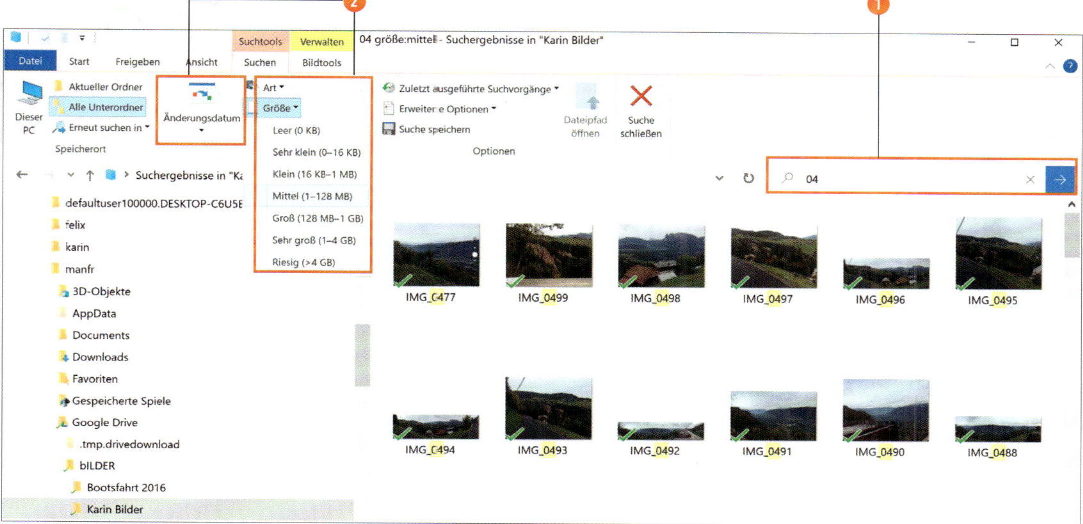

Abb. 20: Suche im Explorer

1. Hier wird der Dateiname vollständig oder teilweise eingegeben.
2. Hier kann die Suche verfeinert werden.

Papierkorb

Abb. 21: Der Papierkorb

Löscht man eine Datei, so landet sie zunächst im **Papierkorb**. Das ist ein spezieller Ordner, in dem gelöschte Objekte zur Sicherheit noch aufbewahrt werden. Ist der Papierkorb „voll", werden Objekte allerdings endgültig gelöscht. Hat man versehentlich etwas gelöscht, dann kann man das Objekt aber zumindest über eine gewisse Zeit hinweg wieder aus dem Papierkorb herausholen.

Ein Doppelklick auf den *Papierkorb* ermöglicht es, gelöschte Elemente wiederherzustellen.

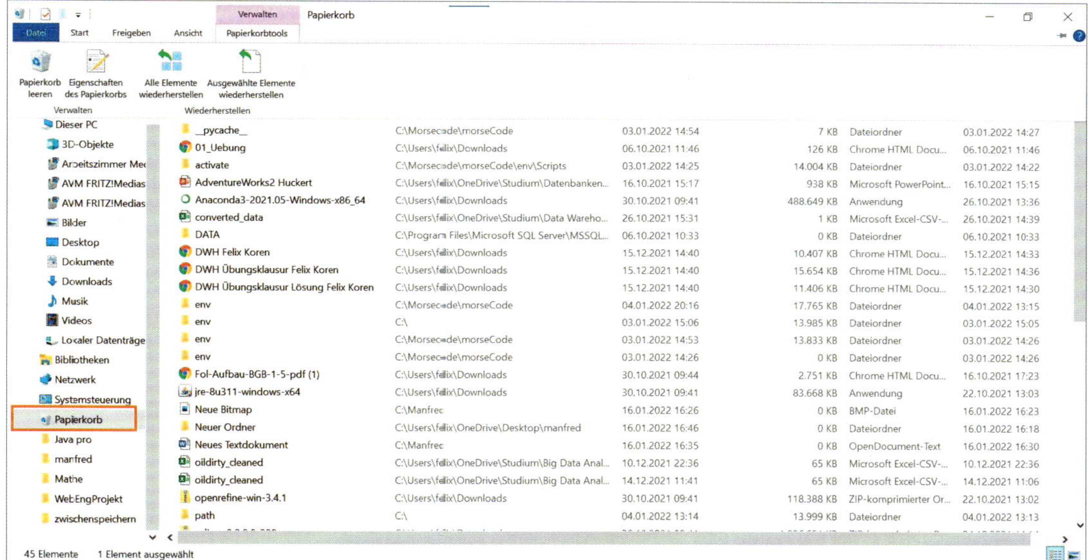

Abb. 22: „Gelöschte" Elemente sind noch kurz im Papierkorb vorhanden.

2.4 Besonderheiten bei macOS

macOS

Der „Schreibtisch" auf Apple Computern, die unter macOS laufen sieht etwas anders aus als der von Windows:

Abb. 23: Die Bedienoberfläche bei macOS

In der oberen Zeile sieht man die Menüleiste, unten das sogenannte **Dock**.

Menüleiste

In der **Menüleiste** ist oben links das Apfel-Symbol, dahinter finden sich Befehle für Systemeinstellungen, die Bildschirmsperre oder auch für das Ausschalten des Computers.

Daneben steht der Name der gerade verwendeten App und daneben finden sich die sogenannten „App-Menüs", d. h. das sind die Menüpunkte der derzeit verwendeten App.

Dock

Ganz unten ist das sogenannte **Dock.** Hier finden sich Icons von Programmen sowie der **Papierkorb** und der Ordner **Downloads** ganz rechts.

Launchpad

Im geöffneten **Launchpad** findet man seine Apps. Sie können durch Anklicken gestartet werden.

Abb. 24: Das Icon des Launchpads

Abb. 25: Im geöffneten Launchpad lassen sich Apps starten.

Finder

Mit dem **Finder** werden Dateien verwaltet und auch gefunden, deshalb der Name.

Abb. 26: Das Icon des Finders

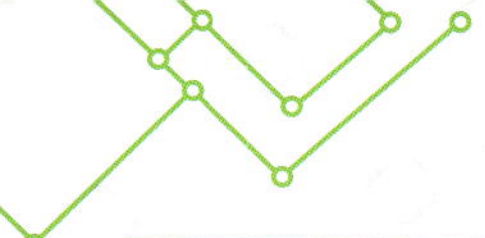

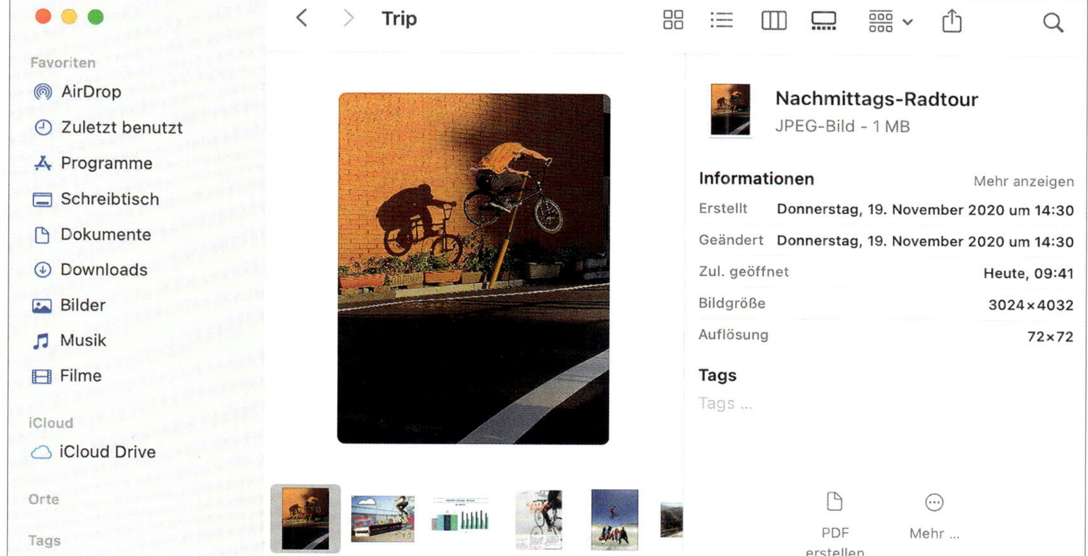

Abb. 27: *Dateiverwaltung mit dem Finder*

Tags

Eine Besonderheit bei macOS (auch bei iOS und iPadOS) sind **Tags** (engl: Markierungen). Jeder Ordner und jede Datei können „markiert" bzw. „getaggt" werden. So eine Markierung könnte z. B. „Briefe" oder „Post" oder „Urlaub" sein. Über die Auswahl *Tags …* kann man eigene Namen für neue Tags festlegen. Einfacher ist es, bestimmte Themen mit den vorgegebenen Farben zu „taggen". Im Finder kann man sich alle Ordner und Dateien, die denselben Tag haben, anzeigen lassen bzw. sich die Daten nach Tags sortiert anzeigen lassen. Jede Datei, jeder Ordner kann mehrere Tags haben.

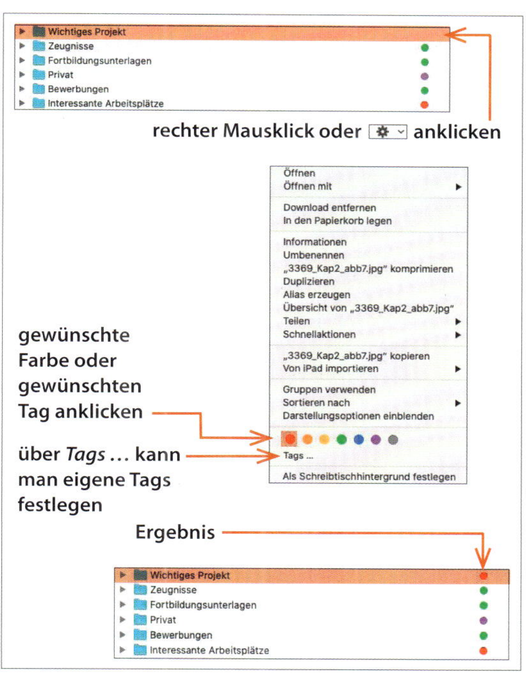

Abb. 28a: *Tag zuweisen*

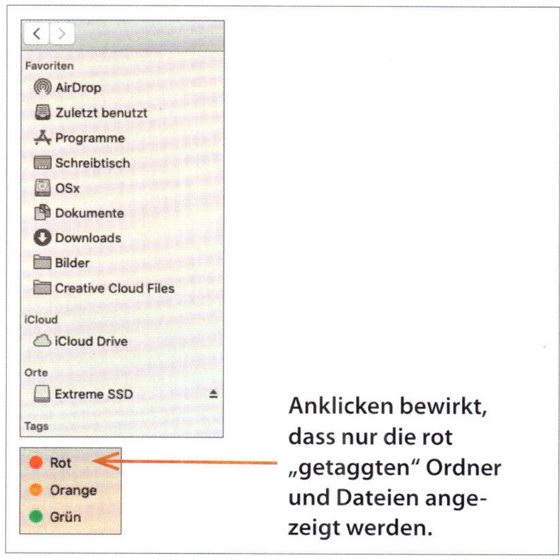

Abb. 28b: *Über die Menüleiste links kann man anklicken, welche Tags angezeigt werden sollen.*

2.5 Hilfefunktionen

Hilfefunktion

Betriebssysteme und auch Anwendungsprogramme haben fast immer eine Hilfefunktion. Bei Windows 10 kann man seine Frage einfach in das Suchfeld, das nach Klick auf die Lupe neben der Schaltfläche **Start** erscheint, eingeben. Nach der Eingabe *„Hilfe"* kann man das Programm *„Hilfe anfordern"* starten (vgl. *Abb. 29*).

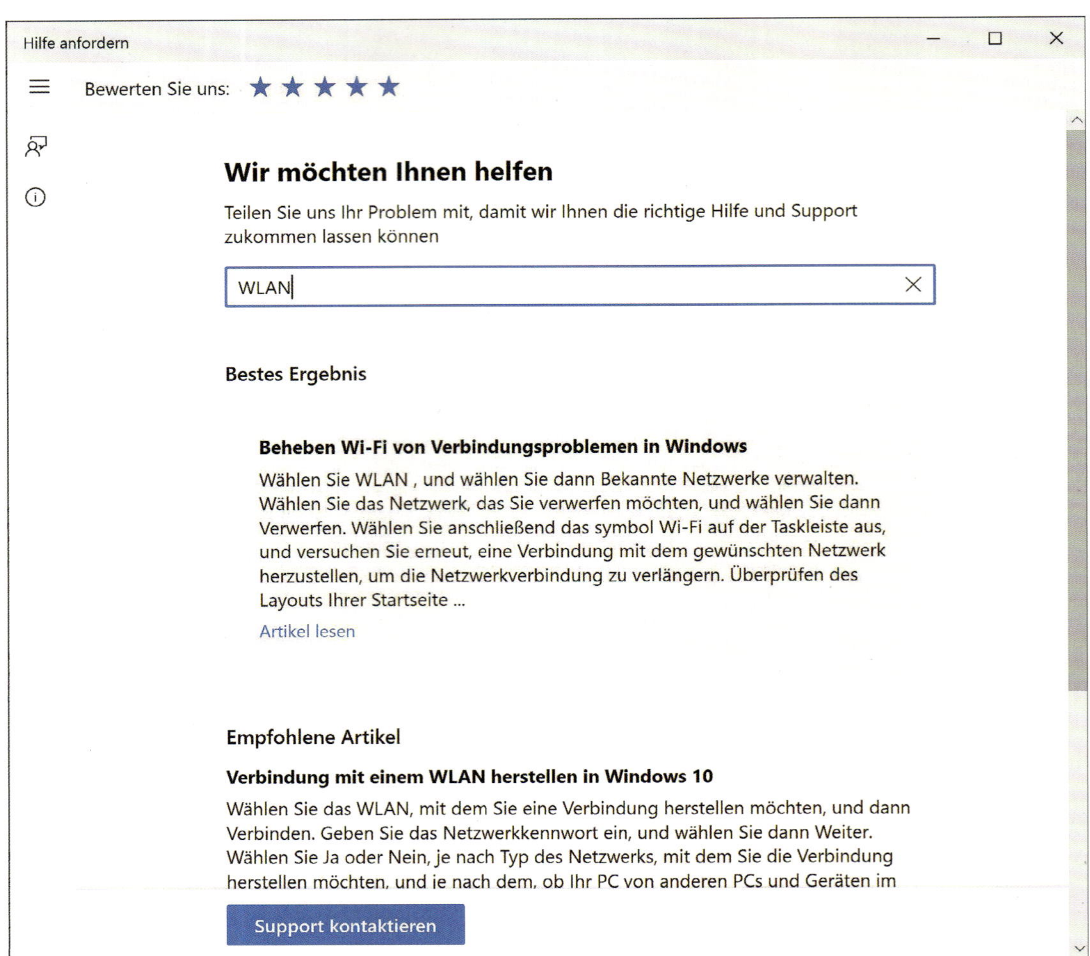

Abb. 29: So oder ähnlich erscheint der Dialog „Hilfe anfordern" (Windows).

Persönliche Hilfe und Fernwartung

Braucht man die Hilfe einer anderen Person, so muss diese nicht vor Ort sein. Die Fernsteuerung des Computers über das Internet ist hier sehr hilfreich. Programme wie z. B. der für Privatanwender kostenlose **Teamviewer** ermöglichen die Hilfe bei Computerproblemen aus der Ferne. Über das Internet sind Fernzugriff, Fernsteuerung und Fernwartung möglich. Das entsprechende Programm muss dazu auf beiden Computern installiert sein. Nach dem telefonischen Austausch der ID (Identität) und des Passwortes kann einer der Computer vom anderen aus ferngesteuert werden.

Man kann den Computer aus der Ferne bedienen, als ob man vor ihm säße. Das funktioniert oft auch über Betriebssystemgrenzen hinweg. Man kann so einen Windows-PC auch von einem macOS-Rechner oder einem IPad aus fernsteuern. Die IT-Fachkraft muss nicht mehr persönlich zum Computer kommen. Das wurde früher „Turnschuh-Administration" genannt.
In Firmen-Umgebungen sind die Computer meist für eine Fernwartung vorkonfiguriert. Ein Administrator kann jederzeit auf die Rechner zugreifen, um Hilfe zu leisten, Einstellungen vorzunehmen und Programme oder Updates zu installieren.

Kriminelle abwehren

Vorsicht! Häufig versuchen Kriminelle, Kontrolle über fremde Computer zu bekommen. Sie geben sich am Telefon als Microsoft-Mitarbeiter, Bankangestellte oder Behördenmitarbeiter aus und versuchen das Opfer zu überreden, ihnen eine Fernsteuerung ihres Computers zu erlauben. Das kann schwerwiegende Folgen haben. Auf diesem Wege könnten Bankdaten gestohlen oder der ganze Computer lahmgelegt werden. Eine Fernsteuerung sollte man nur zulassen, wenn man das Gegenüber kennt und ihm vertraut.

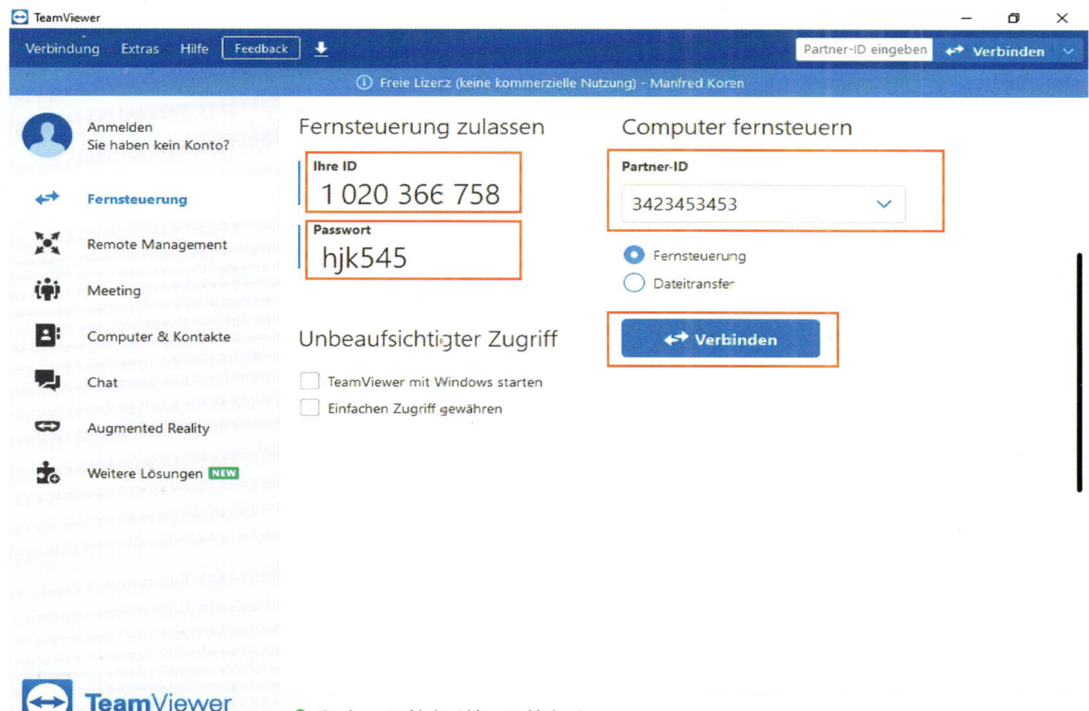

Abb. 30: Die Verbindung per Teamviewer herstellen

2.6 Installation von Programmen

Programme werden in der Regel aus dem Internet geladen. Nach dem Herunterladen wird das Installationsprogramm gestartet, welches meist völlig selbstständig die benötigten Dateien abspeichert und die passenden Einstellungen am Betriebssystem vornimmt.

Programme sollten aus Sicherheitsgründen nur von vertrauenswürdigen Seiten geladen werden. Manchmal werden während der Installation weitere Programme zur Installation angeboten. Solche **PUPs** (Potenziell unerwünschte Programme) sollte man nicht installieren.

Kostenpflichtige Programme kann man meist herunterladen, braucht aber zur Installation einen **Key** (Schlüssel), das ist eine Buchstaben- und Ziffernfolge, die gekauft werden muss. Nach der Bezahlung wird der Key z. B. per E-Mail ausgeliefert.

Programme kann man auch auf CDs oder DVDs kaufen. Auch hier muss dann ein Key bei der Installation eingeben werden.

Abb. 31: So ähnlich könnte ein Product-Key bei der Installation von Windows 365 aussehen.

Freeware

Freeware heißen Programme, die kostenlos erhältlich sind. Es gibt darunter ganz hervorragende Programme. In Tabelle 2 sind einige Beispiele für Programme, die es für Windows, Linux und macOS gibt, aufgeführt. Bevor man sich teure Software kauft, kann es sinnvoll sein, zunächst kostenlose Programme auszuprobieren. Diese haben meist eine jahrelange Entwicklungszeit hinter sich, wobei oft Programmierer aus der ganzen Welt beteiligt sind.

Name	*Funktion*
LibreOffice/OpenOffice	Textverarbeitung, Tabellenkalkulation, Präsentation und Datenbank
GIMP	Bildbearbeitung
VLC	Wiedergabe von Medien
KeePass	Passwortverwaltung
Audacity	Musik, Tonaufnahmen bearbeiten
Firefox	Browser für das Internet
Thunderbird	Mail Programm
DaVinci Resolve	Videoschnitt
Scribus	Layout von Broschüren, Flyern
Inkscape	Vektorgrafiken
Lightzone	Fotobearbeitung
Visual Studio Code	Programmierung

Tab. 2: Beispiele für Freeware-Programme, die für alle drei Betriebssysteme, Windows, Linux und macOS zur Verfügung stehen

Testversionen

Manchmal gibt es kostenlose **Testversionen** von Programmen, die nur eine gewisse Zeit laufen, oder deren Funktionen eingeschränkt sind.

Programmversionen

Die **Programmversionen** werden oft durch eine Zahl gekennzeichnet. Eine Zahl kleiner Eins, z. B. 0.8 deutet auf eine „Beta-Version" hin. Das Programm ist noch nicht endgültig fertig. Kleinere Veränderungen werden durch eine andere Nachkommastelle angezeigt, also von Version 1.4 auf 1.5.

Eine größere Veränderung führt zu einer höheren Zahl vor dem Punkt, also von Version 1.5 auf 2.0. (Anmerkung: Im englischen Sprachraum wird statt des Dezimalkommas ein Punkt verwendet, deshalb auch bei Programmversionen.)

Upgrade oder Update?

Ein **Upgrade** ist der Umstieg auf eine „bessere" Version eines Programmes und ist kostenpflichtig.

Ein **Update** ist eine Aktualisierung eines Programmes. Oft wurden hier Programmfehler entfernt.

3 INTERNET

Seit etwa 1984 gibt es das Internet in der heutigen Form. Durch vereinheitliche Technik ist es möglich, dass im Jahr 2020 etwa 4,5 Milliarden Menschen das Internet nutzen konnten.

1943 soll der damalige Vorstandsvorsitzende der später sehr erfolgreichen Computerfirma IBM, Thomas J. Watson, prognostiziert haben, dass man weltweit vielleicht fünf Computer brauchen könnte. Der Internet-Pionier Robert Metcalfe, der wesentliche Beiträge zur Technik des Netzes beisteuerte, prognostiziere 1995 das Ende des Internets für 1996. Beide hatten sich getäuscht.

Internetzugänge

Es gibt verschiedene **Zugänge zum Internet**:

- kabelgebunden per Kupferkabel, TV-Kabel oder Glasfaser (vgl. Kapitel 1)
- per Handynetz
- per WLAN

Während es bei kabelgebundenen Internetanschlüssen meist keine Volumenbeschränkung gibt, hat man bei Internetverträgen, die über das Mobilfunk- bzw. Handynetz laufen, je nach Vertrag, nur bis zu einer bestimmten Datenmenge die volle Geschwindigkeit. Dann wird meist die Geschwindigkeit gedrosselt. Internet über Mobilfunk gibt es in Deutschland seit etwa 1990. Die benutzten Techniken wurden von 2G über 3G (UMTS), 4G (LTE) zu 5G weiterentwickelt. Die maximalen Geschwindigkeiten stiegen von 54kbit/s bei 2G (GPRS) bis auf 10 Gbit/s bei 5G.

Immer häufiger gibt es auch offene WLANs in Geschäften, Einkaufszentren, Zügen, Behörden usw. Hier kann man meist eine Zeitlang kostenlos mit mäßiger Geschwindigkeit im Internet surfen. Dabei ist zu bedenken, dass jedes netzwerkfähige Gerät eine weltweit einmalige MAC-Adresse hat (Media-Access-Control-Adresse). Anbieter von offenen WLANs können diese Adresse auslesen und protokollieren, wann bestimmte Geräte an- oder abgemeldet wurden. So kann z.B in einem Geschäft festgestellt werden, zu welchen Zeiten ein oder mehrere bestimmte Kunden meistens kommen und gehen.

Zentrale Funktionen des Internet sind Kommunikation und der Austausch von Informationen.

3.1 Videokonferenzen

Bereits 1981–1988 erprobte die Deutsche Bundespost die Vernetzung von Computern per Glasfaser zur Durchführung von Videokonferenzen. Am Projekt BIGFON nahmen nur wenige Nutzer teil. Eine einstündige Videokonferenz kostete 800 DM.

Aufgrund der Corona-Krise 2020/21 sind Videokonferenzen schlagartig in den Fokus geraten.

Für die Durchführung einer Videokonferenz via Internet benötigen alle Teilnehmer einen Computer, ein Mikrofon, eine Kamera und einen Lautsprecher. Smartphones, Tablets und Notebooks besitzen in der Regel schon entsprechende integrierte Geräte. An Stand-PCs kann man eine Kamera per USB anschließen. Für Mikrofon und Lautsprecher sind oft spezielle Anschlussmöglichkeiten gegeben. Wichtig ist natürlich auch eine ausreichend schnelle Internetverbindung und eine **Plattform**, über die die Konferenz stattfindet.

Bandbreite

Die benötigte **Bandbreite**, also die minimale Geschwindigkeit für eine Videokonferenz hängt von vielen Faktoren ab: Auflösung der Kamera, Anzahl der Teilnehmer, Einstellung der Frames pro Sekunde (fps), Nutzung anderer Dienste wie Freigabe des Bildschirms usw. Besonders kritisch könnte bei DSL 16000 Verbindungen die geringe Uploadrate von 1Mbit/s sein. Aber auch das benutzte WLAN könnte die Übertragungsqualität erheblich beeinflussen.

Um die Geschwindigkeit des Internetanschlusses zu messen, gibt es von der Bundesnetzagentur die Website **breitbandmessung.de**. Hier kann man die Messung im Browser durchführen, aber auch passende Apps für unterschiedliche Geräte herunterladen.

Abb. 1: Das Logo der Breitbandmessung der Bundesnetzagentur

Anbieter

Es gibt eine Vielzahl von Anbietern für Videokonferenzen, beispielsweise:

- Microsoft Teams,
- Zoom,
- WebEx,
- Google Meet
- …

Diese Anbieter stellen die komplette Infrastruktur zur Verfügung, man muss sich nur anmelden, bei einigen ist das allerdings kostenpflichtig.

Im Unterschied dazu sind

- Jitsi und
- BigBlueButton

Programmsammlungen für Videokonferenzen, die man auf dem eigenen Computer installieren kann. Firmen, Organisationen, Behörden usw. können mit diesen Programmen auf ihren Rechnern eine Plattform errichten, die von verschiedenen Nutzerinnen und Nutzern verwendet werden kann.

So betreiben z. B. die **Technische Universität Ilmenau** und der **Chaos-Computer-Club** Jitsi-Server, deren Nutzung kostenlos möglich ist.

BigBlueButton wird oft von Bildungseinrichtungen genutzt. Hier bedarf es einer Einladung durch den Lehrer oder die Dozentin, um das System zu nutzen.

Je nachdem, wo und wie Jitsi oder BigBlueButton installiert wurden, ergeben sich Unterschiede: Die Internetanbindungen sind unterschiedlich schnell und es können unterschiedliche Einstellungen vorgenommen worden sein. Ist also Jitsi auf dem einen Server schnell und zuverlässig, so kann das auf einem anderen Server schon ganz anders aussehen.

Bei Microsoft, Google etc. hat man dagegen keinen Einfluss auf die Installation.

Zoom-Konferenzen

Um an einer **Zoom-Konferenz** teilzunehmen, muss man eingeladen werden oder selbst einladen. Um selbst einzuladen, muss man sich bei Zoom anmelden. Will man an einer Konferenz lediglich teilehmen, ist das nicht notwendig. Zoom bietet Apps, die man installiert, für alle gängigen Betriebssysteme an, man kann aber auch im Browser arbeiten. Wenn man eine Einladung per Mail bekommen hat, klickt man auf den Link und es erscheint etwa folgende Seite im Browser:

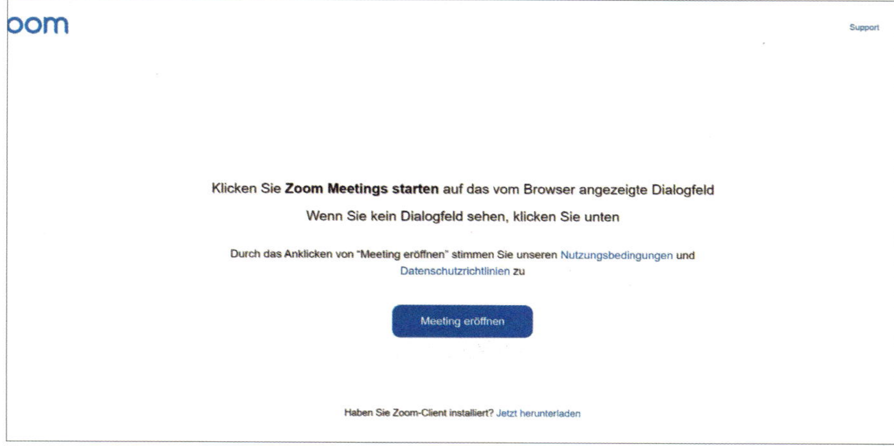

Abb. 2: Beginn einer Zoom Videokonferenz

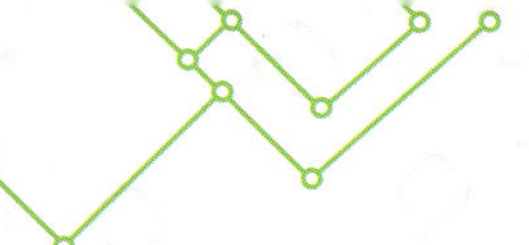

Hier wird nochmal angeboten die App, auch *Client* genannt, herunterzuladen. Klickt man auf *Meeting eröffnen*, dann kann man mit *Mit Ihrem Browser anmelden* der Konferenz beitreten.

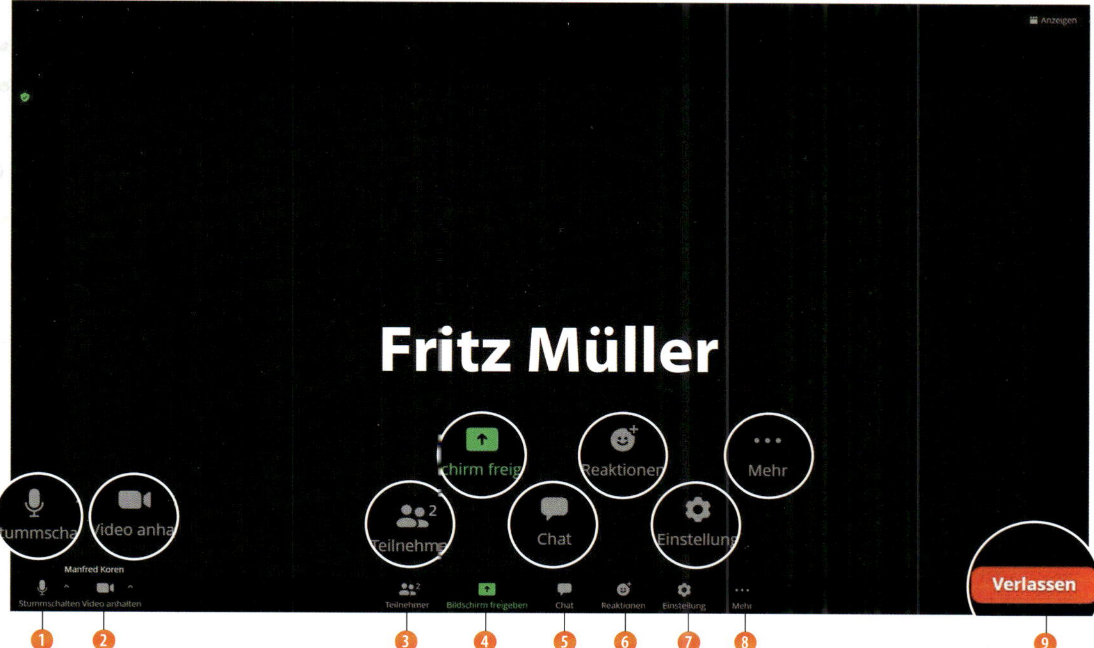

Abb. 3: Eine Videokonferenz mit Zoom

1. Mikrofon ein- und ausschalten. Einstellungen von Mikrofon und Lausprecher
2. Kamera ein-/ausschalten. Kamera auswählen
3. Liste der Teilnehmer
4. Bildschirm für Konferenzteilnehmer freigeben
5. Textnachrichten versenden/lesen (Chat)
6. Sich melden (die „Hand heben"), Emojis verschicken
7. Einstellungen (z. B. einen Hintergrund für das Video wählen)
8. Mehr (ankommendes Video anhalten)
9. Konferenz verlassen

Bei den Apps (Clients) sind die einzelnen Funktionen teilweise auch an anderen Stellen.

Um zu einer Konferenz einzuladen, muss man bei Zoom registriert sein. Das ist derzeit kostenlos. Als Gastgeber/Moderator hat man einige erweiterte Rechte. So kann man z. B. das Video der Konferenz aufzeichnen. Man kann außerdem für andere Teilnehmer bestimmte Funktionen sperren oder freigeben. So sieht die App (client) auf einem Windows Rechner aus.

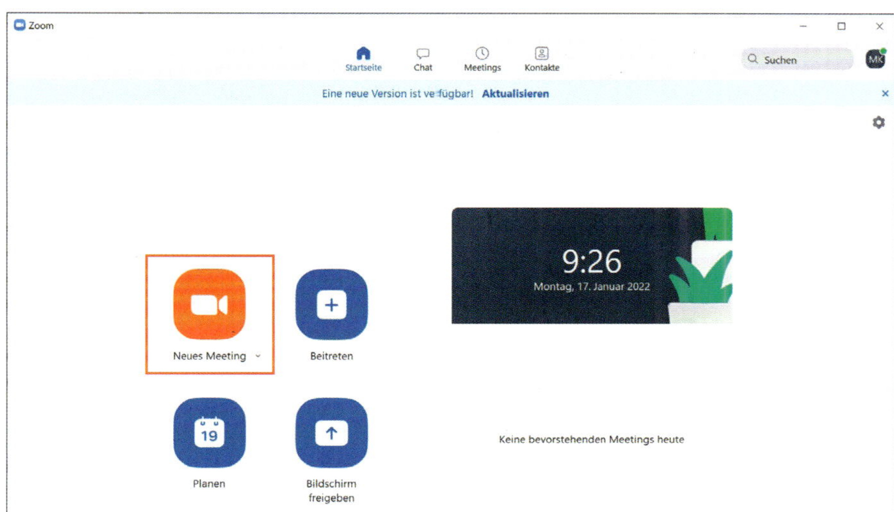

Abb. 4: Die Zoom-App in Windows

Nach einem Klick auf *Neues Meeting* kann man über *Teilnehmer* weitere Teilnehmer einladen.

Microsoft Teams

Microsoft Teams läuft in einem eigenen Programm. Videokonferenzen werden hier „Besprechungen" genannt. Im Menüpunkt *Teams* (links) findet sich rechts oben der Punkt *Besprechung* oder das Symbol für die Kamera.

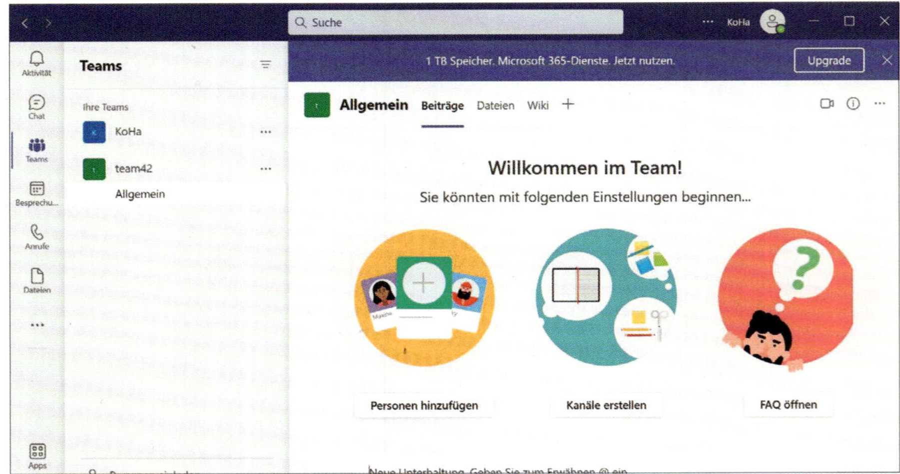

Abb. 5: Microsoft Teams

Danach sieht man einen Bildschirm, der dem von Zoom nicht unähnlich ist. Es gibt fast die gleichen Funktionen, nur diesmal am oberen Bildschirmrand *(Abb. 6)*.

Zusatzfunktionen von Videokonferenzsoftware

Hauptzweck der Videokonferenz ist natürlich der Austausch mehrerer Teilnehmer über Bild und Ton. Es gibt aber auch **Zusatzfunktionen**:

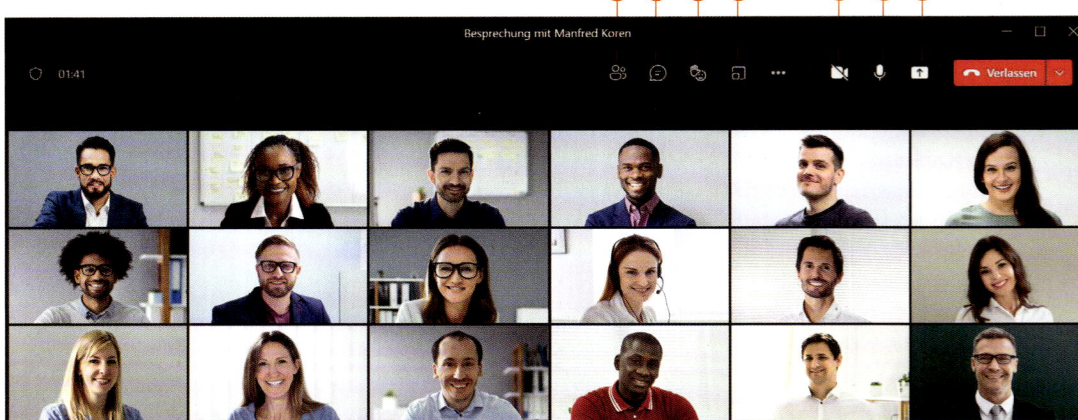

Abb. 6: Videokonferenz mit Teams

1. Freigabe des Bildschirms: Ein Teilnehmer teilt seinen Bildschirm so, dass ihn die anderen sehen können.
2. Chat: Man kann sich gegenseitig kurze Textnachrichten senden.
3. Teilnehmerliste anzeigen
4. Die Funktion *Melden*: Man kann dem Moderator bzw. der Moderatorin anzeigen, dass man gern das Wort hätte.
5. Breakout Rooms (Gruppenräume): Einige Teilnehmer können getrennt von den anderen konferieren. Dies kann nur der Gastgeber bzw. Moderator einrichten.
6. Kamera ein- und ausschalten
7. Mikrofon ein- und ausschalten

Videokonferenzen laufen auf dem Computer des Benutzers manchmal in einem Browser wie **Edge**, **Safari**, **Chrome** usw. Je nach Betriebssystem werden von den Anbietern unterschiedliche Browser für ein spezielles Videokonferenzsystem empfohlen. Man sollte sich immer aktuell erkundigen, welcher Browser hier am besten funktioniert.

Datenschutz

Wie die unterschiedlichen Systeme aus Sicht des **Datenschutzes** zu beurteilen sind, ist umstritten. Die Anbieter aus den USA unterliegen natürlich der dortigen Gesetzgebung, müssen also eventuell auf Verlangen amerikanischer Behörden, gespeicherte Daten herausgeben, ohne dass ein europäischer Nutzer zugestimmt hat. Ein Abkommen zur Angleichung der Datenschutzregelungen mit

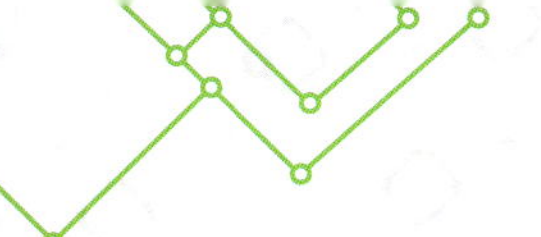

der EU (privacy shield) wurde für ungültig erklärt. Wenn man sich an die Regeln der DSGVO (Datenschutz-Grundverordnung) halten will, dann ist es problematisch, einem amerikanischen Anbieter Daten anzuvertrauen. Mittlerweile ist es bei einigen Systemen jedoch möglich, mit einer „Ende zu Ende Verschlüsselung" dafür zu sorgen, dass niemand außer den Teilnehmern der Konferenz das Bild sehen, oder den Ton hören kann. Das reicht einigen Datenschützern aber noch nicht, weil z. B. Abrechnungsdaten in die USA übertragen werden.

Abb. 7: Videokonferenz

TO DO

Vorher mit dem Videokonferenzsystem vertraut machen

1. Welche Einstellungen und Funktionen gibt es für das System?
2. Welcher Raum ist geeignet?
3. Man sollte während der Konferenz ungestört sein.
4. Überraschende Besuche, Telefon- oder Haustürklingeln sind zu vermeiden.
5. Hat man einen passenden Hintergrund für seine Konferenz?
6. Entweder man sucht sich einen passenden Hintergrund im Raum oder man nutzt die Möglichkeit einiger Programme, einen „virtuellen" Hintergrund einzublenden. Zoom oder auch Teams haben solche Funktionen.
7. Stimmen die Kameraeinstellungen?
8. Man sollte sich möglichst nicht von oben oder unten filmen.
9. Stimmt die Beleuchtung?
10. Tageslichtlampen oder spezielle Ringlichter helfen, die Beleuchtung zu optimieren.
11. Wie gut sind Lautstärke und Tonübertragung?

Tipps für die bessere Videokonferenz

Die **Sprachverständlichkeit** ist meist wichtiger als ein gutes Bild. Deshalb sollte auf den Ton besonderes Augenmerk gelegt werden. Die Mikrofone in Notebooks oder Kameras sind nicht immer optimal. Ein externes Mikrofon oder ein Headset mit Mikrofon können den Ton verbessern. In Sprechpausen sollte das Mikrofon ausgeschaltet werden. Man sollte langsamer als gewohnt und deutlich sprechen. Man muss auf die verzögerte Übertragung achten und berücksichtigen, dass man dem Gegenüber genug Zeit zum Aussprechen lässt.

Die Unterhaltung in einer Videokonferenz wird auch „synchrone Kommunikation" genannt, weil man die Antwort des Gegenübers unmittelbar erwartet.

3.2 Kommunikation per E-Mail

Bei der „asynchronen Kommunikation" per E-Mail schreibt man sich in der Regel mit einer gewissen Zeitverzögerung Nachrichten. E-Mail gibt es seit Ende der 80er-Jahre. Eine E-Mail-Adresse erhält man von einem **E-Mail-Provider**.

Kostenlose Anbieter

Kostenlose E-Mail-Adressen gibt es z. B. von den gängigen Providern:

- GMX
- WEB.DE
- Gmail
- T-Online
- Outlook.de

Eine E-Mail-Adresse ist immer in derselben Form aufgebaut (vgl. *Abb. 8*).

Abb. 8: Aufbau einer E-Mail-Adresse

1. Der **Name** wird beim E-Mail Provider beantragt. Erlaubt sind Buchstaben, Zahlen und manche Sonderzeichen. Meistens spielt die Groß-Kleinschreibung keine Rolle. Bei „gmail.com" spielt ein Punkt vor dem @-Zeichen keine Rolle." a.b@gmail.com" wird nicht von „ab@gmail.com" unterschieden. Der Punkt vor „com" oder vor „de" muss allerdings unbedingt gesetzt werden.
2. @ ist das Trennzeichen (wird englisch „at", also „ät", gesprochen) zwischen dem Benutzernamen und dem Provider
3. Name des E-Mail-Providers
4. Top-Level-Domain (TLD) – hier .de für Deutschland

Es gibt über 1000 Top-Level-Domains. Will man eine E-Mail-Adresse mit einer bestimmten TLD, so muss man sich einen passenden Provider suchen, der dies anbietet. Die TLD gibt einen Hinweis, aus welchem Land der Provider kommt, oder um welche Organisation es sich handeln könnte. Zuverlässig ist das aber nicht.

In *Tabelle 1* stehen einige Domains mit ihrer Bedeutung.

Top-Level-Domain	Bedeutung
.de	Deutschland
.com	Company (Firma)
.gov	Government (Regierung der USA)
.berlin	Berlin
.tv	Tuvalu (ein Kleinstaat im Pazifik)

Tab. 1: Einige Top-Level-Domains und ihre Bedeutung

Um eine E-Mail-Adresse zu erhalten, geht man auf die Website eines Providers und lässt sich hier registrieren. Man wird durch verschiedene Dialoge geführt und hat dann im Allgemeinen nach kürzester Zeit eine E-Mail-Adresse. Handybesitzer haben oft beim Einrichten des Geräts schon eine E-Mail-Adresse erhalten. Bei Android Handys ist das **gewählter_name@gmail.com** von Google, bei I-Phones **gewählter_name@icloud.com** von Apple. Wobei **gewählter_name** der Name ist, den man bei der Einrichtung des bzw. der Geräte gewählt hat. Diese E-Mail-Adressen kann man natürlich auch auf anderen Geräten benutzen.

Provider und besonders der E-Mail-Name sollten gut ausgewählt werden, da eine Änderung, wenn man viele E-Mail-Kontakte hat, aufwendig sein kann.

Es gibt spezielle E-Mail-Programme, mit denen man Mails empfangen, verwalten und versenden kann. **Mozilla Thunderbird** ist kostenlos. **Microsoft Outlook** ist kostenpflichtig und auf die Nutzung in Verbindung anderen Office-Programmen von Microsoft abgestimmt. Diese Programme können auch mehrere E-Mail-Accounts von verschiedenen Providern gleichzeitig verwalten. Das Programm **Outlook** hat nicht unmittelbar etwas mit dem E-Mail-Dienst outlook.com zu tun, auch wenn beide von Microsoft kommen.

Die Programme haben eine Vielzahl von Funktionen und sind so auch für umfangreichen und komplexen Mailverkehr geeignet.

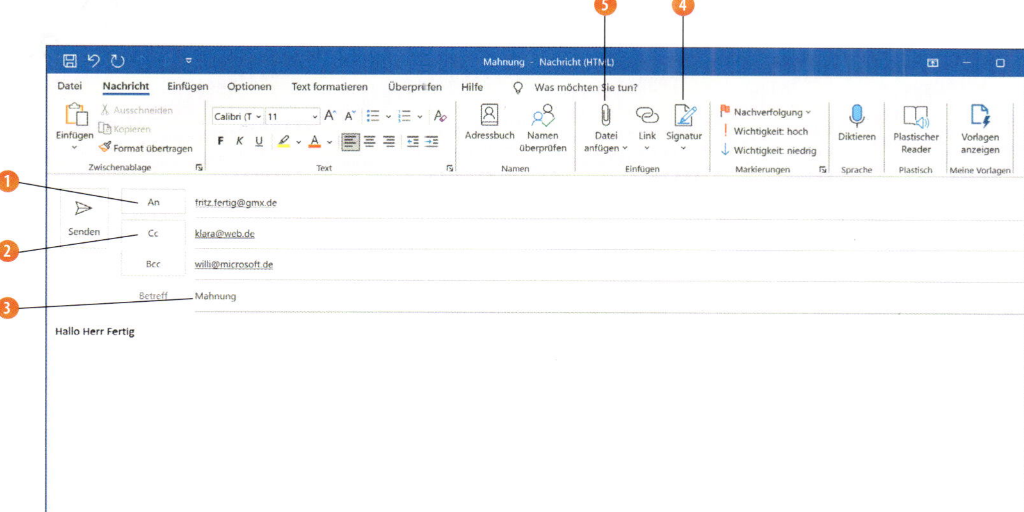

Abb. 9: E-Mail versenden mit Outlook

1. Empfänger (Mail-Adresse eingeben)
2. CC = Carbon Copy: Adresse, an die eine Kopie verschickt wird. Unter BCC = Blind Carbon Copy wird ein Empfänger angegeben, an den die Nachricht verschickt wird, ohne dass die anderen Empfänger es sehen.
3. Betreff: Hier sollte man kurz angeben, worum es in der Mail geht.
4. Eine Signatur, die an das Ende jeder Mail kopiert wird
5. Über diese Schaltfläche kann man eine Datei mitsenden/anhängen.

Outlook ist ein sehr mächtiges Programm mit zahllosen Funktionen. Für einfachere Aufgaben kann man, ohne etwas installieren zu müssen, auch die Webseiten der E-Mail-Provider aufrufen und Mails empfangen und versenden.

E-Mails werden meist auf den Servern der Provider gespeichert. Man kann die E-Mails dann auf unterschiedlichen Geräten abrufen, z. B. auf dem Handy, dem Tablet und dem PC. Diese Technik heißt **IMAP** (Internet Message Access Protocol). Ist das Postfach beim Provider voll, kann man keine E-Mails mehr empfangen. Das wird manchmal durch die Fehlermeldung „Mail quota exceeded." angezeigt. Man muss dann einige alte Mails löschen. Die gängigen Provider bieten Speicherplatz ab 1 GByte an.

Alternativ gibt es **POP3** (Post Office Protocol). Hier werden Mails immer auf das Endgerät heruntergeladen und beim Provider gelöscht. Die Mails sind dann aber auch nur auf diesem Gerät einsehbar. Bei der Einrichtung eines E-Mail-Programms muss man sich für eine der beiden Methoden entscheiden.

Manche Provider lassen auch beide Methoden zu. Man holt die Mails dann der POP3 oder IMAP ab. Das wird im Empfängerprogramm eingestellt.

Große Dateien senden

Sehr große Dateien lassen sich nicht per E-Mail versenden. Für solche Dienste gibt es spezielle Anbieter. Es ist aber auch möglich, die Datei in eine **Cloud** hochzuladen und dort für andere Personen/Nutzer „freizugeben", die diese dann von dort wieder herunterladen können.

Phishing

Vorsicht! Man kann nicht sicher sein, dass der angegebene Absender einer Mail auch der richtige ist. Per **Mail-Spoofing** (englisch für Manipulation, Verschleierung oder Vortäuschung) ist es möglich einen falschen Absender einzutragen. Wenn also eine Mail angeblich „von der Bank" kommt, in der nach Passwörtern oder PINs gefragt wird, kann man sicher sein, dass es sich um einen **Phishing**-Versuch handelt, auch wenn die Adresse des Absenders stimmt. Hier versucht jemand nach fremden Daten zu „fischen" (Phishing für „fishing", englisch für „Angeln").

Verschlüsselung

Um Daten vor Unbefugten zu schützen, kann man sie mithilfe mathematisch komplexer Methoden verschlüsseln und über das Internet in der verschlüsselten Version senden.

Originaltext	*Verschlüsselter Text*
Die heiße Zypernsonne quälte Max und Victoria ja böse auf dem Weg bis zur Küste.	Salkdjl3r2poejflsldfkmdreüpoüpsdfölköl Kmlkmklhjgkjjhztrztrjhgfhgfsdf

Der **Schlüssel** bei einer solchen Verschlüsselung ist eine Buchstaben- und Ziffernkombination. Durch eine mathematische Methode wird der Originaltext unter Zuhilfenahme des Schlüssels in den verschlüsselten Text umgewandelt. Je länger der Schlüssel ist, umso schwieriger ist es, ihn zu „knacken".

Besonders hilfreich ist die sogenannte **asymmetrische Verschlüsselung**. Hier gibt es einen Schlüssel zur Verschlüsselung und einen anderen zur Entschlüsselung. Hier ist es bei passenden Verfahren sogar möglich, den Schlüssel für die Verschlüsselung zu veröffentlichen. Der Schlüssel für die Entschlüsselung ist daraus nicht abzuleiten.

Beispiel:
Alice will Bob eine geheime Botschaft schicken. Bob hat seinen Verschlüsselungs-Schlüssel veröffentlicht.
Alice verschlüsselt die Nachricht mit Bobs Schlüssel und sendet sie an Bob. Den Entschlüsselungs-Schlüssel hat Bob gut gesichert. Mit diesem kann er den Text nun entschlüsseln.
Solche Verfahren sind heutzutage im Internet durchaus gängig, meist bekommt der Nutzer davon aber nichts mit. Ein HTTPS vor einer Websiteadresse bedeutet, dass hier die Kommunikation verschlüsselt ist

3.3 Browser

Surfen

Eine weitere wichtige Nutzung des Internets besteht im „Surfen". Mit einem speziellen Programm, einem „Browser", kann man Texte lesen, Bilder und Videos anschauen, aber auch Daten ins Internet versenden, um z. B. etwas zu bestellen oder eine Mail zu versenden. Ein Browser wird mit jedem Betriebssystem mitgeliefert.

Betriebssystem	*Browser*
Windows 10, 11	Microsoft Browser EDGE und Internet Explorer
macOS	Apple Safari
Android	Chrome
Linux	meist Firefox

Tab. 2: Die zu den gängigsten Betriebssystemen mitgelieferten Browser

Man ist nicht auf den mitgelieferten Browser festgelegt, es ist auch möglich, andere Browser zu installieren. **Chrome** war 2021 und 2022 weltweit der meistgenutzte Browser. Es gibt für alle gängigen Betriebssysteme eine passende Version.

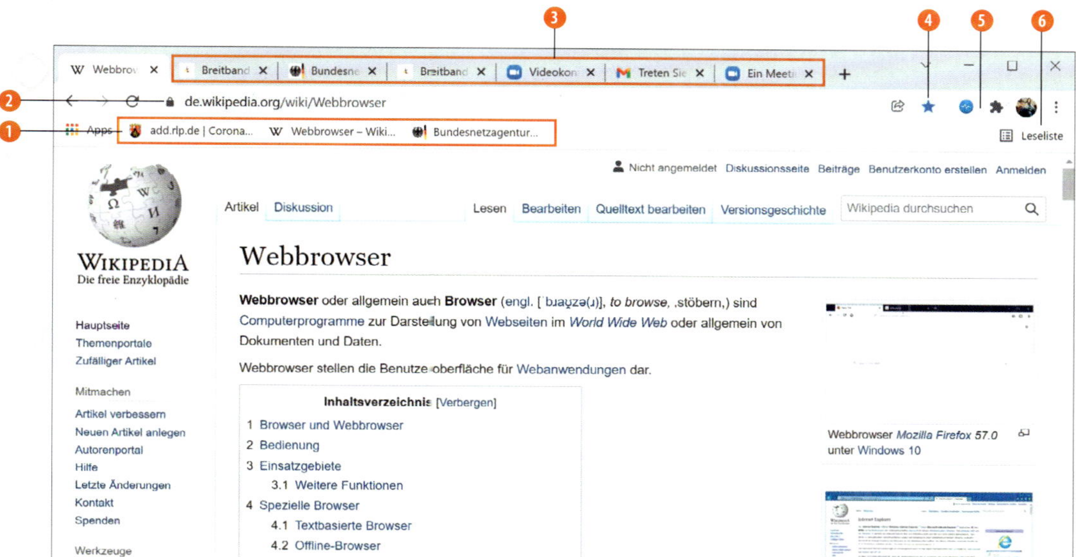

Abb. 10: Der Browser Chrome in Windows

1. Abgespeicherte Lesezeichen
2. Adressleiste: Hier wird die Adresse der gewünschten Seite eingegeben (bzw. hier steht die Adresse der aktuell geöffneten Seite)
3. Reiter (Tabs) ermöglichen den schnellen Wechsel zu einer anderen geöffneten Seite
4. Über das Sternchen kann man Lesezeichen bzw. Favoriten hinzufügen
5. Lesezeichenleiste/Favoritenliste
6. Leseliste

Lesezeichen

In *Lesezeichen* oder *Favoriten*, je nach Browser, kann man die Adressen von Seiten speichern, die man später nochmal besuchen möchte. Die wichtigsten kann man in der Lesezeichen- oder Favoriteneiste abspeichern. Dann hat man schnellen Zugriff. Andere Lesezeichen kann man thematisch in Ordnern ablegen. Um in **Chrome** ein Lesezeichen für die gerade geöffnete Seite hinzuzufügen, klickt man auf das Sternchen ganz rechts in der Adressleiste. Nach *Lesezeichen hinzufügen* erscheint der Dialog aus *Abb. 11*.

Hier gibt man an, wie das Lesezeichen heißen und in welchem Lesezeichenordner es abgespeichert werden soll. In der Lesezeichenleiste selbst ist nur begrenzt Platz, sodass man einen Ordner wählen sollte, in dem Lesezeichen gemeinsam abgespeichert werden, die thematisch zusammengehören. Um einen neuen Ordner zu erstellen, klickt man auf *Anderen Ordner wählen…* und dann auf *Neuer Ordner*.

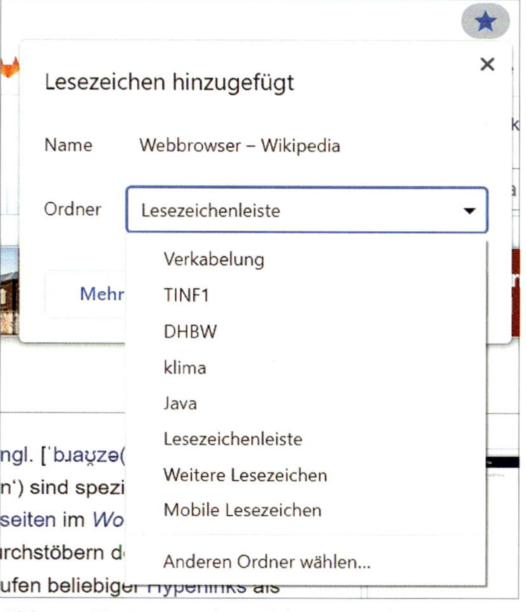

Abb. 11: Ein Lesezeichen ablegen in Chrome

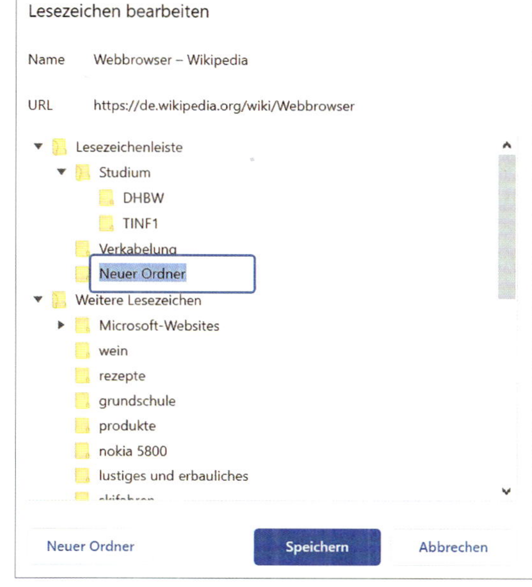

Abb. 12: Einen Ordner für ein Lesezeichen auswählen

Es ist sehr wichtig, dass auch hier die Ordnerstruktur übersichtlich bleibt.

Eine Erweiterung der Lesezeichen ist die **Leseliste**. Hier kann man Links aus Seiten ablegen, die man später noch lesen möchte, die man aber nicht dauerhaft als Lesezeichen abspeichern möchte. Um eine Seite auf die Leseliste zu bringen, benutzt man ebenfalls das Sternchen in der Adressliste.

Klickt man auf *Leseliste*, so sieht man, was man noch lesen möchte und kann Einträge als gelesen markieren oder löschen.

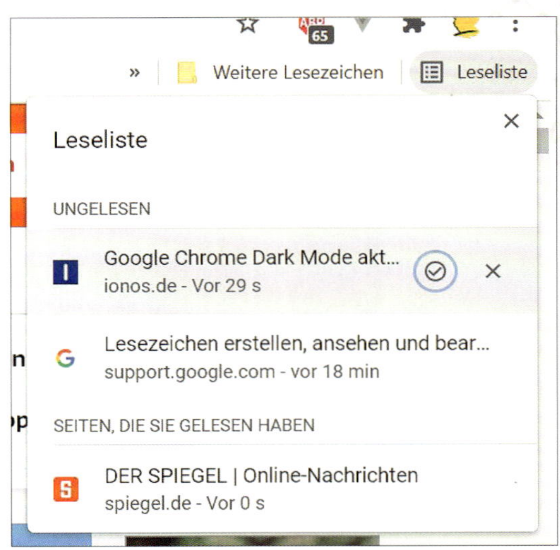

Abb. 13: Eine Website in die Leseliste eintragen

3.4 Recherche im Internet

Tipps für die Suche

Für die Suche im Internet bzw. das sogenannte „googeln" (nach der erfolgreichen Suchmaschine Google benannt), sollte man folgende Tipps berücksichtigen:

1. Man beginnt zunächst nur mit einfachen Suchanfragen mit wenigen Wörtern. Danach kann man mit weiteren Suchbegriffen die Suche verfeinern. *Wetter Berlin* reicht z. B. oft aus.
2. Die Suchbegriffe sollten so gewählt sein, dass sie mit hoher Wahrscheinlichkeit auch auf der gesuchten Website stehen. Also besser *Halsschmerzen* als *mein Hals tut weh*.
3. Wenn man nach dem genauen Wortlaut sucht, so setzt man die Suchbegriffe in Anführungszeichen, z. B. *"Ich bin ein Berliner"*
4. Mir *OR* lassen sich Suchanfragen kombinieren. Mit *Äpfel OR Birnen* sucht man nach Äpfeln oder Birnen. Hier muss *OR* tatsächlich großgeschrieben werden, ansonsten wird Groß-/Kleinschreibung in der Suche ignoriert.
5. Mit site: wird nur auf einer Website gesucht. *„Adenauer site:spiegel.de"* sucht also nur auf spiegel.de.
6. Mit dem Minuszeichen „-" können bestimmte Begriffe ausgeschlossen werden. Die Anfrage *Homer -Simpson* findet also keine Seiten über die Simpsons, sondern eher über den griechischen Philosophen. Es darf allerdings kein Leerzeichen zwischen dem Minus und dem Begriff sein, der ausgeschlossen werden soll. (Die Anfrage *Homer-Simpson* liefert andere Ergebnisse als *Homer - Simpson*.)
7. Natürlich gibt es außer Google noch unzählige weitere Suchmaschinen. Manche sind universell, manche auf bestimmte Themengebiete spezialisiert.
8. Ein beliebter Anlaufpunkt für eine Recherche ist die freie Enzyklopädie **Wikipedia**, die es in unzähligen Sprachen gibt. Unter **simple.wikipedia.org** gibt es eine Version auf Englisch in einfacher Sprache.

Wikipedia

An **Wikipedia** kann theoretisch jeder mitarbeiten und Texte einstellen oder ändern. Dabei kann es zu Diskussionen und Konflikten kommen. Deshalb gibt es Moderatoren, die solche Fälle lösen sollen. Erfahrungsgemäß werden offensichtliche Unwahrheiten oder Scherze schnell von der Gemeinschaft der Benutzer gelöscht. Es gibt aber natürlich auch unterschiedliche Meinungen zu verschiedenen Themen, zu denen es keine „objektive Wahrheit" gibt.

Inwieweit Wikipedia als Quelle für eine wissenschaftliche Arbeit dienen kann, ist sehr umstritten. Um sich in ein Thema einzulesen oder auch Original-Quellen zu finden, scheint es aber gut geeignet.

Für nahezu alle Themen gibt es **Foren**, in denen sich Interessierte austauschen. Natürlich muss man auf die Suche gehen, wo es die besten Informationen zu einem speziellen Thema gibt.

3.5 Schwarze Bretter und Terminabsprachen im Internet

Es gibt viele Möglichkeiten, sich über das Internet mit anderen Nutzern und Nutzerinnen auszutauschen.

Termine mit Doodle

Für Terminabsprachen eignet sich z. B. die Terminsoftware Doodle (Doodle.com).

Auf der Seite **doodle.com** gibt es die Möglichkeit, kostenlos Terminabsprachen über das Internet zu machen. Es gibt auch kostenpflichtige Varianten mit erweiterter Funktionalität. Auch nach kostenloser Anmeldung gibt es einige Zusatzfunktionen, man kann Doodle aber auch ganz ohne Anmeldung benutzen. Mit *Doodle erstellen* auf der Website wird man Schritt für Schritt durch die Planung geführt. Nach Eingabe eines Namens für die Termine erscheint ein Kalender, in dem ein oder mehrere Termine eingetragen werden können. Nach der Auswahl weiterer Optionen kommt man zu *Teilnehmer einladen*. Man kopiert den Link und verschickt ihn an die Teilnehmer.

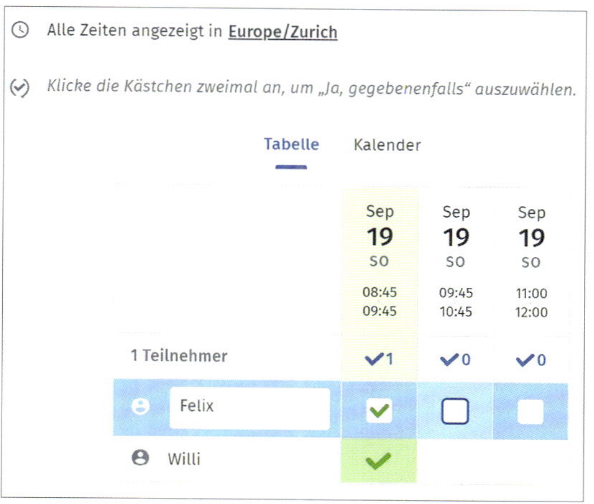

Abb. 14: Einen Termin in Doodle eintragen

Im konkreten Fall kann Felix jetzt entscheiden, welchen Termin er wahrnehmen möchte. Wurden Haken an den richtigen Stellen gemacht, sehen alle Teilnehmer wer sich für welchen Termin angemeldet hat.

Etherpad

Ein **Etherpad** ist ein „schwarzes Brett", auf das verschiedene Nutzer schreiben können.

Auf z. B. der Seite **yopad.de** kann man ein Pad erstellen. Den Link der Website schickt man allen, die hier mitarbeiten wollen. Alle, die auf Seite gehen, können nun mitlesen und mitschreiben. Es sollte also nichts dort stehen, was nicht jeder lesen darf. Man kann dafür aber gemeinschaftlich an einem Text arbeiten.

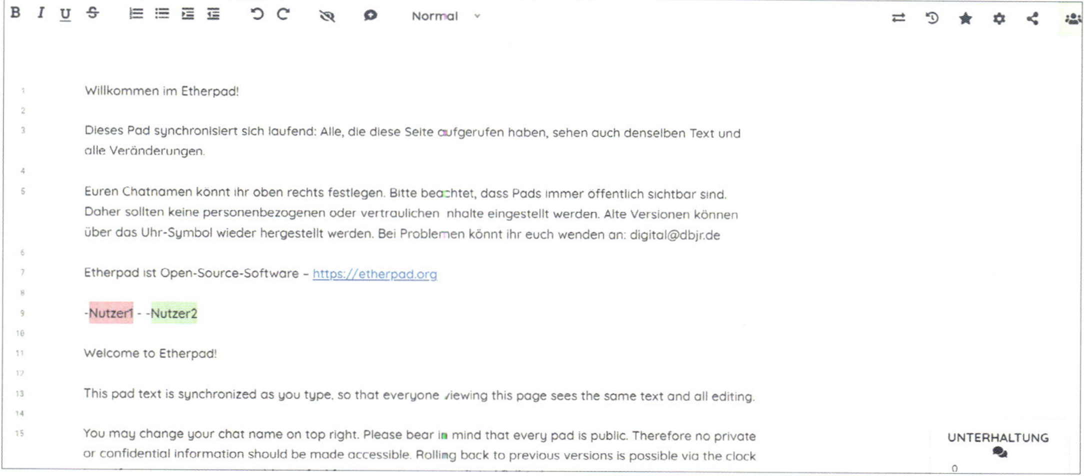

Abb. 15: Ein Etherpad

Trello

Ein „schwarzes Brett" mit vielen Zusatzfunktionen bietet beispielsweise **Trello**.

Mit Trello lassen sich u. a. auch schwarze Bretter, ähnlich Etherpad, erstellen, nur dass man entscheiden kann, wer woran mitarbeiten darf. Die sehr umfangreichen Funktionen eignen sich, um die Zusammenarbeit in einem Team zu vereinfachen.

3.6 Zusammenarbeit mit Groupware

Software, die die räumlich und zeitlich unabhängige und ungebundene Zusammenarbeit (Kollaboration) einer Gruppe unterstützt, nennt man „Groupware" oder „Kollaborationssoftware". Funktionen solcher Software können wiederum Videokonferenzen, Chats, gemeinsame Kalender, gemeinsames Arbeiten an Dokumenten, der Austausch von Dokumenten, Organisation der Verteilungen von Aufgaben, schwarze Bretter usw. sein.

Microsoft Teams

Bekannt ist hier **Teams** von Microsoft, was ein Teil von **Microsoft 365** ist. Diese Sammlung von Programmen enthält auch die Textverarbeitung **Word**, die Tabellenkalkulation **Excel** und weitere Programme. Dadurch gibt es eine nahtlose Integration der einzelnen Programme.

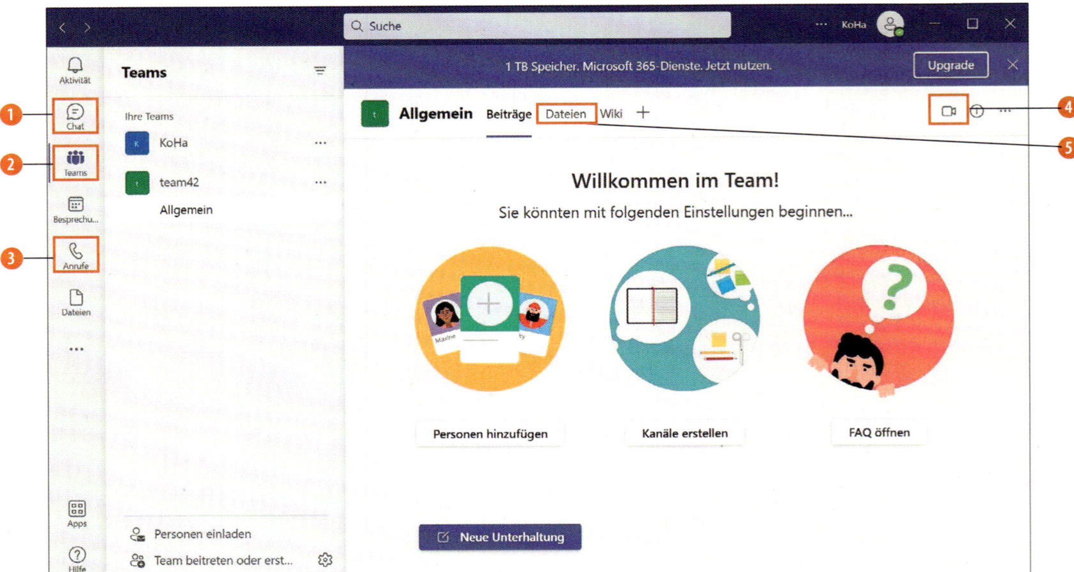

Abb. 16: Microsoft Teams

1. Start eines Chats
2. Verwaltung der einzelnen Gruppen (Teams)
3. Ein Teammitglied anrufen
4. Start einer Besprechung (Videokonferenz)
5. Verwaltung gemeinsam genutzter Dateien

Moodle

An vielen Schulen und Hochschulen wird **Moodle** verwendet. Moodle ist ein freies Kursmanagementsystem und eine Lernplattform. Es läuft über das Internet in einem Browser, muss also nicht installiert werden. Man kann Dateien austauschen, schwarze Bretter benutzen, sich Nachrichten schreiben, gemeinsame Kalender nutzen und vieles mehr. Andere Programme können integriert werden, was die Funktionalität erweitert. Um Videokonferenzen abzuhalten kann z.B. **BigBlue Button** (BBB) integriert werden.

Moodle stellt virtuelle Kursräume zur Verfügung. In den Kursräumen finden sich Arbeitsmaterialien wie Dateien, Texte oder Links. Die Lehrkraft kann Foren, Tests, Aufgaben, Wikis etc. zur Verfügung stellen. Die Nutzer haben je nach Status (z.B. Lehrkraft oder Schüler/-in) unterschiedliche Rechte.

Beispielsweise auf **school.moodledemo.net** kann man Moodle ausprobieren. Man sucht sich aus, welche Rolle man spielen will und kann gefahrlos das Programm testen. Leider ist hier vieles auf Englisch (obwohl man neben dem Profilbildchen oben rechts, mithilfe des kleinen Pfeils seine Sprache auswählen kann). Die Website wird immer weiter entwickelt und optisch verändert.

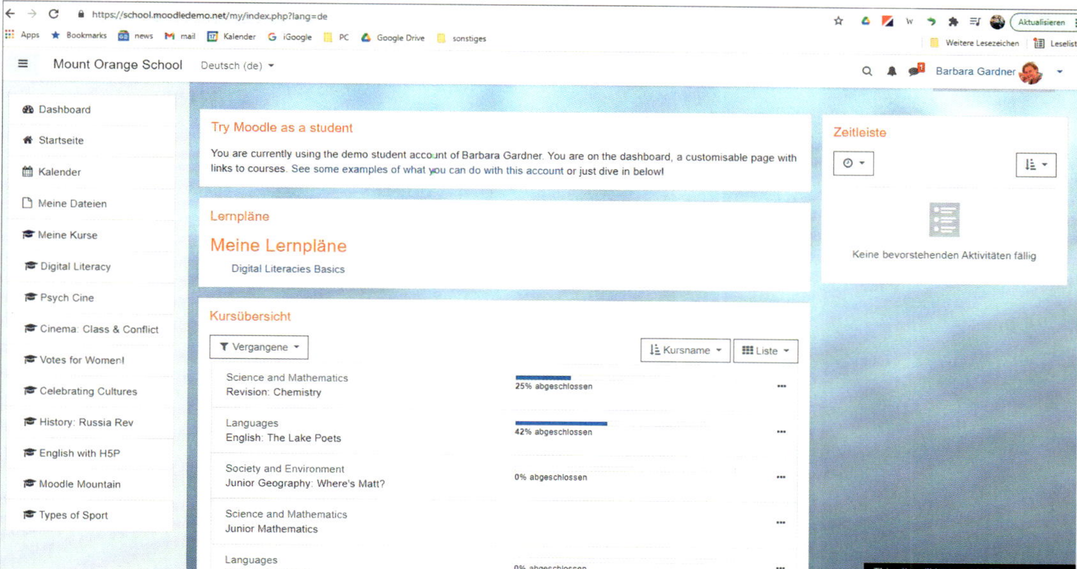

Abb. 17: Eine Moodle-Startseite

Da Moodle eine Lernplattform ist, gibt es verschiedene Möglichkeiten z. B. Wissen abzutesten. Hier muss beispielsweise das passende Wort in die Lücke gezogen werden:

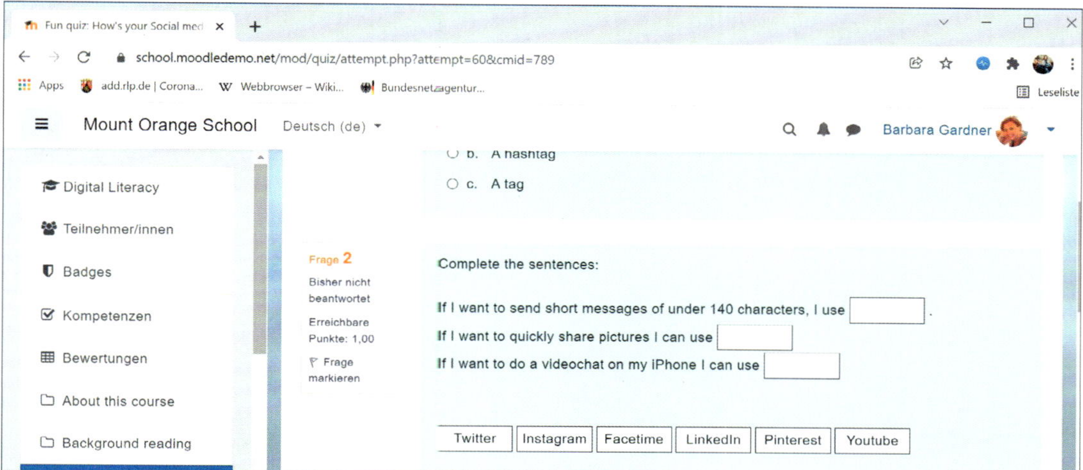

Abb. 18: Ein digitales Arbeitsblatt in Moodle

Es gibt noch eine Vielzahl an Anbietern für Lernmanagementsysteme. In Deutschland z. B **itslearning**, **IServ**, **HPI Schul-Cloud** und **Google Classroom**. Verschieden Bundesländer nutzen für ihre Bildungseinrichtungen Eigenentwicklungen, oft auf Basis von **Moodle**.

Die Funktionalitäten sind ähnlich, die Bedienung weicht natürlich jeweils etwas ab.

3.7 Eigene Homepage/Website erstellen

Eine **Homepage/Website** (engl: wörtlich übersetzt „Zuhauseseite“ bzw. „Netzort“) ist eine Webseite, die Ausgangspunkt eines Internetauftritts ist. Eine eigene Homepage zu erstellen ist ohne großes Expertenwissen möglich. Kommerzielle Anbieter bieten Komplettlösungen (Webseite, individuelle E-Mail-Adressen, Speicherplatz, Werkzeuge zur Erstellung und Verwaltung der Seite usw.) schon für recht günstige Monatstarife an.

Die eigene Website mit IONOS

Die Firma **IONOS** bietet beispielsweise die Möglichkeit, eine eigene Homepage, auch mit Webshop, zu erstellen. Nach der kostenpflichtigen Anmeldung besteht die Möglichkeit, in einer Art Baukastensystem die eigene Seite zu bauen. Zunächst wählt man sich eine Vorlage aus (vgl. *Abb. 19*)

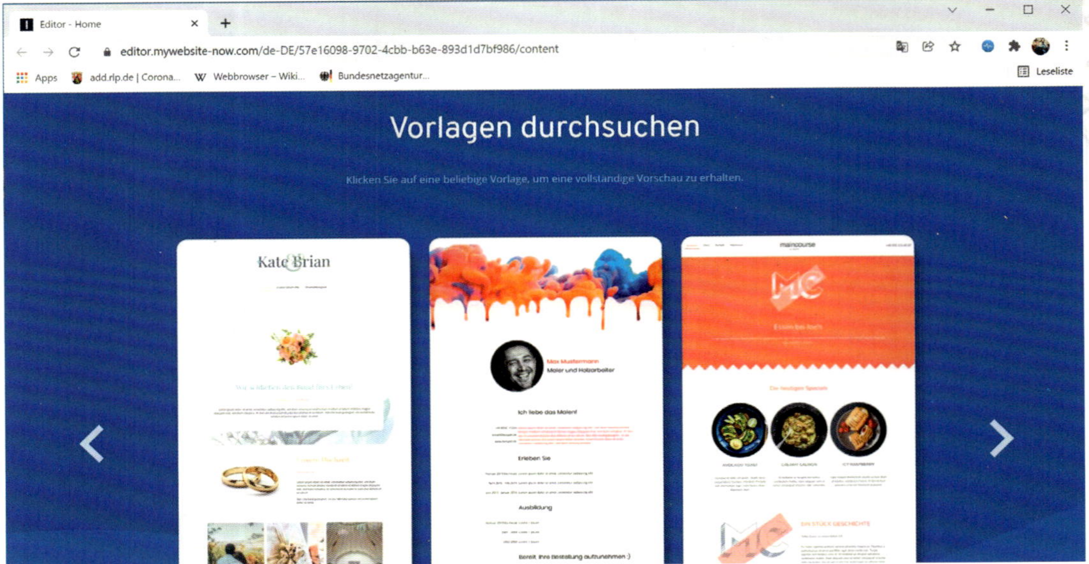

Abb. 19: Eine Vorlage für die eigene Homepage/Website aussuchen

Hier kann man die Vorlage an seine eigenen Wünsche anpassen.

Die Texte kann man beim Erstellen einfach ersetzen.

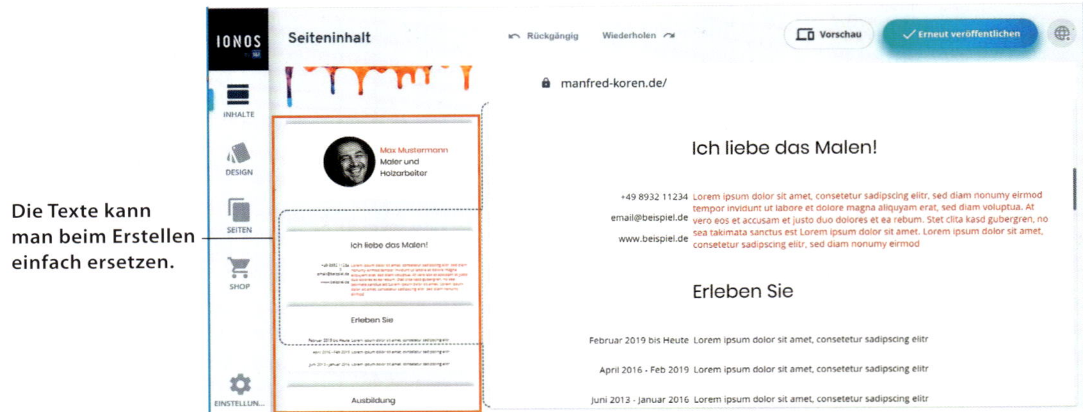

Abb. 20: Die eigene Website gestalten

Hat man einen Webshop dazugebucht, kann man auch diesen einrichten. Eine interne Datenbank verwaltet die Produkte.

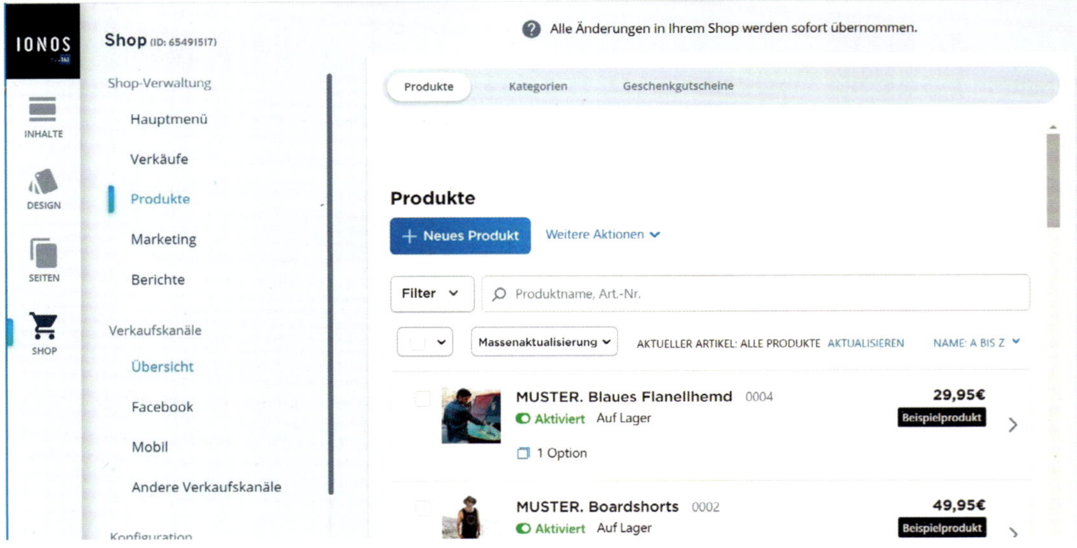

Abb. 21: Die Produktdatenbank eines Webshops

Vorsicht Urheberrecht

Setzt man Texte oder Bilder auf seine Webseite, dann sollte man die Rechte an diesen Texten und Bildern besitzen oder sich eine schriftliche Genehmigung der Rechteinhaber einholen. Auch wenn man Texte oder Bilder problemlos aus dem Internet herunterladen kann, so ist deren Nutzung nicht freigegeben. Es kann sehr teuer werden, wenn man Urheberrechte verletzt und es ist sehr wahrscheinlich, dass man dabei „erwischt" wird.

Abb. 22: Das CreativeCommons-Logo

Die gemeinnützige Organisation **Creative-Commons** veröffentlicht Standard-Lizenzverträge, mit denen Autoren, Fotografen usw. Nutzungsrechte an Werken, für die das Urheberrecht gilt, einzuräumen. Es gibt hier unterschiedlich starke Einschränkungen. So kann der Rechteinhaber an einem Bild z.B. mit dem Creative-Commons Code „CC BY-SA", erlauben, dass andere das Bild benutzen dürfen, wenn sie seinen Namen und die betreffende Lizenz angeben. Weiterhin darf das Werk verändert werden, danach aber nur mit gleicher Lizenz veröffentlicht werden. Wikipedia verwendet diese Lizenz. Will man fremde Werke nutzen, so sollte man sich ausführlich über das jeweils geltende Lizenzmodell informieren. Ansonsten kann der Rechteinhaber Schadenersatz verlangen.

Wenn eine Webseite sehr umfangreich ist bzw. sehr oft angeklickt wird, erhöht sich der Aufwand für den Provider und entsprechend steigen dann auch die Preise.

3.8 Datenschutz

Sind Daten einmal in Netz, können sie in Sekundenschnelle kopiert und weitergeleitet werden. Bereits 1983 stellte das deutsche Bundesverfassungsgericht fest, dass es ein „Recht auf informationelle Selbstbestimmung" gibt, obwohl es im Grundgesetz nicht ausdrücklich erwähnt wird. Nichtjuristisch ausgedrückt heißt das: „Meine Daten gehören mir!"

Seit 2016 soll dies durch die „Datenschutz-Grundverordnung" (DSGVO) gewährleistet werden. Die DSGVO ist eine Verordnung der Europäischen Union, in der die Einzelheiten des Datenschutzes in 99 Artikeln geregelt sind.

Da die persönlichen Daten jeder einzelnen Person selbst gehören, hat diese natürlich das Recht, zu entscheiden, wer diese Daten sehen oder gar erhalten darf. Persönliche Daten dürfen ohne Zustimmung des Besitzers nicht einfach weitergegeben werden. Wer Daten anderer gespeichert hat, muss auf Anfrage Auskunft geben, wozu diese Daten benutzt werden und wie lange sie gespeichert werden.

Wenn man im Internet unterwegs ist, sollte man sich überlegen, welche Daten man von sich preisgibt. Fotos, die man heute noch lustig findet, könnten später einmal peinlich sein. Auch wenn man etwas von z. B. seiner Homepage löscht, so könnte das längst von jemandem kopiert worden sein. Man kann die Löschung von persönlichen Daten verlangen, wenn sie nicht mehr gebraucht werden. Dass es hier allerdings Grenzen gibt, ist klar.

Wenn man surft, hinterlässt man aber auch Spuren, ohne es selbst zu merken.

Cookies

In der Regel wollen Webseiten **„Cookies"** (englisch: Kekse) auf dem Computer des Besuchers ablegen. Das sind kleine Dateien, die dafür sorgen, dass der Besucher nach einem erneuten Aufruf der Seite wieder erkannt wird. Das kann durchaus hilfreich sein, wenn man sich dann nämlich bei einem Anbieter nicht jedes Mal neu anmelden muss, oder wenn der Warenkorb eines Online-Händlers zwischengespeichert wird.

Meist geht es aber darum die Internetaktivitäten der Benutzer zu verfolgen (Webtracking). Irgendwo wird dann protokolliert, was man so alles im Netz gemacht hat, welche Vorlieben man hat und dann kann gezielt Werbung oder Information an die jeweilige Nutzerin oder den jeweiligen Nutzer gesendet werden.

Normalerweise wird man beim ersten Besuch einer Seite gefragt, ob, und wenn ja, welche, Cookies man zulässt. Im Browser kann man nachschauen, welche Cookies von wem abgelegt wurden. Hier kann man einzelne (oder alle) Cookies auch löschen.

TO DO

Cookies löschen in Chrome

1. oben rechts die drei Punkte anklicken;
2. auf *Einstellungen* klicken und dann auf
3. *Datenschutz und Sicherheit*;
4. auf *Cookies und andere Websitedaten* klicken;
5. *Alle Cookies und Websitedaten anzeigen* anklicken;
6. alle auf diesem Rechner abgelegten Cookies werden nun angezeigt und können bei Bedarf gelöscht werden.

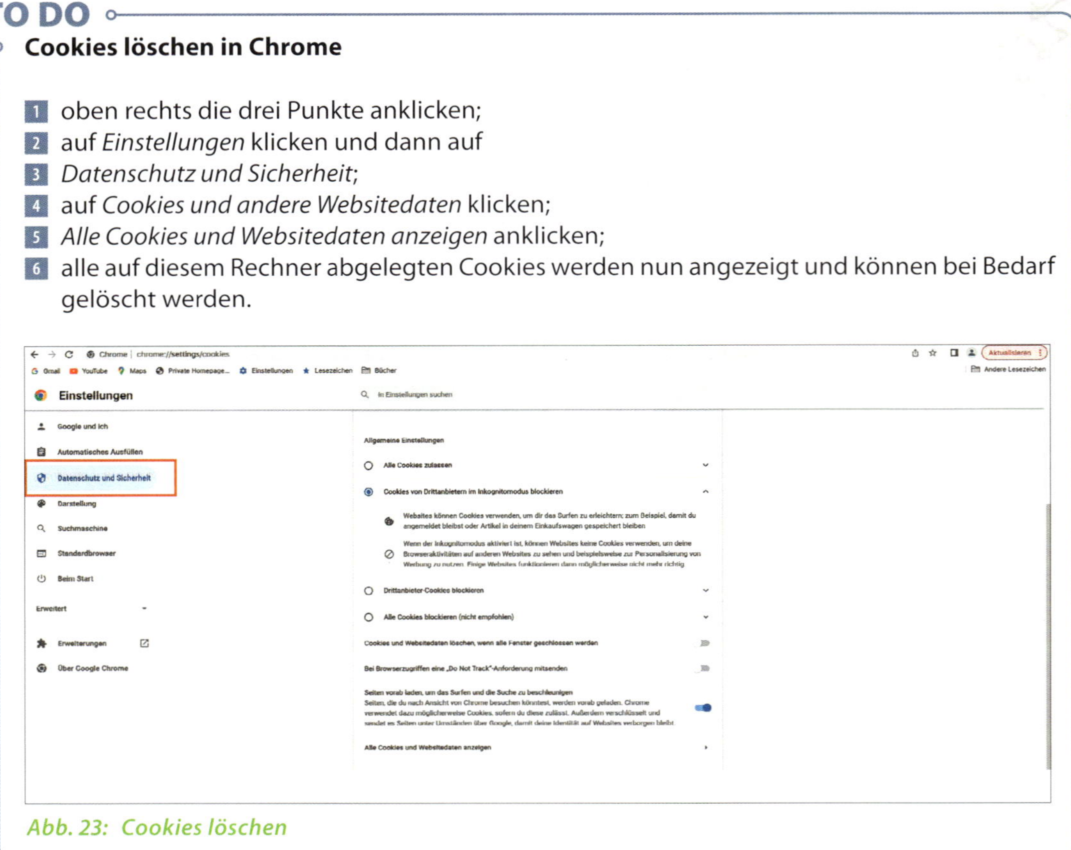

Abb. 23: Cookies löschen

Browser bieten oft einen „Inkognito-Modus" an, der aber auch nur begrenzte Anonymität bietet.

Beim Öffnen einer Webseite sendet der Browser einige Daten an die Webseite, damit die Darstellung optimiert werden kann. Bildschirmauflösung, installierte Schriftarten, Version des Betriebssystems usw. ergeben zusammen einen „Fingerabdruck", anhand dessen ein Computer identifiziert werden kann.

Suchmaschinen

Suchanfragen werden bei Google mitprotokolliert, um Daten über den Nutzer zu sammeln. Damit ist unter anderem individualisierte Werbung möglich. Alternative Suchmaschinen wie z. B. **DuckDuckGo**, **Startpage** oder **MetaGer** sammeln, eigenen Angaben nach, keine Daten.

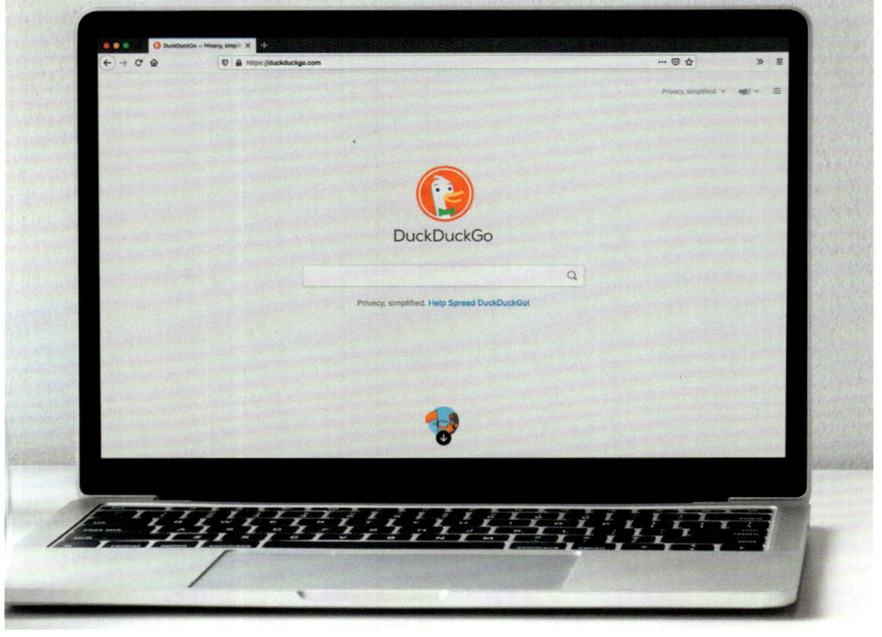

Abb. 24: Der Startbildschirm der Suchmaschine DuckDuckGo

TEXTVERARBEITUNG

Für die Erstellung von Texten des normalen Schriftverkehrs – Texte, die beispielsweise später eventuell ausgedruckt werden sollen – benutzt man ein Textverarbeitungsprogramm. Es gibt eine Vielzahl solcher Programme mit mehr oder weniger ähnlichen Funktionen.

Programm	***Betriebssystem***
Word	Windows, macOS
Writer (Open Office, Libre Office)	Linux, Windows, macOS
Pages	macOS

Tab. 1: Bekannte und verbreitete Textverarbeitungsprogramme

Hier werden allgemeine Prinzipien anhand von **Microsoft-Word** für Windows und **Writer** erklärt. Andere Textverarbeitungsprogramme sind meist sehr ähnlich zu bedienen.

4.1 Word für das Web

Von **Word** gibt es auch eine *kostenlose Version* mit weniger Funktionen, die nicht installiert werden muss (**Word für das Web** ist Teil von **Office für das Web**). Nach Anmeldung kann man online, also über eine Internetverbindung, in einem Browser arbeiten.

URL: https://www.microsoft.com/de-de/microsoft-365/free-office-online-for-the-web

Das funktioniert mit jedem beliebigen Betriebssystem.

Starten

Mit der Anmeldung bekommt man von Microsoft Speicher im Internet zur Verfügung gestellt. Dieser Dienst heißt **OneDrive**. Bearbeitete Dokumente werden automatisch in diesem Speicher abgelegt. Nach der Anmeldung und einem Klick auf das blaue Word-Symbol kann man *Neues leeres Dokument*, eine Vorlage oder ein zuletzt verwendetes Dokument anwählen. Will man ein Dokument, das direkt auf dem Computer gespeichert ist, bearbeiten, dann kann man es mit *Hochladen und öffnen* nach OneDrive hochladen und bearbeiten. Über das Menü *Datei/Speichern unter* kann man ein Dokument auf dem Computer speichern. Wahlweise als Word-Dokument, als PDF oder im ODT-Format.

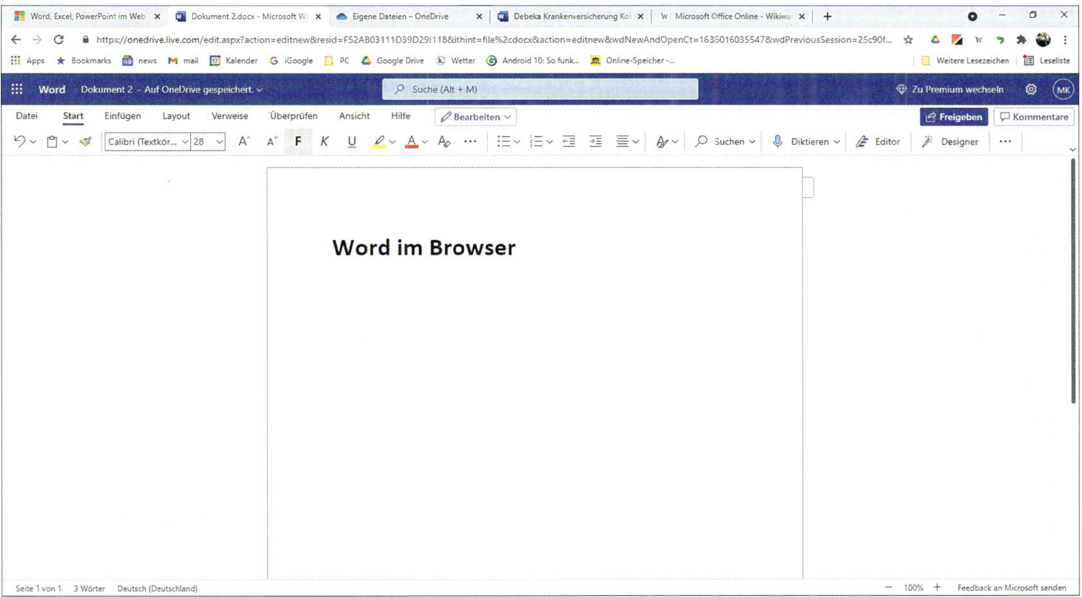

Abb. 1: Word für das Web

4.2 Textverarbeitungsprogramm auf dem Computer verwenden

Nach einem Doppelklick auf das Word-Symbol auf dem Desktop öffnet sich das Programm. Man kann auch „word“ in die Suche der Taskleiste eingeben, dann erscheint das Word-Symbol, auf das man klicken kann. Beim Öffnen von Word wird automatisch ein neues, leeres Dokument erzeugt.

Ein neues Dokument sollte man unter einem sinnvollen Namen in einem sinnvoll benannten Ordner speichern. Vgl. dazu den Abschnitt 4.4.

Will man ein bestimmtes Dokument, das schon vorhanden ist, bearbeiten, so kann man im Explorer bzw. im Finder auch auf das Symbol dieses Word-Dokuments klicken, das z. B. in einem Ordner auf dem Computer oder direkt sichtbar auf dem Desktop liegt. Dann wird Word ebenfalls gestartet, und zwar ist dann das entsprechende Dokument sofort geöffnet.

4.3 Layout- und Formatierungsfunktionen

Ein einfacher **Texteditor** hat nur wenige Layout- und Formatierungsfunktionen. Zum Schreiben von Notizen oder zum Erstellen von Programmcode reicht das. **Desktop-Publishing Programme (DTP)** sind spezialisiert auf den Satz von Büchern, Broschüren Katalogen oder Magazinen. Bekannt sind hier u. a. **Adobe InDesign** und **QuarkXPress**. Auf diese gehen wir hier nicht ein.

Folgende Möglichkeiten gibt es sicherlich in jedem Textverarbeitungsprogramm:

- unterschiedliche Schriftarten und -größen einstellen
- fett, kursiv oder unterstrichen schreiben
- Texte in Absätze unterteilen
- Suchen und Ersetzen von Buchstaben oder Wörtern
- Benutzung von Tabulatoren
- Bilder oder Grafiken einfügen
- Einfügen von Tabellen
- Einfügen von Kopf- oder Fußzeilen
- Ausdrucken von Dokumenten

4.4 Einen Ordner für Word-Dokumente anlegen – zwei Wege

Man sollte zunächst Ordner anlegen, in die man später die Word-Dokumente ablegen kann bzw. möchte, damit nicht alles unübersichtlich in einem einzigen Ordner gespeichert wird.

Ordner im Finder oder Explorer anlegen

Mithilfe des Explorers oder des Finders kann man z. B. im Ordner *Dokumente* Unterordner anlegen. In *Abb. 2a und 2b* wird beispielsweise die Ordnerstruktur *Dokumente/Word-Dokumente/Briefe* angelegt.

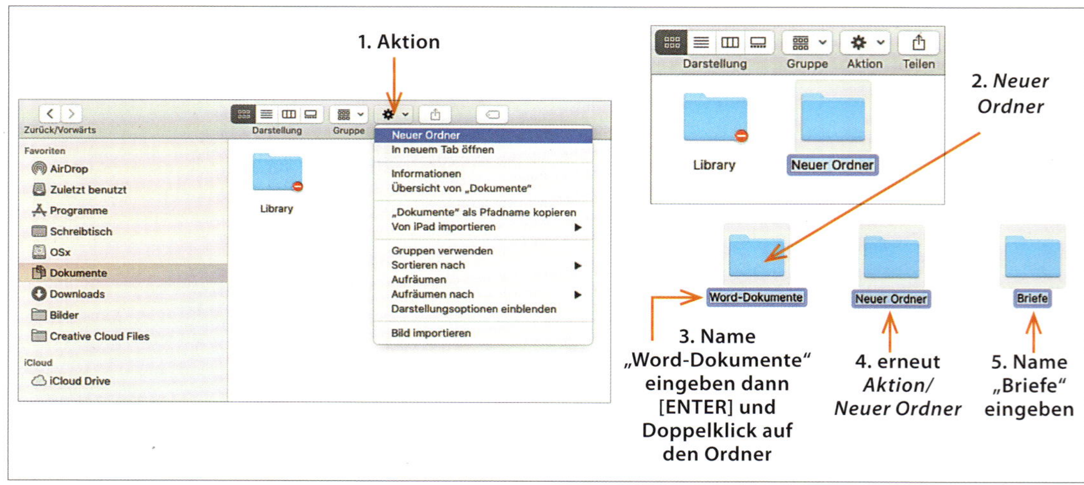

Abb. 2a: Ordner anlegen mit dem Finder

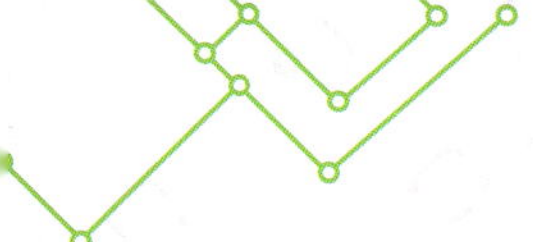

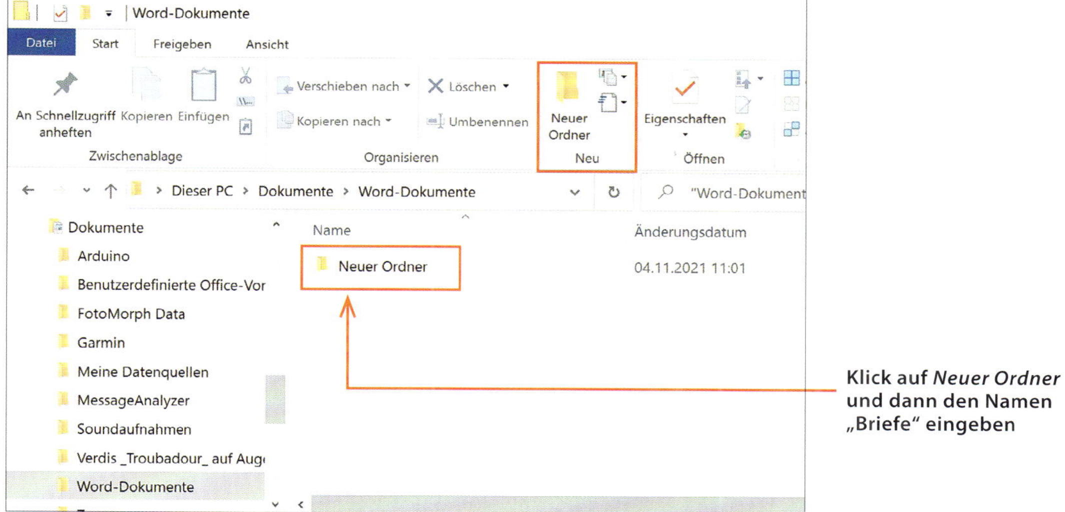

Abb. 2b: Im Windows-Explorer geht es ganz ähnlich; nach Klick auf Neuer Ordner kann man den Ordnernamen angeben.

Ordner aus Word heraus anlegen

Man kann allerdings auch aus dem gerade bearbeiteten Word-Dokument heraus direkt einen Ordner anlegen und das Dokument in diesem speichern (vgl. *Abb. 3 und 4*).

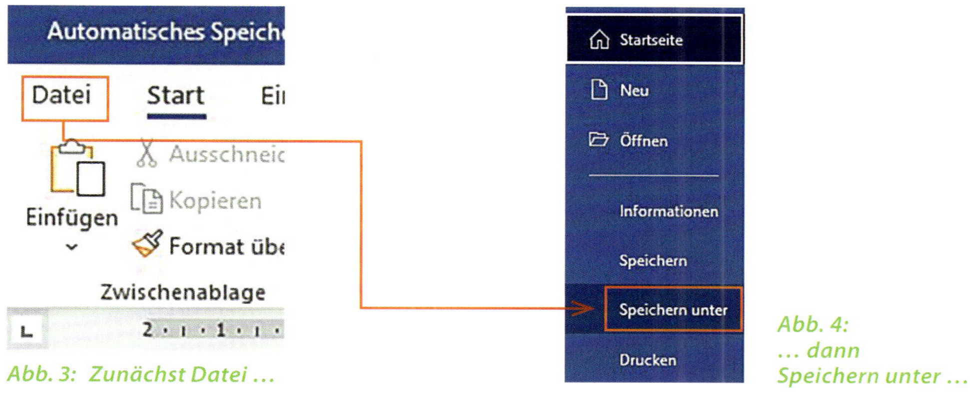

Abb. 3: Zunächst Datei …

Abb. 4: … dann Speichern unter …

Nach Klick auf *Datei/Speichern unter* erscheint der Dialog, in den man einen neuen Ordner anlegen kann *(Abb. 5)*, bevor man die Datei darin speichert. Wir legen beispielsweise den Unterordner „Briefe" im Ordner „Word-Dokumente" an, um die Datei „BriefanPeter" darin zu speichern.

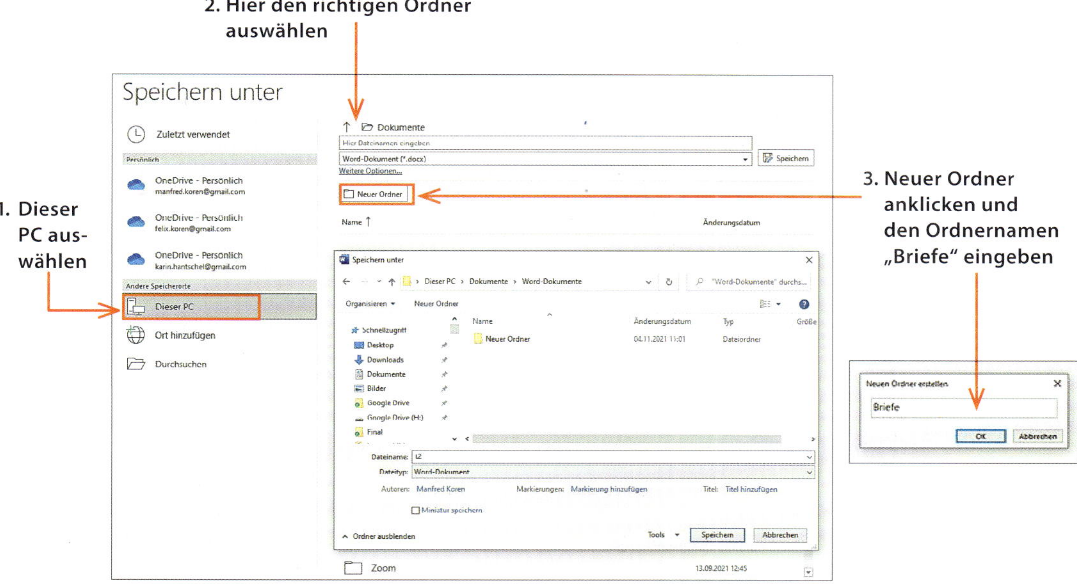

Abb. 5: … einen neuen Unterordner „Briefe" anlegen.

ToDo: Unterordner aus Word heraus anlegen

TO DO

1. Klick auf *Datei/speichern* unter
2. *Dieser PC* auswählen
3. richtigen Ordner auswählen (falls nicht schon der richtige Ordner angezeigt wird)
4. auf *Neuer Ordner* klicken
5. den Namen (z. B. *Briefe*) für den Unterordner eingeben
6. *Speichern* anklicken

4.5 Dokumente anlegen und speichern

Wenn man mit einem leeren Dokument beginnt, sollte man das Dokument zunächst unter einem passenden Namen in einem ebenso passend benannten Ordner speichern. Auch wenn die Programme dann den Arbeitsfortschritt normalerweise regelmäßig automatisch speichern, sollte man das Dokument zwischendurch außerdem auf jeden Fall sicherheitshalber selbst speichern. Hat man einen Ordner ausgewählt (s. o.) so muss man noch einen Namen für das Dokument eingeben. Außerdem muss man noch das Format angeben, in dem gespeichert werden soll.

TO DO

1. auf *Datei* klicken
2. im Menü auf *Speichern unter* klicken
3. den richtigen Ordner auswählen, in dem die Datei gespeichert werden soll (z. B. *Briefe*)
4. das *Dateiformat* (pdf, docx, …) wählen (falls nicht schon richtig eingestellt)
5. im Feld *speichern unter* den gewünschten Dateinamen eingeben

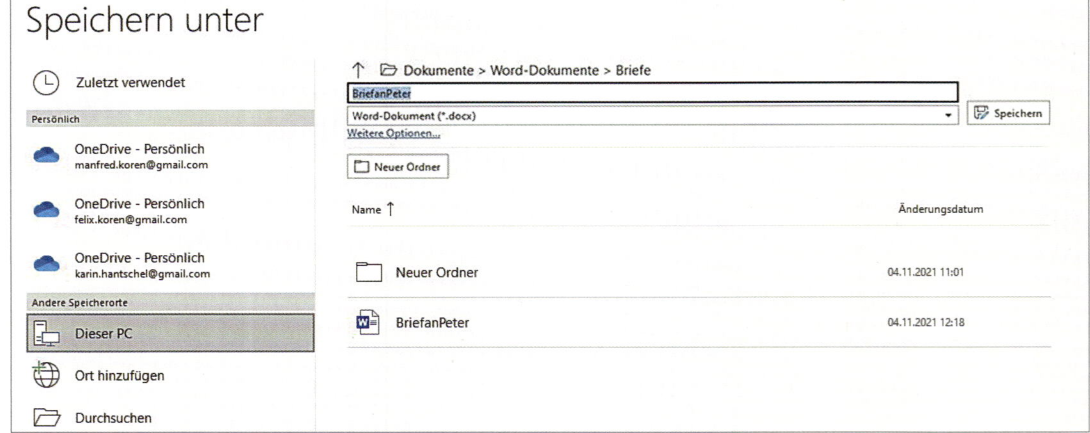

Abb. 6: Hier wurde das Dokument „BriefanPeter“ als Word-Dokument(.docx) im Ordner „Briefe“ (einem Unterordner von „Word-Dokumente“) gespeichert.*

4.6 Texte gestalten

Zeilenumbruch

Texte haben zumindest immer **Zeilen** und **Absätze**. Schreibt man drauflos, dann findet der **Zeilenumbruch** (der Sprung von einer Zeile in die nächste) automatisch statt. Am Ende der Zeile springt die **Einfügemarke** bzw. der **Cursor** zur neuen Zeile.

Harter Zeilenumbruch Shift und Enter

Um eine neue Zeile an einer ganz bestimmten Stelle anzufangen, drückt man zuerst die **Shift**- bzw. **Hochstelltaste** und danach die **Eingabetaste** (auch **Zeilenschalter**, **Enter** oder **Return** genannt).

Diese Funktion sollte man jedoch nur im äußersten Notfall verwenden, besser ist immer der automatisch erzeugte Zeilenumbruch innerhalb eines Absatzes oder ein ganz neuer Absatz. Sind die

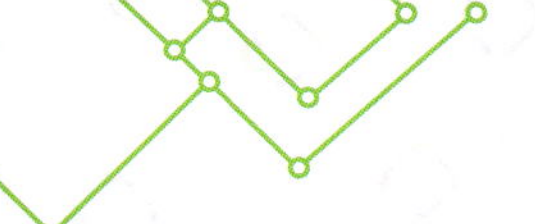

Abstände zwischen zwei Absätzen in manchen Fällen zu groß, beispielsweise, wenn man eine Liste erstellen will, kann man diese Abstände verkleinern (siehe Abschnitt 4.9). Bei einem sogenannten harten Zeilenumbruch mit [Shift] und [Enter] passiert es nämlich häufig, dass durch eine minimale nachträgliche Änderung ganze Textseiten verrutschen und alle nachgearbeitet werden müssen.

Zur Erinnerung: [Shift] = Hochstelltaste: Shift [Enter] = Eingabetaste: Enter

Neuer Absatz

Um einen neuen Absatz zu erzeugen, betätigt man ausschließlich die Taste [Enter] (**Eingabetaste**, auch **Zeilenschalter** oder **Return** genannt).

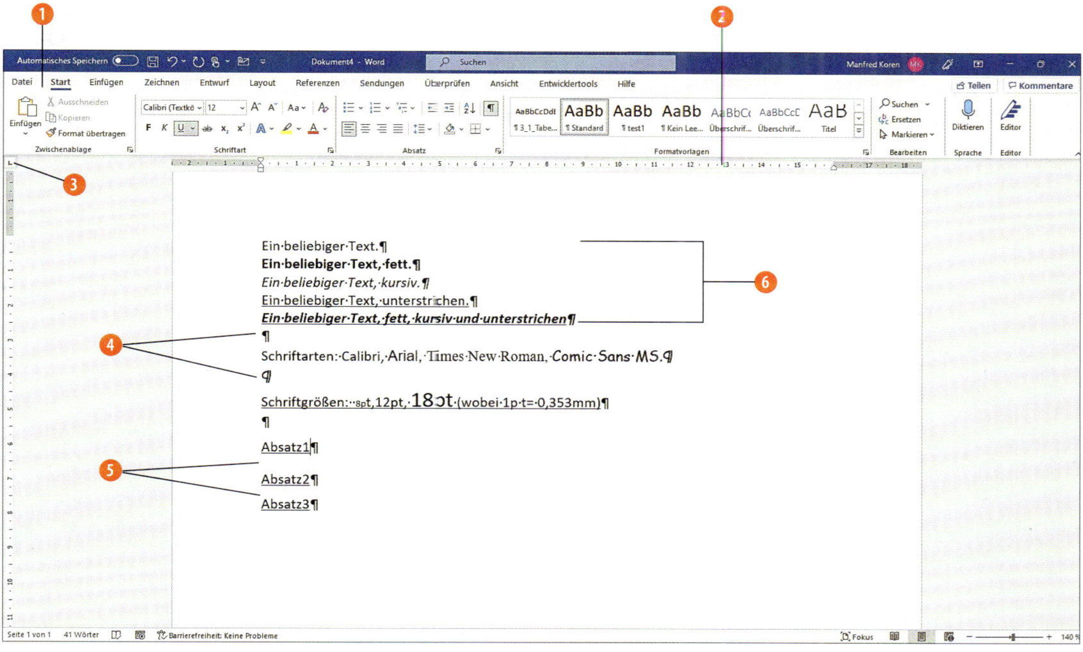

Abb. 7: Text im Textverarbeitungsprogramm Word

1. Menüband
2. Lineal
3. Tabulatorauswahl
4. Absatzmarke
5. Abstand zwischen zwei Absätzen (dieser ist nicht in jedem Fall gleich groß und kann individuell eingestellt/geändert werden); vgl. Abschnitt 4.9
6. verschiedene Formatierungen

4.7 Textstellen markieren und formatieren

In Word und den meisten Textverarbeitungsprogrammen gibt es eine Symbolleiste, in der man *Schriftart*, *Schriftgröße* sowie die Schriftschnitte *Fett* und *Kursiv* einstellen kann bzw. auswählen kann, ob der Text *unterstrichen* werden soll.

Textstellen markieren

Es gibt unterschiedliche Methoden, Textstellen zu markieren:

- Einfügemarke an der gewünschten Stelle platzieren und bei gedrückter linker Maustaste über den Text bzw. den Bereich ziehen, der markiert werden soll.
- Ein Doppelklick auf ein Wort markiert das Wort.
- Ein Dreifachklick markiert den ganzen Absatz.

Formatieren

Markierte Objekte kann man nun formatieren.

TO DO

Gewünschte Schriftart einstellen

1. Textstelle markieren, die formatiert werden soll
2. Pfeil neben dem Schriftartenfeld anklicken
3. Schriftart auswählen (hier Arial)

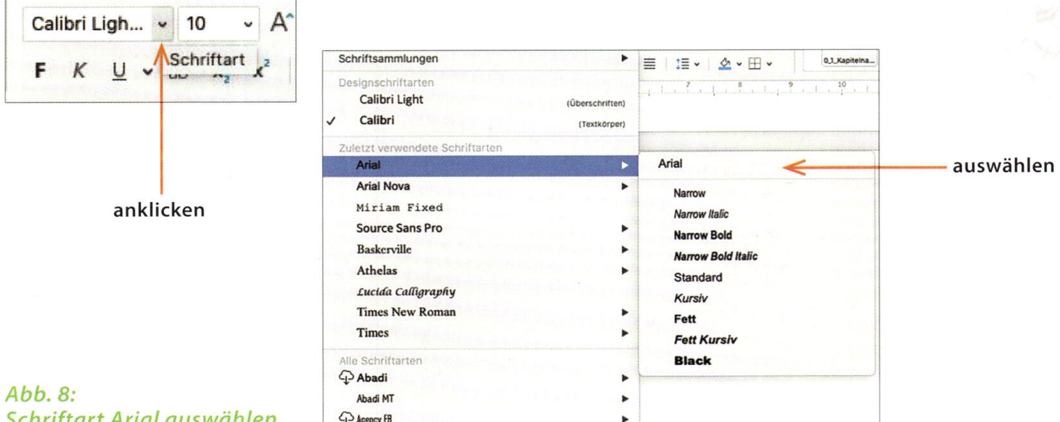

Abb. 8: Schriftart Arial auswählen

Nichtdruckbare Zeichen

Sogenannte „nichtdruckbare Zeichen" („Formatierungszeichen") können beim Formatieren des Textes eingeblendet werden, um einen besseren Überblick zu erhalten.

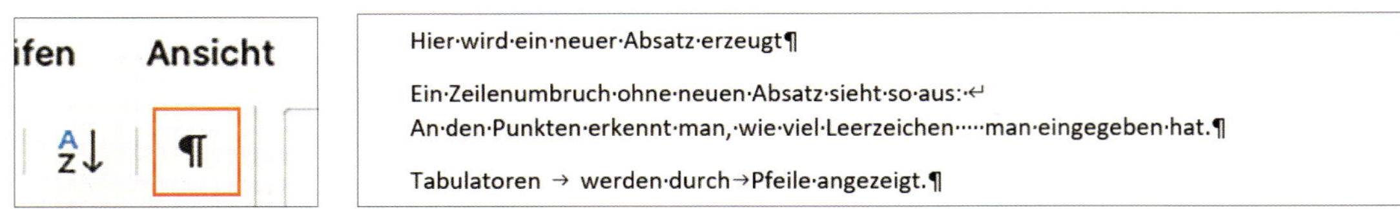

Abb. 9: Über die Schaltfläche ¶ können die Formatierungszeichen alle auf einmal ein- oder ausgeblendet werden.

Rückgängig machen

Wollen Sie eine Eingabe oder eine Formatierung rückgängig machen, können Sie auf ↺ bzw. ↶ in der Symbolleiste klicken. Alternativ funktionieren auch die Tasten [STRG] + [Z].

Text markieren

Wichtig: Manche Formatierungen wie Textausrichtung oder Tabulatorpositionen gelten immer für einen ganzen Absatz. Also für den Bereich zwischen zwei ¶-Zeichen.

4.8 Links- oder rechtsbündig

Textausrichtung

Es gibt unterschiedliche Möglichkeiten, die Ausrichtung des Textes zu formatieren (vgl. *Tab. 2*).

Ausrichtung	*Symbol*	*Tastenkombination*
Linksbündig		[STRG] + [L]
Zentriert		[STRG] + [E]
Rechtsbündig		[STRG] + [R]
Blocksatz		[STRG] + [B]

Tab. 2: Textausrichtung

Beispiele:

Zentriert:
Lorem ipsum dolor sit amet, consectetur adipisici elit, sed eiusmod tempor incidunt ut labore et dolore magna aliqua.

Linksbündig:
Lorem ipsum dolor sit amet, consectetur adipisici elit, sed eiusmod tempor incidunt ut labore et dolore magna aliqua.

Rechtsbündig:
Lorem ipsum dolor sit amet, consectetur adipisici elit, sed eiusmod tempor incidunt ut labore et dolore magna aliqua.

Blocksatz:
Lorem ipsum dolor sit amet, consectetur adipisici elit, sed eiusmod tempor incidunt ut labore et dolore magna aliqua.

Tabulatoren

Eine wichtige Funktion, die es schon bei mechanischen Schreibmaschinen gab, dient der – meist tabellenähnlichen – Anordnung von Objekten. Tabulatoren (engl.: „to tabulate" = in Tabellenform anlegen) sind Markierungen, die dafür sorgen, dass Objekte, die tabellenförmig untereinander stehen, entsprechend bündig ausgerichtet werden.

Beispiel: Eine kleine Liste mit Vornamen und Nachnamen soll erstellt werden. Dabei sollen alle Vornamen, aber auch die Nachnamen jeweils bündig untereinander stehen. Vor jedem Nachnamen drückt man auf die Tabulator Taste. Um in die nächste Zeile zu wechseln, drückt man die Enter-Taste. Das Ergebnis könnte so aussehen wie in *Abb. 10.*

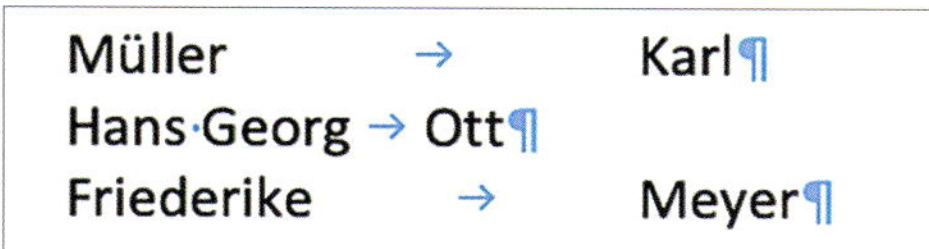

Abb. 10: Noch stehen die Nachnamen nicht bündig untereinander.

Lineal einblenden

Um einen Tabulator an der richtigen Stelle zu setzen, also so, dass in unserem Beispiel auch die Nachnamen untereinander stehen, muss man zunächst das Lineal einblenden, falls es nicht schon sichtbar ist.

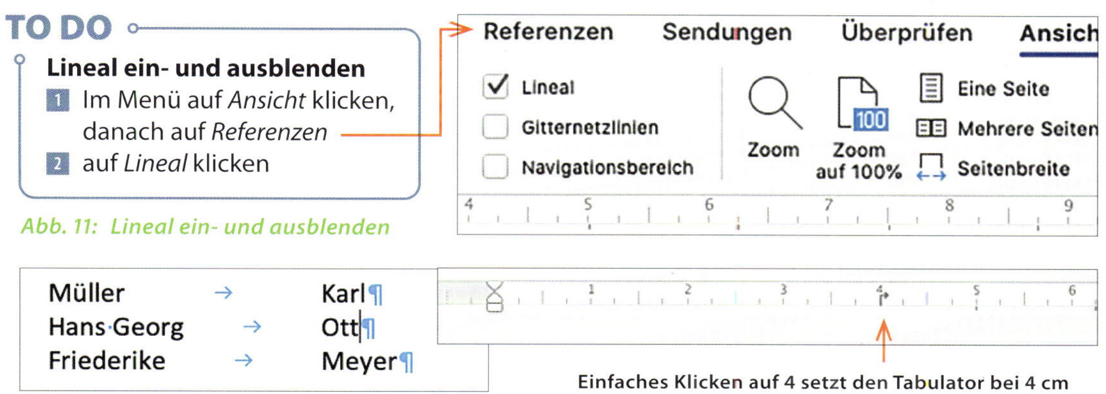

Abb. 11: Lineal ein- und ausblenden

Abb. 12: Tabulatoren werden als Pfeile (oft auch in schwarz) dargestellt, wenn man sich die nicht druckbaren Zeichen anzeigen lässt.

Jetzt stehen auch die Nachnamen bündig untereinander, und zwar beginnen sie 4 cm rechts vom linken Seitenrand.
Die kleine Markierung unter der Zahl 4 im Lineal zeigt an, dass der Text nach dem Tabulatorzeichen *linksbündig* ab 4 cm eingefügt wird.

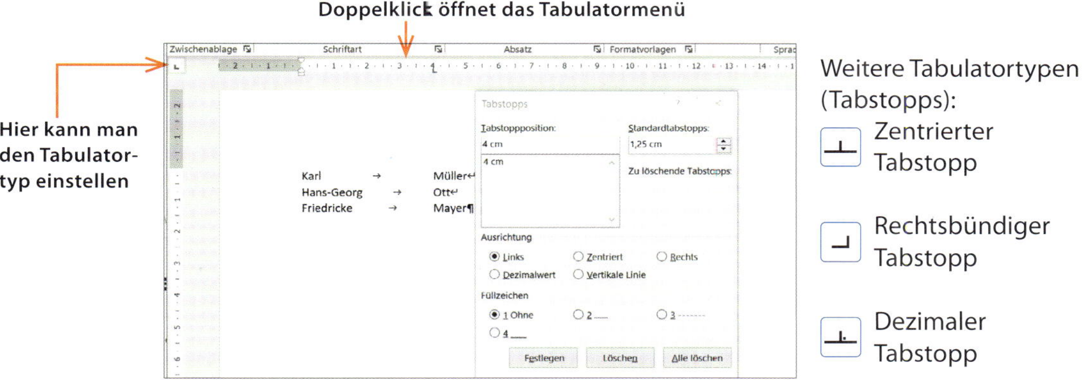

Abb. 13: Das Tabulatormenü in Word: Hier lässt sich alles genau einstellen.

Den Tabulatortyp können Sie im Auswahlkästchen auf Höhe des Lineals ganz links auswählen (s. o.).
Ein Doppelklick auf das Lineal öffnet das Tabulatormenü *(Abb. 13)*.
Tabulatoren lassen sich aus dem Lineal ganz einfach *löschen*, indem man sie mit der Maus nach unten zieht und loslässt.

Seiteneinstellungen und Einzüge

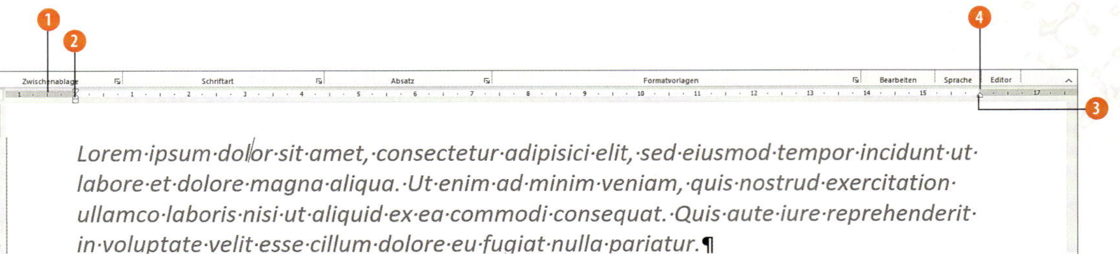

Abb. 14: Das Lineal

Das Lineal bietet weitere Einstellungsmöglichkeiten:

1. **Seitenrand links:** Durch Verlängern oder verkürzen der grauen Balken kann die Seitenbreite eingestellt werden. Dazu den jeweiligen Balken am linken bzw. rechten Ende anfassen, bis ein horizontaler Doppelpfeil erscheint.
2. **Erstzeileneinzug:** Das obere Dreieck legt fest, wo die erste Zeile eines Absatzes anfängt. Das wird *Erstzeileneinzug* genannt.
3. **Einzug:** Das untere Dreieck *(Einzug)* definiert, wo der restliche Absatz beginnt.
4. **Rechter Rand des Absatzes:** Das Dreieck legt den rechten Rand des Absatzes fest.

4.9 Zusätzliche Formatierungsmöglichkeiten über den Dialog *Absatz*

Um einen ganzen Absatz zu formatieren, gehen Sie folgendermaßen vor.

TO DO

Alternative 1

1. Cursor im Absatz platzieren (oder Absatz markieren)
2. im Menü auf *Layout* und dann auf das kleine Pfeilsymbol neben *Absatz* klicken

oder

2. die Formatierungen unter *Einzug, Abstand* usw. direkt vornehmen

Alternative 2

1. mit der rechten Maustaste direkt in den Absatz klicken, den man formatieren möchte, um das Kontextmenü zu öffnen, dann
2. *Absatz…* anklicken.

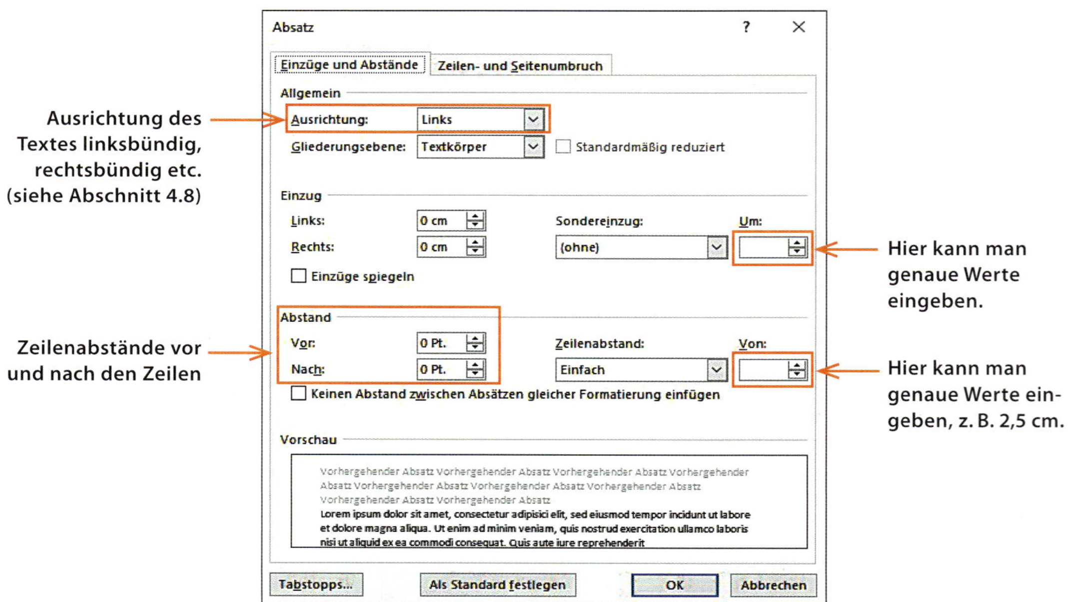

Abb. 15a: Formatierungsdialog für Einzüge und Abstände

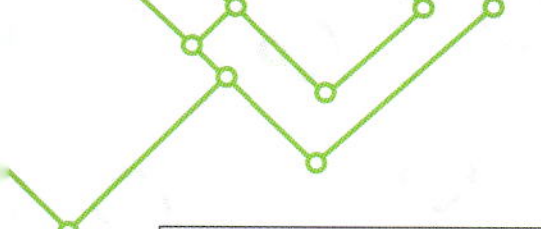

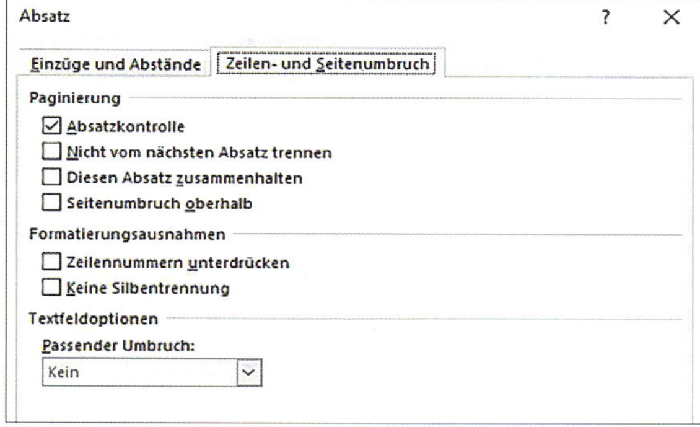

Abb. 15b: Formatierungsdialog für Zeilen- und Seitenumbrüche

Die Ausrichtung des Textes, die Einzüge, die Abstände vor und nach dem Absatz, aber auch die Zeilenabstände lassen sich hier für den Absatz einstellen.

Schreiben Sie testweise einen Absatz und probieren Sie die unterschiedlichen Einstellungen aus.

4.10 Tabellen in der Textverarbeitung

Um beispielsweise in **Word** eine Tabelle einzufügen, klicken Sie im Hauptmenü auf *Einfügen* und dann auf *Tabelle (Abb. 16)*.

Im **Writer** gibt es einen eigenen Menüpunkt *Tabellen*. Hier können Sie beim Erstellen einer Tabelle gleich eine von mehreren Standart-Formatierungen wählen. In **Word** gibt es dafür den Menüpunkt *Schnelltabellen*. Auch hier gibt es eine Auswahl vorgegebener Formatierungen *(Abb. 17)*.

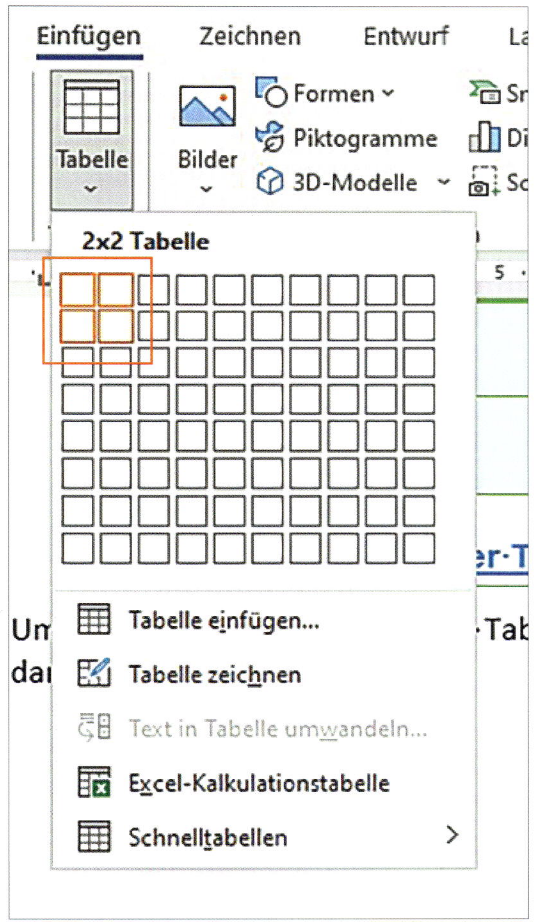

Abb. 16: Einfügen einer Tabelle mit 2 Zeilen und 2 Spalten mit Word

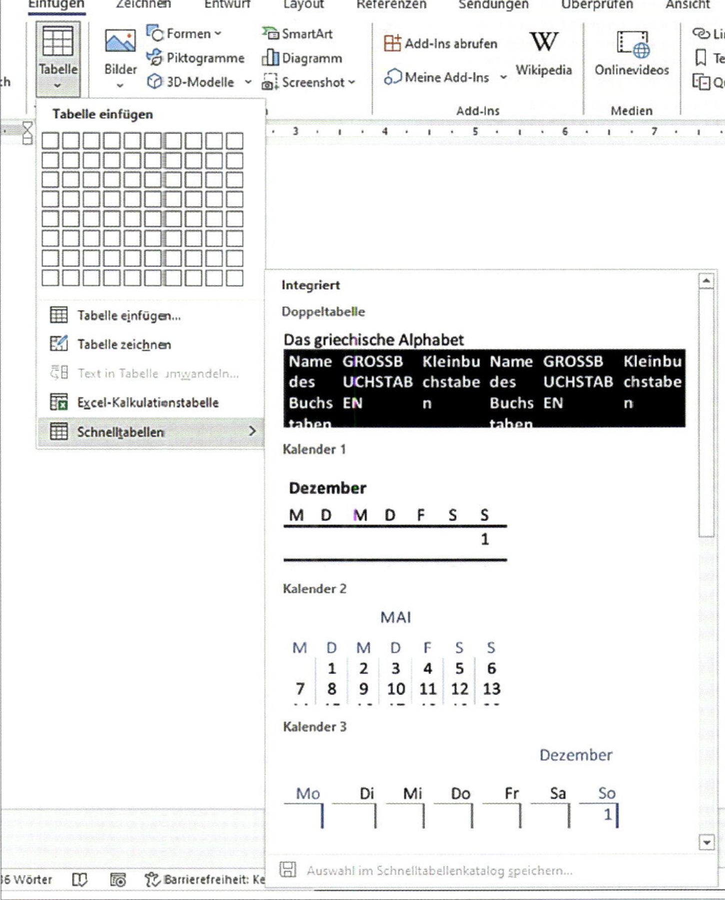

Abb. 17: Schnelltabelle in Word

Nach Einfügen einer Tabelle erscheint das Menüband *Tabellenentwurf (Abb. 18)*. Hier gibt es zahlreiche Formatierungsmöglichkeiten für die Tabelle.

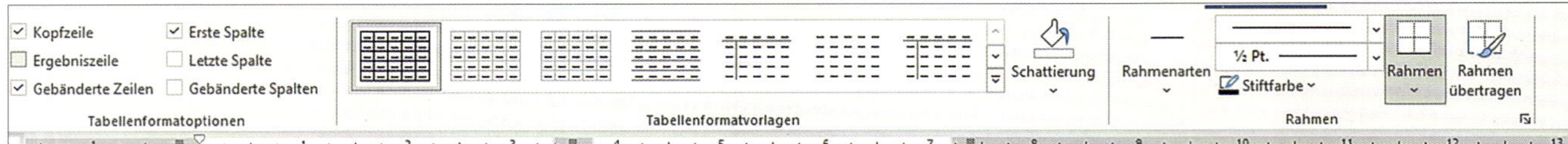

Abb. 18: Hier kann die Tabelle formatiert werden.

Beispiel Stundenplan Berufsschule:

Stundenplan					
Stunde	Montag	Dienstag	Mittwoch	Donnerstag	Freitag
1.	Deutsch	Englisch		Datenbanken	
2.	Deutsch	Englisch	Religion	Datenbanken	Datenschutz
3.	Python	Theorie	Englisch	Politik	Datenschutz
4.	Python	Theorie	Deutsch	Physik	
5.	Netzwerktechnik	Politik	E-Business	Physik	Sport
6.	Netzwerktechnik	Politik	E-Business		Sport

Abb. 19: Ein unformatierter Stundenplan

Überflüssige Linien entfernen

Das Wort „Stundenplan" sollte natürlich oben mittig stehen. Auch sollte es in dieser oberen Zeile keine Unterteilungen geben. Hierfür gibt es den Tabellenradierer, mit dem man Linien in einer Tabelle wegradieren kann. (*Tabelle zeichnen* macht das genaue Gegenteil. Hiermit kann man Linien einzeichnen und somit neue Spalten, Zeilen oder Zellen erzeugen.) Klicken Sie direkt in die Tabelle, dann erscheinen in der Menüleiste nebeneinander rechts die Punkte *Tabellenentwurf* und *Layout*. Klicken Sie in *Layout* den *Radierer* an, so wird tatsächlich aus dem Cursor ein Radierer, mit dem man Linien aus der Tabelle herauslöschen kann. Klickt man *Tabelle zeichnen* an, so kann man Linien und Unterteilungen hinzufügen.

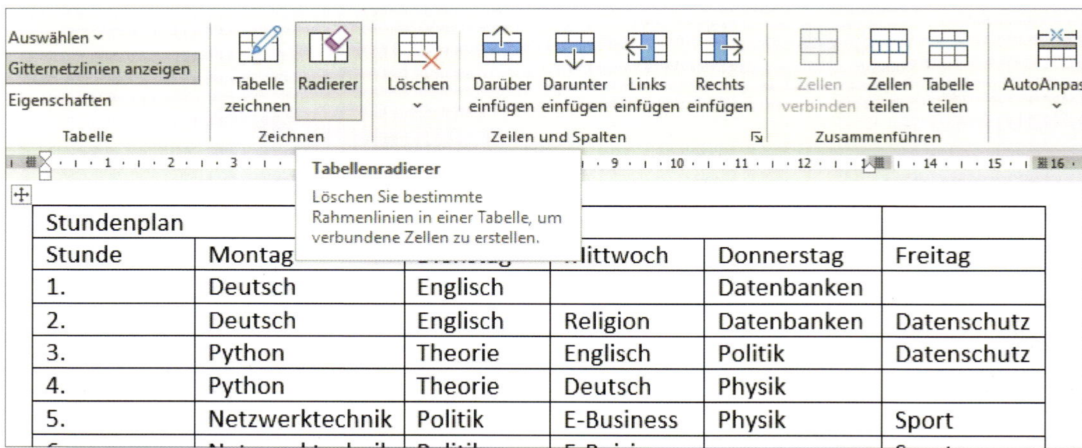

Abb. 20: Der Tabellenradierer

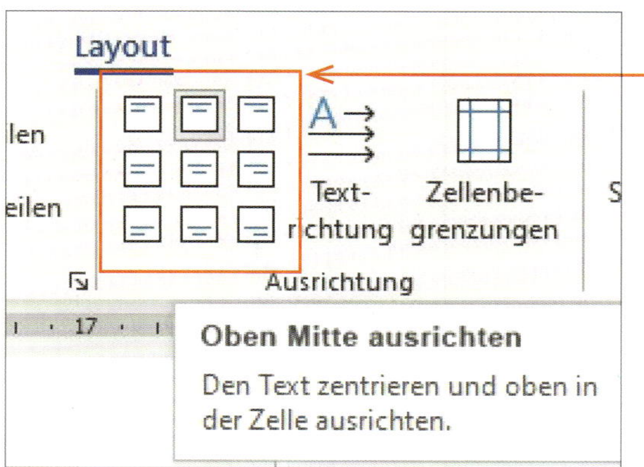

Abb. 21: Textausrichtung in einer Tabelle

Unter *Layout* gibt es den Punkt *Ausrichtung*. Hier können Sie z. B. anklicken, dass der Text *oben Mitte* ausgerichtet werden soll *(Abb. 21)*.

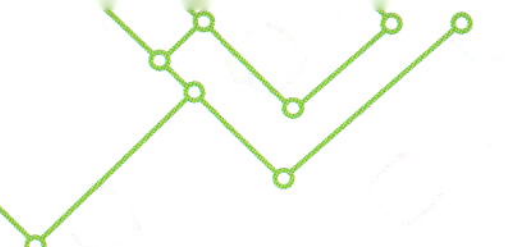

Unter *Tabellenentwurf* können Sie nun noch eine passende Tabellenformatvorlage auswählen *(Abb. 22)*.

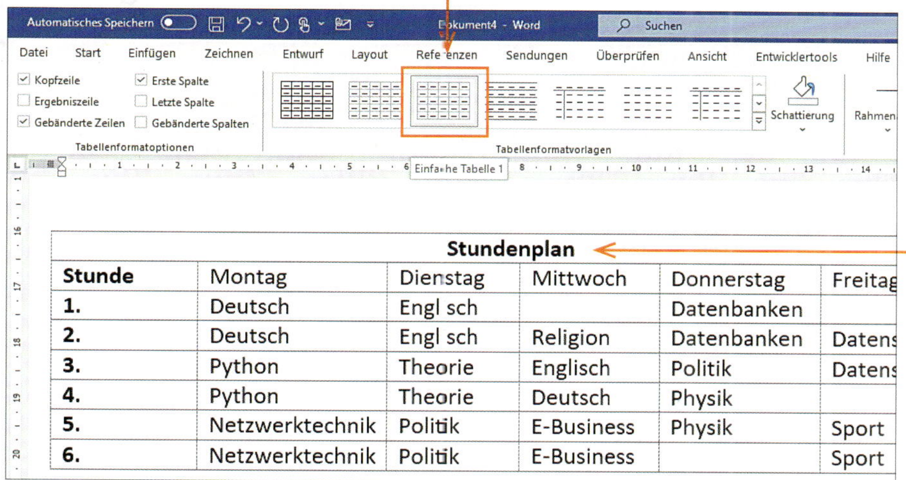

Stundenplan					
Stunde	Montag	Dienstag	Mittwoch	Donnerstag	Freitag
1.	Deutsch	Englisch		Datenbanken	
2.	Deutsch	Englisch	Religion	Datenbanken	Datens
3.	Python	Theorie	Englisch	Politik	Datens
4.	Python	Theorie	Deutsch	Physik	
5.	Netzwerktechnik	Politik	E-Business	Physik	Sport
6.	Netzwerktechnik	Politik	E-Business		Sport

Abb. 22: Ein passendes Format

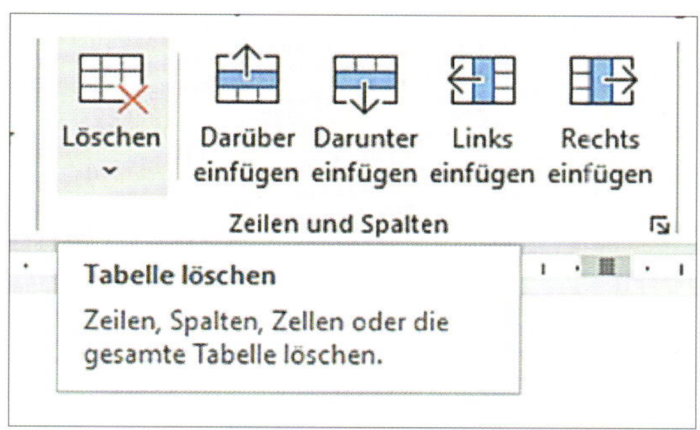

Abb. 23: Einfügen oder Löschen von Spalten oder Zeilen

Um Zeilen oder Spalten einzufügen oder zu löschen, gibt es unter *Layout* die passenden Punkte:

Man klickt in eine Zelle der Zeile bzw. Spalte, mit der etwas passieren soll, klickt auf *Layout* und klickt auf das passende Symbol, um eine Zeile oder Spalte zu löschen bzw. einzufügen.

Erzeugen Sie eine kleine Tabelle mit 2 Spalten und 3 Zeilen und probieren Sie die einzelnen Möglichkeiten aus.

4.11 Ausschneiden, Kopieren und Einfügen von Texten und Bildern

Kopieren und Einfügen von Texten

Wollen Sie einen Text kopieren oder ausschneiden und an einer anderen Stelle wieder einfügen, markieren Sie die gesamte Textstelle. Mit einem Rechtsklick öffnet sich dann das Menü *(Abb. 24)* zum *Kopieren* oder *Ausschneiden* des markierten Inhalts *(Abb. 24)*.

An der gewünschten anderen Stelle kann der Inhalt nun eingefügt werden, indem man mit rechts auf die Stelle klickt, an der der Text eingefügt werden soll, und im Kontextmenü auf *Einfügeoptionen* oder auf *Einfügen* (je nach Version). Hier hat man die Auswahl, in welcher Formatierung der Text eingefügt werden soll.

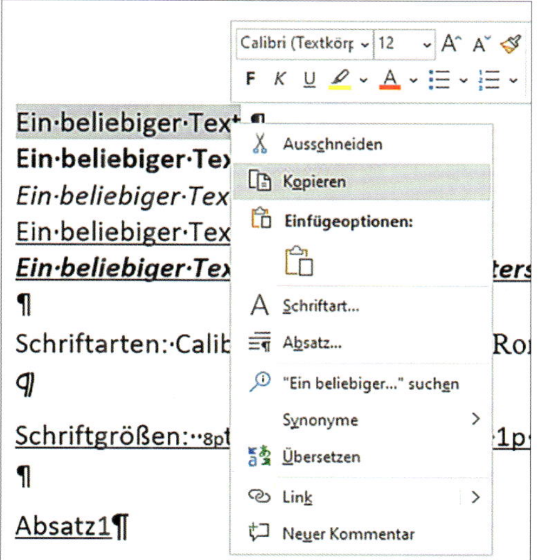

Abb. 24: Kopieren oder Ausschneiden einer Textstelle, in diesem Fall der ersten Zeile

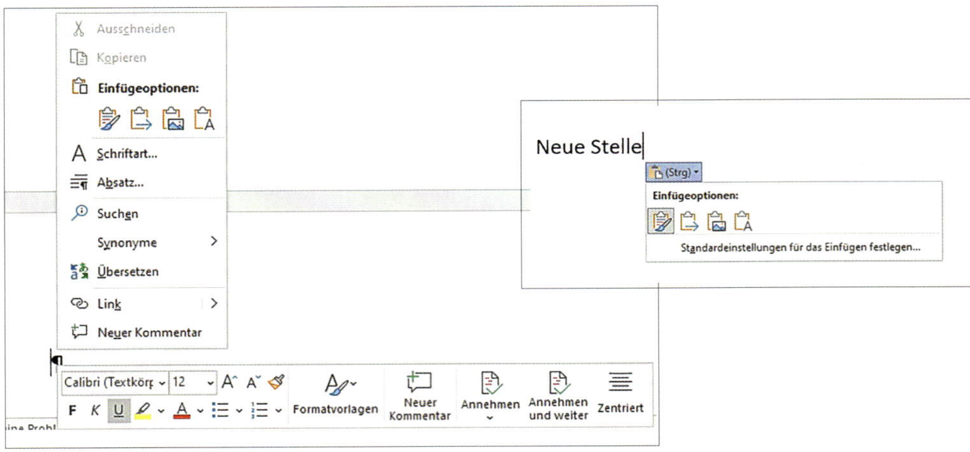

Abb. 25: Text einfügen

Alternativ geht das auch über Tastaturbefehle:

- [STRG] + [C] **kopiert** das markierte Objekt.
- [STRG] + [X] **schneidet** das Objekt aus.
- [STRG] + [V] **fügt** das kopierte oder ausgeschnittene Objekt **ein**.

Objekt kann hier eine Textstelle, ein Bild, eine Grafik, eine Tabelle etc. sein.

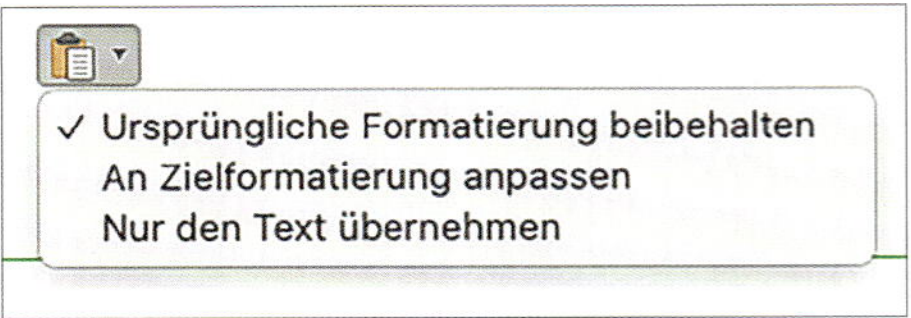

Abb. 26: Welche Formatierung ist gewünscht?

Nach dem Einfügen eines Textes erscheint ein Icon, mit dem man auswählen kann, in welchem Format der Text eingefügt werden soll.

4.12 Bilder aus einer Datei einfügen

Ein Bild sagt mehr als Tausend Worte, deshalb ist es häufig sinnvoll, Bilder in einen Text einzufügen. Beispielsweise ein Logo oder eine veranschaulichende Grafik, ein Foto.

Das Einfügen eines Bildes aus der Zwischenablage erfolgt genauso wie das Einfügen eines Textes: [STRG] + [V] oder ein Rechtsklick an der Stelle, an der das Bild eingefügt werden soll, führt zum erwünschten Ergebnis (siehe Abschnitt 4.11).

Um ein Bild einzufügen, das nicht in der Zwischenablage, sondern als Datei auf dem Computer vorliegt, klickt man *Einfügen* und klickt auf *Bilder* (oder *Bild* bei Writer). Hier muss man natürlich wissen, in welchem Verzeichnis bzw. welchem Ordner das gewünschte Bild liegt.

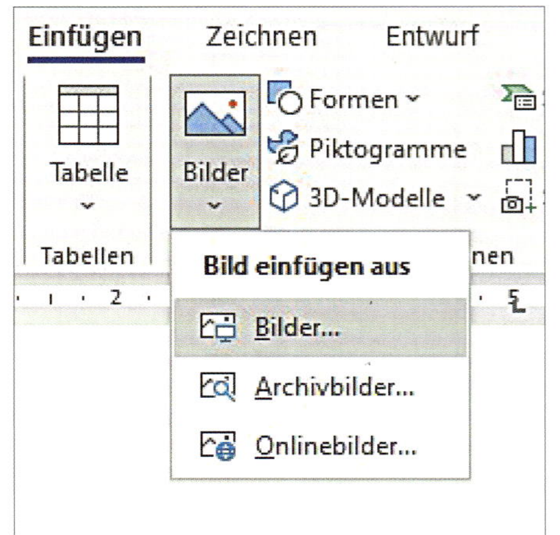

Abb. 27: So fügt man ein Bild unter Word für Windows aus einer Datei ein.

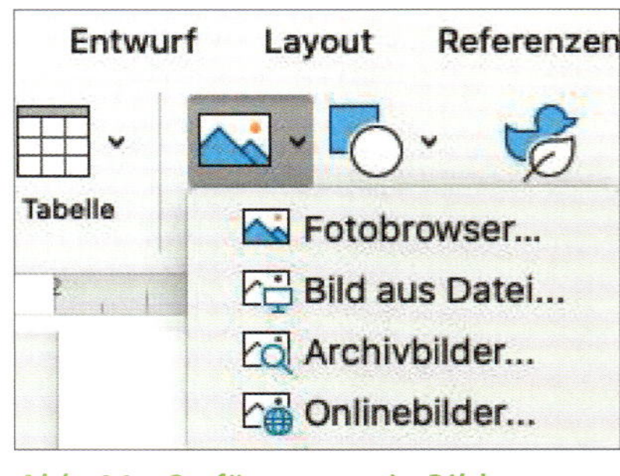

Abb. 28: So fügt man ein Bild unter Word für Mac aus einer Datei ein.

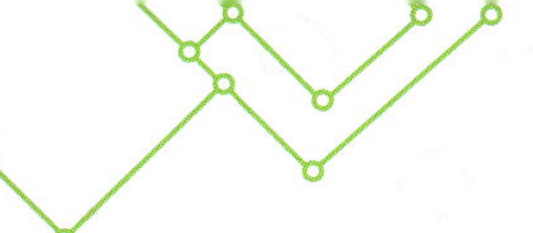

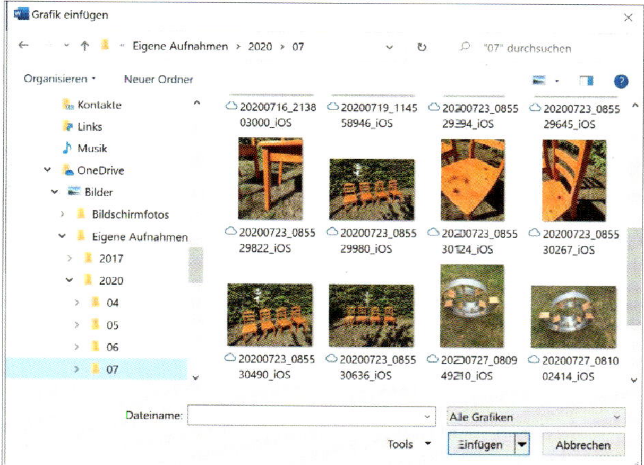

Abb. 29: Nun noch zum richtigen Ordner navigieren und das einzufügende Bild durch Doppelklick auswählen.

Um die Größe des Bildes zu verändern, das Bild zu positionieren oder es zuzuschneiden, klicken Sie doppelt auf das eingefügte Bild (*Abb. 30*). Im Dialog können Sie die Größe des Bildes verändern, Teile abschneiden, die Position des Bildes festlegen und vieles mehr.

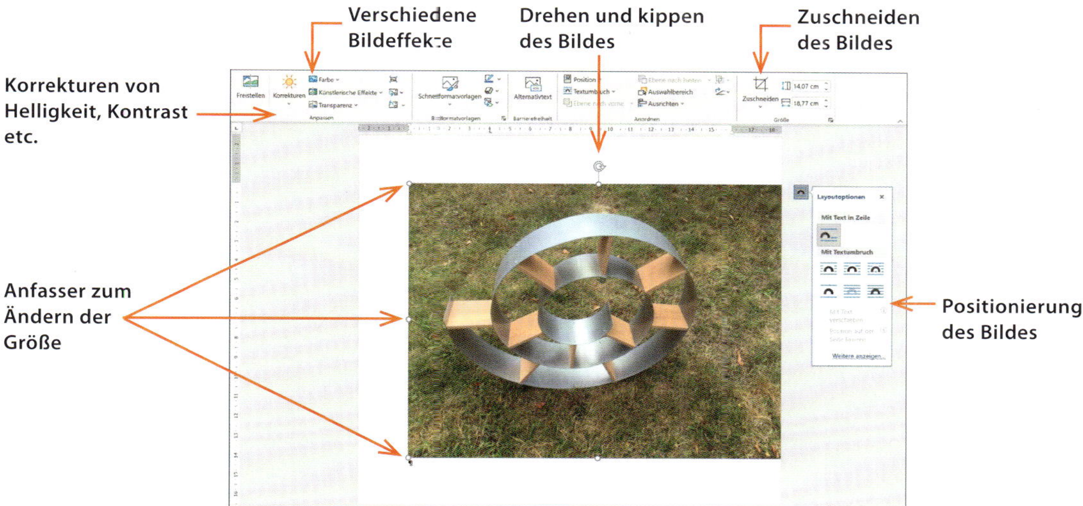

Abb. 30: Hier wird die Position des Bildes auf der Seite eingestellt.

4.13 Aus der Textverarbeitung heraus als PDF speichern

PDF-Export

PDF (Portable Document Format) ist ein plattformunabhängiges Format für elektronische Schriftstücke, das von der Firma Adobe Inc. entwickelt wurde. **Microsoft Word** und auch **Writer** erlauben es, Dokumente in das PDF-Format umzuwandeln. Wenn ein Dokument per Mail verschickt werden soll, dann eignet sich das PDF-Format, weil es für alle Betriebssysteme Programme gibt, mit denen man ein solches Dokument ansehen oder drucken kann.

Aus Microsoft Word oder Writer werden PDFs „exportiert“, d. h. man behält die ursprüngliche Datei weiterhin und kann sie auch noch bearbeiten. Der Export wird durch klicken auf *Datei/Exportieren* bzw. *Datei/speichern unter …* und anschließender Auswahl des Dateiformats PDF angestoßen. Microsoft Word und Writer können auch PDFs lesen und in ihr eigenes Format umwandeln. Hier besteht aber immer die Möglichkeit, dass einige Formatierungen geändert werden. Es gibt zahlreiche Programme, die auf die Bearbeitung von PDFs spezialisiert sind. Hervorzuheben ist hier Adobe Acrobat von Adobe Inc.

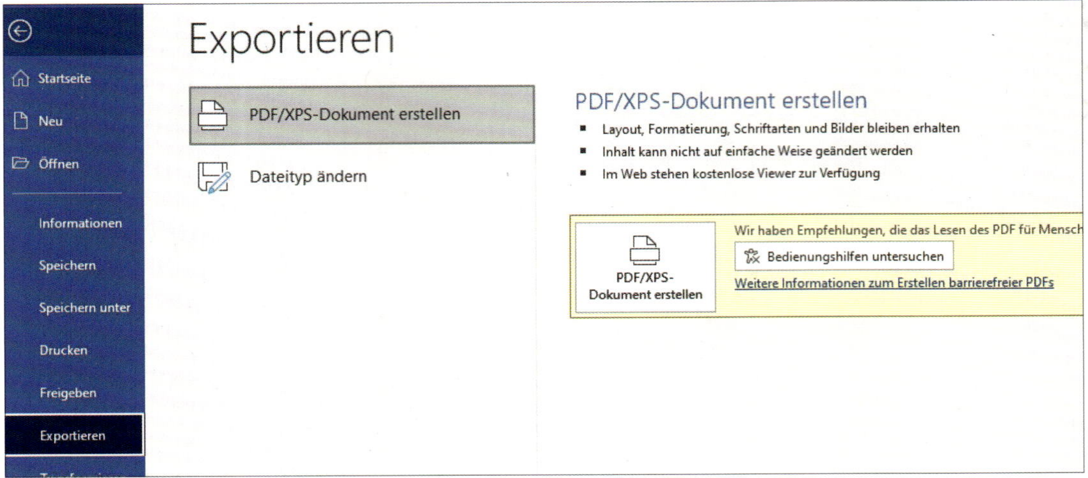

Abb. 31a: PDF-Export mit Microsoft Word für Windows

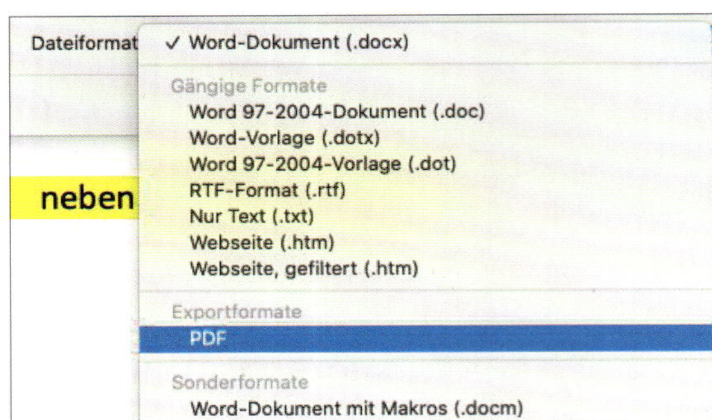

Abb. 31b: PDF-Export mit Word für Mac

4.14 Texte korrigieren

Wenn es in den Optionen so eingestellt ist, dann überprüft Word bei der Eingabe Rechtschreibung und Grammatik. Das ist nicht zu 100 Prozent zuverlässig. Über das Menü *Einstellungen* bzw. *Datei/Mehr.../Optionen/Dokumentprüfung* können Sie die Optionen an die eigenen Bedürfnisse anpassen.

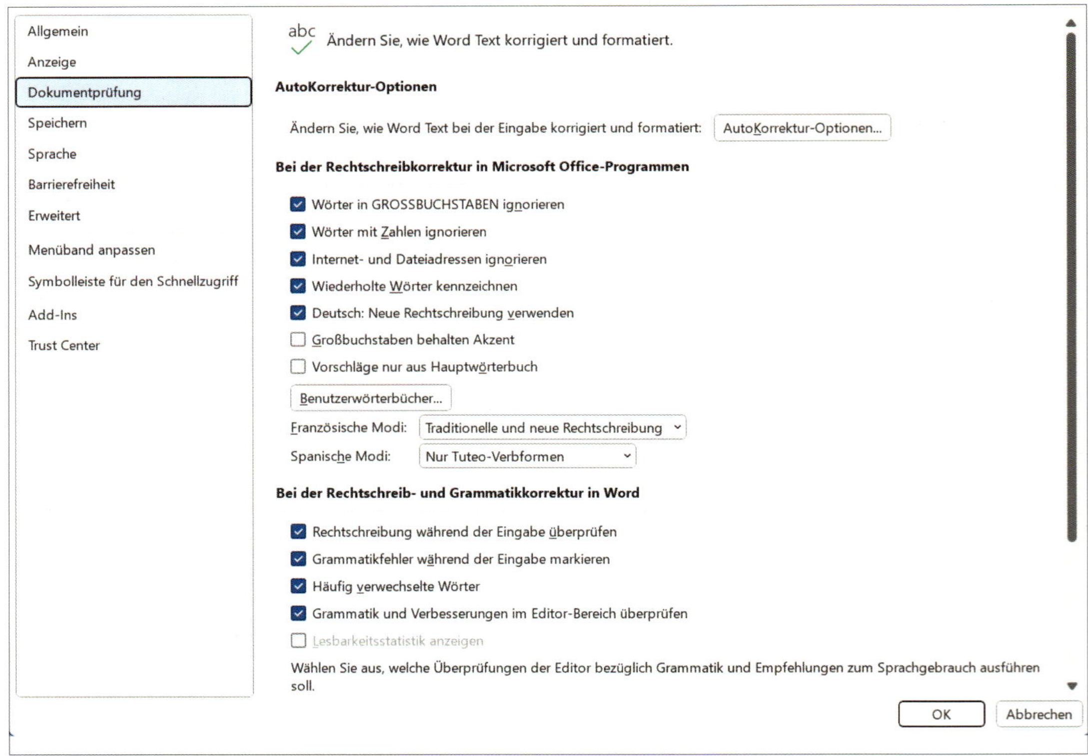

Abb. 32a: Rechtschreib- und Grammatikkorrektur in Word für Windows

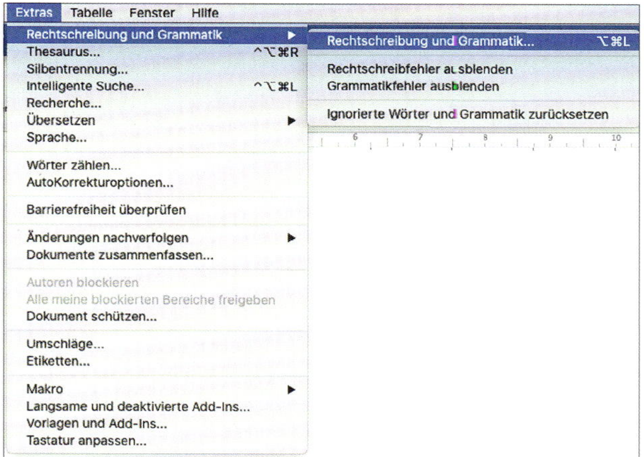

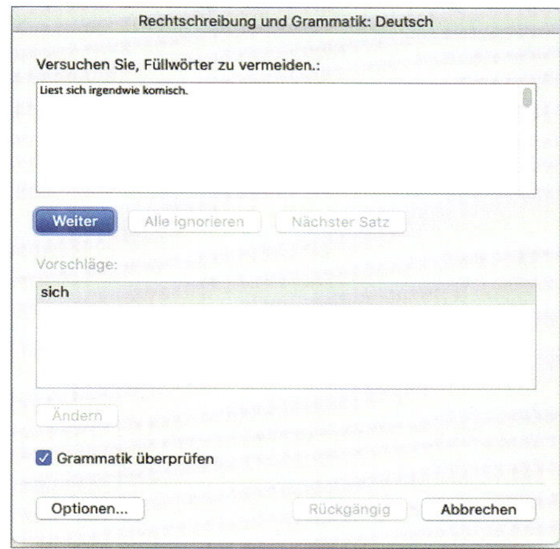

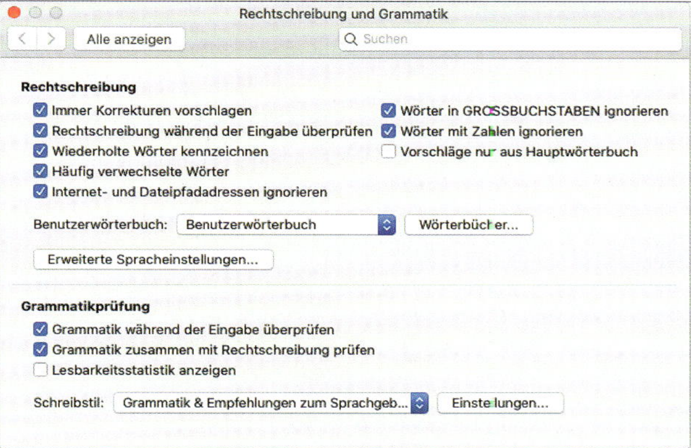

Abb. 32b: Rechtschreib- und Grammatikkorrektur in Word für Mac

Mutmaßliche Rechtschreibfehler werden durch eine rote Schlangenlinie gekennzeichnet, Grammatikfehler mit einer blauen Doppellinie. Ein Rechtsklick auf den Fehler führt zu einer Erläuterung und einem alternativen Vorschlag.

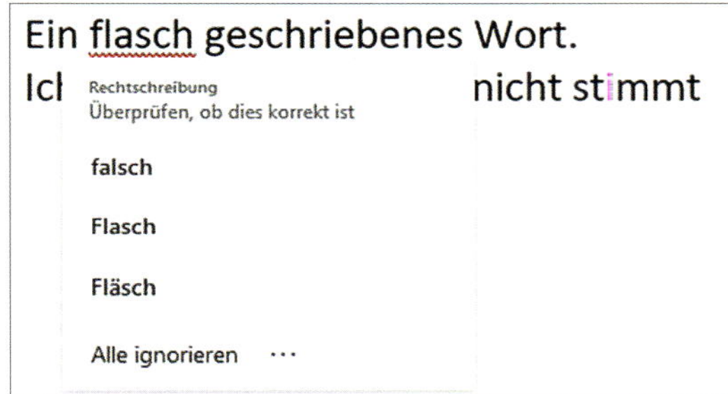

Abb. 33: Hier wurde falsch geschrieben.

Ich denke dass da etwas nicht stimmt
Grammatik
Setzen Sie ein Komma vor dem Nebensatz.
denke,
Ignorieren ···

Abb. 34: Hier fehlt ein Komma.

Autokorrektur

Die Autokorrektur-Funktion macht keine Vorschläge, sie ändert sofort. Wenn sie eingeschaltet ist, dann wird z. B. aus (c) automatisch ©. Drückt man jedoch unmittelbar nach der Änderung [STRG] + [Z], wird die Änderung rückgängig gemacht. Unter *Datei/Optionen/Dokumentenprüfung/AutoKorrektur* bzw. unter *Extras/Autokorrekturoptionen* kann man Autokorrekturen deaktivieren oder aktivieren, indem man ein Häkchen an der entsprechenden Stelle setzt. Man kann sogar eigene Autokorrekturen festlegen und hinzufügen.

Suchen und Ersetzen

Manchmal möchte man nach einem bestimmten Wort im Text suchen. Dazu kann man z. B. [STRG] + [F] eingeben oder bei **Microsoft Word** in der Menüzeile *Start* anklicken, dann erscheint rechts eine kleine Lupe.

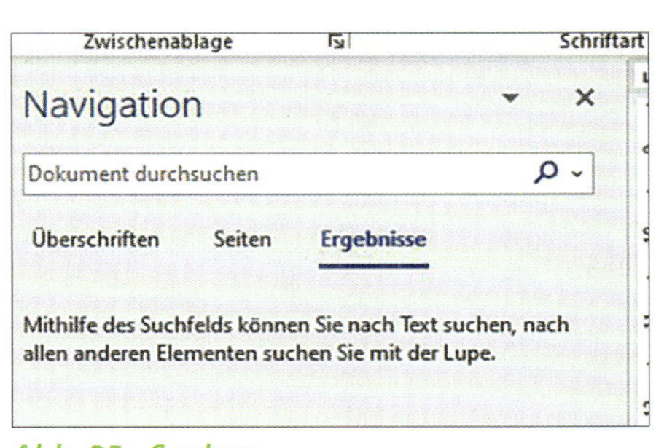

Abb. 35: Suchen

Möchte man ein ganz bestimmtes Wort im gesamten Text durch ein anderes ersetzen, kann man dies mittels der Funktion *Suchen/Ersetzen* erledigen. Man sucht im Text nach einem bestimmten Wort, das dann durch ein anderes ersetzt wird. In **Microsoft Word** verwendet man die Tastenkombination [STRG] + [H].

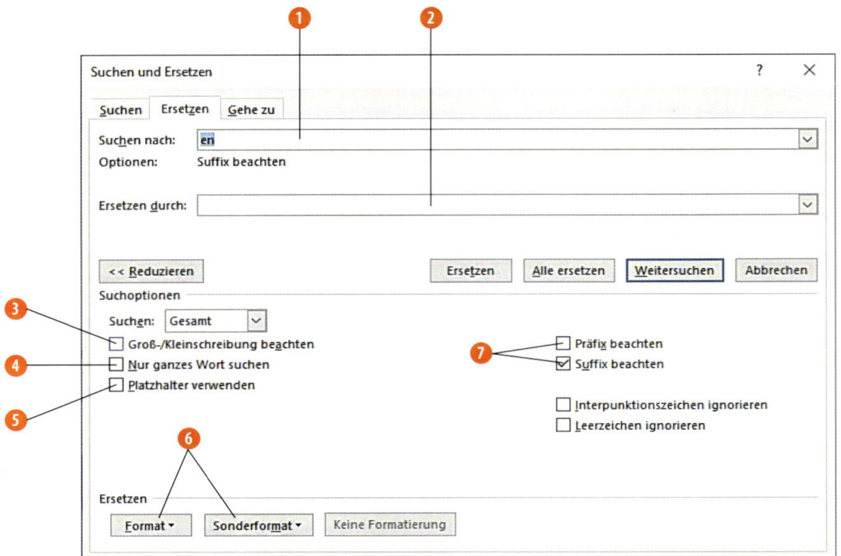

Abb. 36: Suchen und ersetzen unter Word für Windows

1. Zeichenfolge, nach der gesucht werden soll, eingeben
2. Zu ersetzenden Begriff eingeben
3. Soll bei der Suche auf Groß-/Kleinschreibung geachtet werden?
4. Soll nach dem ganzen Wort gesucht werden? (Andernfalls wird „Erbe“ in „Wetterbericht“ gefunden.)
5. Ein Platzhalter ist z. B. *, der für eine beliebige Zeichenkette steht. (Die Suche nach „M*en“ findet „Minden“, aber auch „München“.)
6. Suche nach bestimmten Formaten
7. Es werden Prä- oder Suffixe beachtet. Es wird nach Wörtern gesucht, die mit dem Suchbegriff anfangen oder enden.

Abb. 37: Suchen und ersetzen unter Word für Mac

4.15 Drucken

In **Microsoft Word** und im **Writer** öffnet die Tastenkombination [STRG] + [P] den Dialog zum Drucken. (Es geht auch über das Menü *Datei/Drucken…*) Es gibt verschiedene Einstellmöglichkeiten, z. B. auf welchem Drucker gedruckt werden soll.

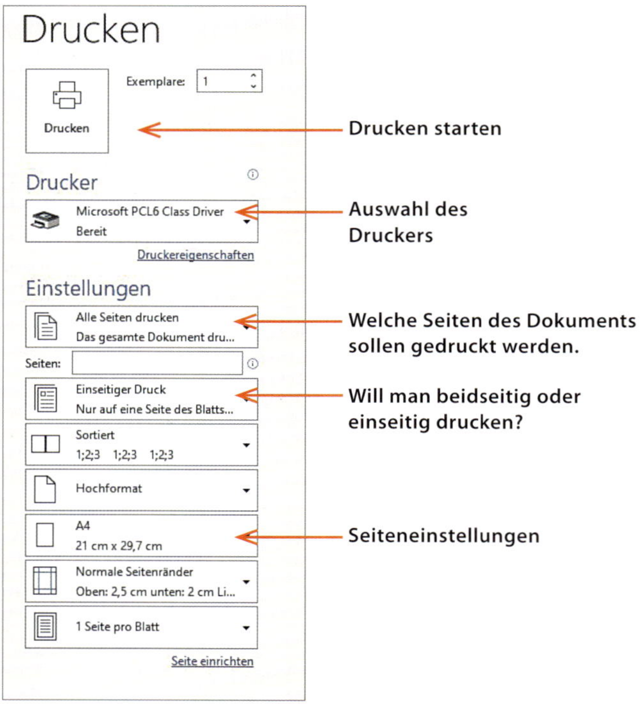

Abb. 38 Drucken-Dialog unter Word für Windows

4.16 Arbeiten mit Vorlagen

Microsoft Word und auch Writer bieten sogenannte *Vorlagen* an. Das sind vorgefertigte Dokumente, die bereits formatiert sind, und bei denen man nur den gewünschten Text einzufügen braucht. Für Microsoft-Word gibt es außerdem Tausende Vorlagen, die man aus dem Internet herunterladen kann. Es gibt Vorlagen für private oder geschäftliche Briefe, Einladungen, Lebensläufe usw.

Klicken Sie in Microsoft Word auf *Datei/Neu* bzw. *Datei/Neu aus Vorlage …*, können Sie eine passende Vorlage auswählen (vgl. *Abb. 40*).

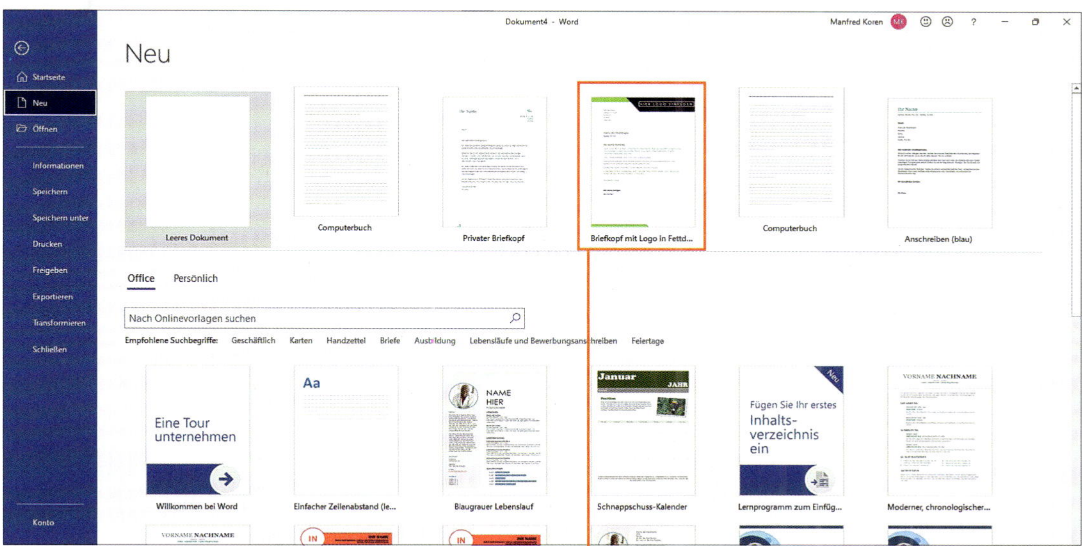

Abb. 39: Hier findet man Vorlagen in Microsoft Word.

HIER LOGO EINFÜGEN

[Firmenname]
[Straße, PLZ Ort]
[Telefon]
[E-Mail]
[Website]

Name des Empfängers
Straße, PLZ Ort

Sehr geehrter Empfänger,

Lorem ipsum dolor sit amet, consectetuer adipiscing elit. Maecenas porttitor congue massa. Fusce posuere, magna sed pulvinar ultricies, purus lectus malesuada libero, sit amet commodo magna eros quis urna.

Nunc viverra imperdiet enim. Fusce est. Vivamus a tellus.

Pellentesque habitant morbi tristique senectus et netus et malesuada fames ac turpis egestas. Proin pharetra nonummy pede. Mauris et orci.

Aenean nec lorem. In porttitor. Donec laoreet nonummy augue.

Suspendisse Dui Purus Scelerisque unter Vulputate Vitae, Pretium Mattis, Nunc. Mauris Eget Neque am sem Venenatis Eleifend. UT Nonummy.

Freundliche Grüße,

Abb. 40: Eine geöffnete Vorlage

Hier brauchen Sie nur noch die vorgegebenen Texte durch eigene zu ersetzen oder die Vorlage an eigene Wünsche anzupassen.

4.17 Einen Geschäftsbrief verfassen

Wie ein Geschäftsbrief auszusehen hat, dafür gibt die DIN 5008:2020 Empfehlungen.

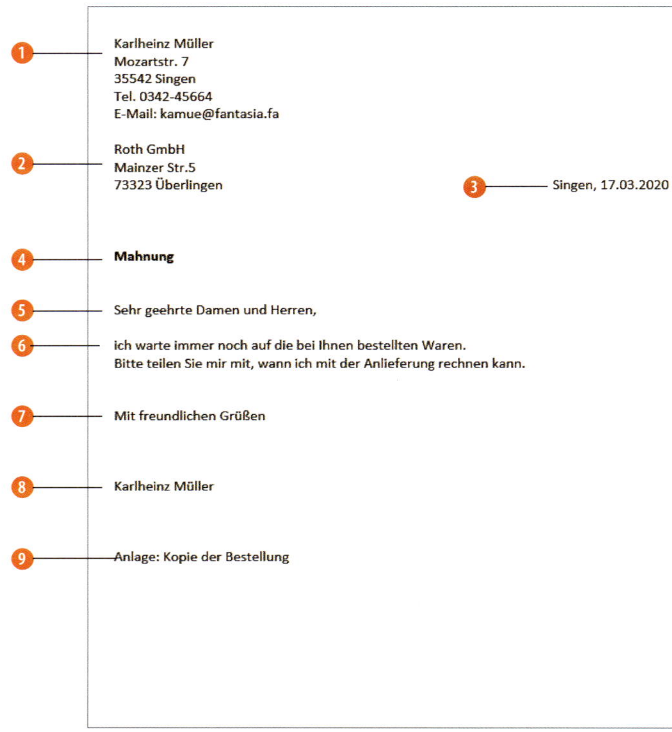

1 Karlheinz Müller
Mozartstr. 7
35542 Singen
Tel. 0342-45664
E-Mail: kamue@fantasia.fa

2 Roth GmbH
Mainzer Str.5
73323 Überlingen

3 Singen, 17.03.2020

4 **Mahnung**

5 Sehr geehrte Damen und Herren,

6 ich warte immer noch auf die bei Ihnen bestellten Waren.
Bitte teilen Sie mir mit, wann ich mit der Anlieferung rechnen kann.

7 Mit freundlichen Grüßen

8 Karlheinz Müller

9 Anlage: Kopie der Bestellung

Abb. 41: Ein Geschäftsbrief

1. Absender mit Adresse und weiteren Angaben; kann auch in einer durchlaufenden Zeile stehen
2. Anschrift des Empfängers; Größe max. 45 mm × 85 mm
3. Ort, Datum: Datum entweder in der Form 17.03.2020 oder 17. März 2020 oder auch 2020-03-17
4. Betreff: Fett gedruckt. Kurz und knapp. Maximal zwei Zeilen
5. Anrede: förmlich, höflich; Komma nach der Anrede
6. der eigentliche Text: höflich, sachlich, verständlich, nicht ausschweifend
7. Grußformel: förmlich, höflich, kein Satzzeichen
8. Platz für die Unterschrift
9. Hinweis auf mögliche Anlage(n)

Der linke Seitenrand sollte 25 mm betragen, der rechte Seitenrand mindestens 10 mm. Abstände und Ränder ähnlich wie im Beispiel. Genauere Hinweise gibt die DIN 5008:2020.

4.18 Formeln und Sonderzeichen

Um ein Sonderzeichen zu verwenden klicken Sie im Menü *Einfügen* auf *Symbol* (ganz rechts) oder *Erweitertes Symbol* und wählen im nachfolgend erscheinenden Dialog das entsprechende Zeichen aus, entweder durch Doppelklick oder durch einfachen Klick und nachfolgendem Klick auf Einfügen *(Abb. 42)*.

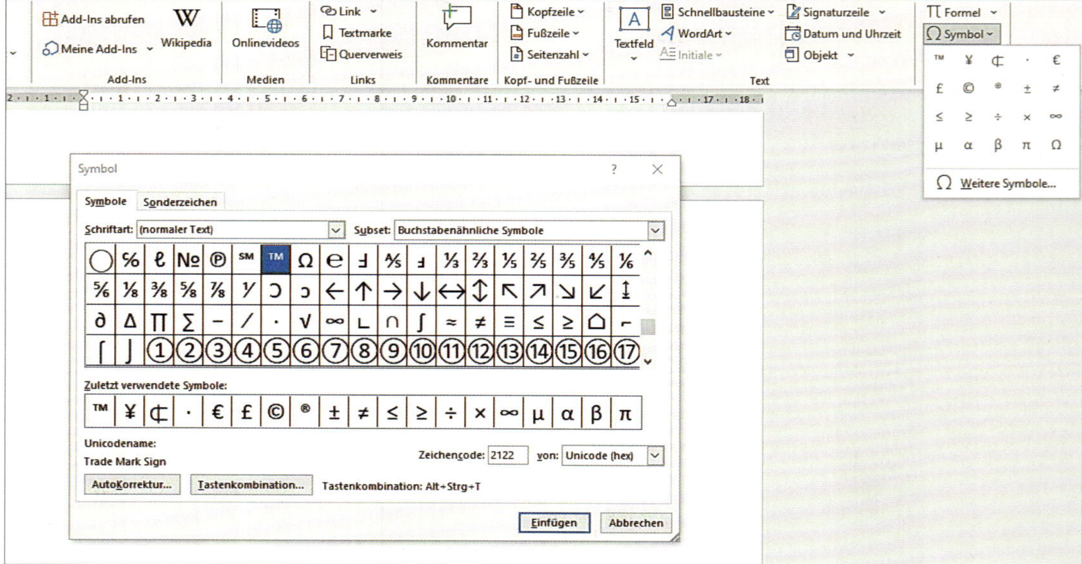

Abb. 42: Symbole oder Sonderzeichen einfügen

Will man eine mathematische Formel einfügen, so klickt man unter *Einfügen* auf *Formel* (auch ganz rechts). Es öffnet sich ein Dialog, in dem man eine fertige Formel aussuchen *(Abb. 43)* und diese dann entsprechend der eigenen Bedürfnisse anpassen kann.

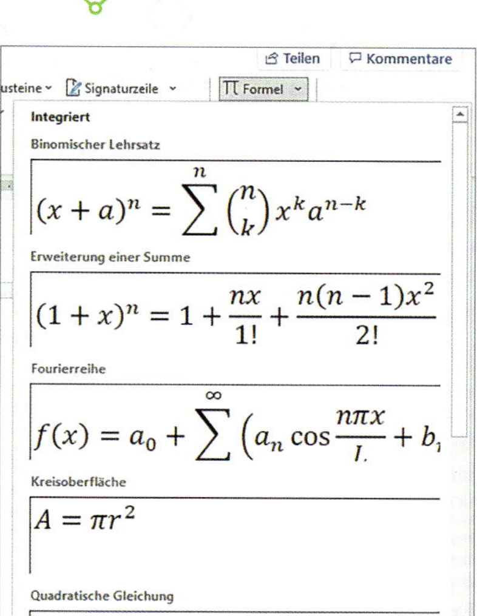

Abb. 43: *Eine Formel auswählen*

Ist die gesuchte Formel nicht dabei, kann man auch eine neue Formel einfügen *(Abb. 44)*.

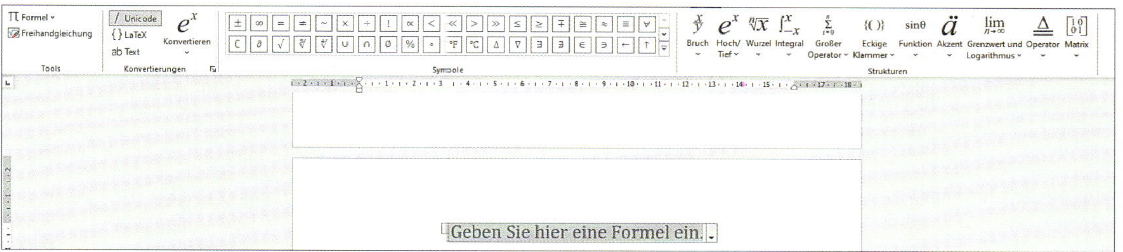

Abb. 44: *Eine neue Formel einfügen*

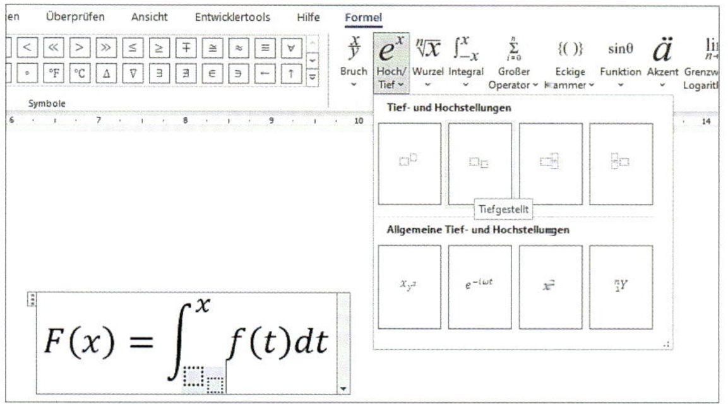

Abb. 45: *Eine Formel erstellen*

Man sucht in der Menüleiste, welche Zeichen man für die Formel benötigt und kann so eine neue Formel zusammenklicken *(Abb. 45)*.

4.19 Serienbriefe erstellen und versenden

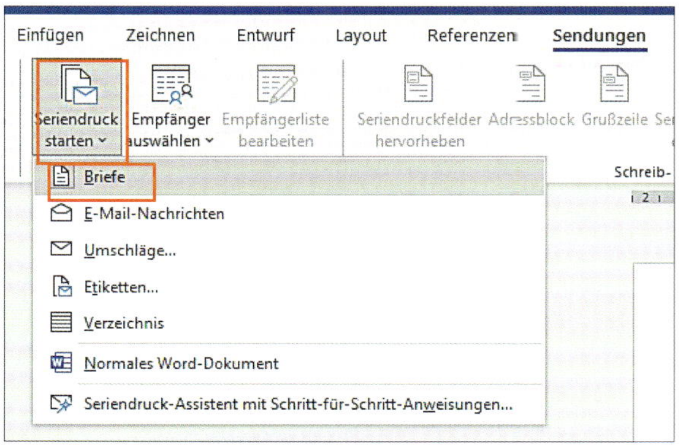

Abb. 46: *Seriendruck starten*

Wollen Sie den gleichen Brief an unterschiedliche Adressaten verschicken, dann wäre es ärgerlich, jedesmal eine neue Adresse eingeben zu müssen, wenn doch der Rest gleich ist.

Word kann das automatisieren. Zunächst stellt man den Brief ohne Adresse fertig, diese wird später automatisch eingefügt.

Dann klickt man auf *Sendungen/Seriendruck starten/Briefe (Abb. 46)*.

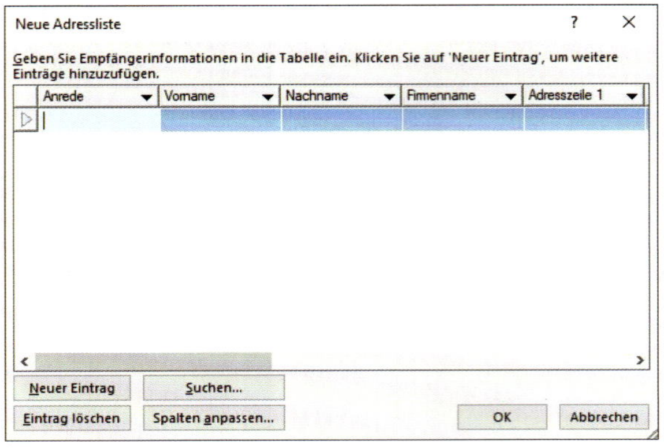

Abb. 47: *Adressen eingeben; dieser Dialog kann bei unterschiedlichen Word-Versionen (für Windows/Mac) stark variieren.*

Nun klickt man *Empfänger auswählen/ Neue Liste erstellen …* an. Hier gibt man alle Adressen ein, an die der Brief gehen soll. Danach wird man aufgefordert, die Liste zu speichern. Man kann sie später erneut benutzen.

Nun muss man den Cursor an die Stelle setzen, an der der Adressblock eingefügt werden soll. Das Schaltfeld *Adressblock* fügt ihn ein. Hier können Sie nun überprüfen, ob die Adressen stimmen.

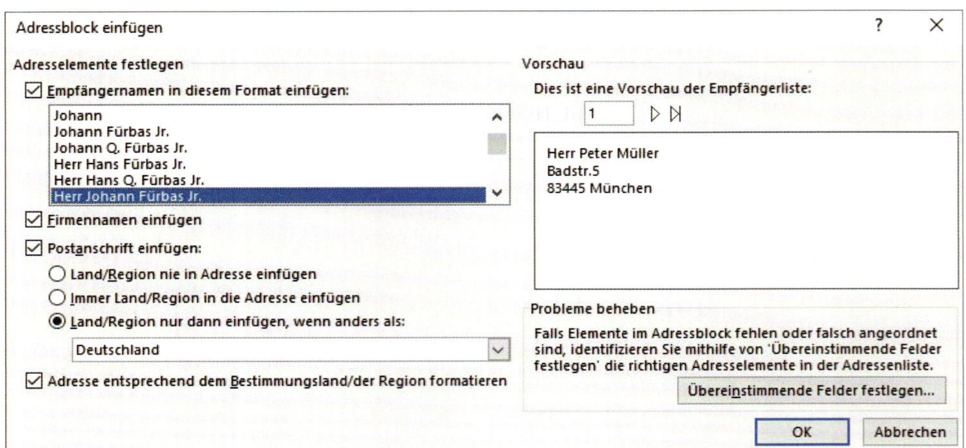

Abb. 48: *Vorschau auf die Empfängerliste*

Fast fertig! Das Schaltfeld *Vorschau Ergebnisse* zeigt eine Vorschau an.

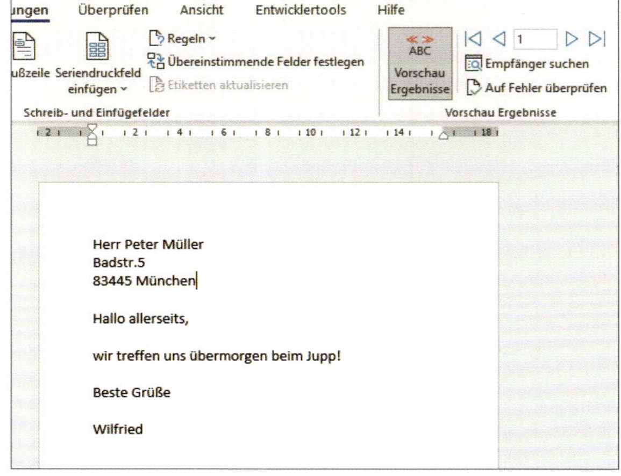

Abb. 49: *Vorschau der Ergebnisse*

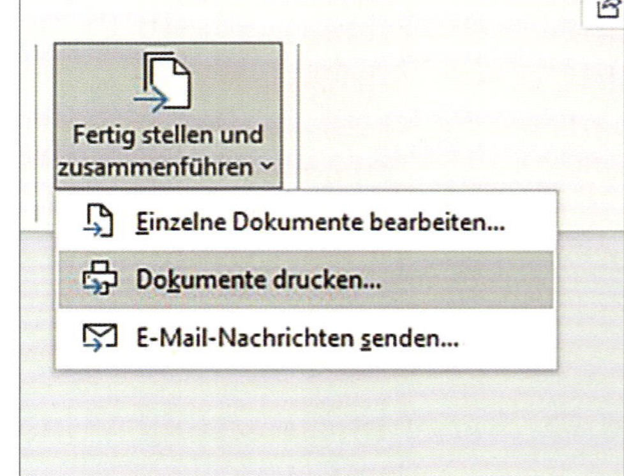

Abb. 50: *Der Seriendruck kann beginnen*

Wenn alles stimmt, können Sie ausdrucken: Klicken Sie auf *Fertig stellen und zusammenführen*. Nun kann ein Brief für jeden Adressaten gedruckt werden.

4.20 Troubleshooting und Hilfe

Gerade die Hilfesysteme der Office-Programme von Microsoft sind außerordentlich nützlich. Es ist wichtig, sich mit dem Hilfesystem vertraut zu machen, um bei Bedarf Unterstützung zu bekommen.

Beispiel:
Einfügen und Bearbeiten einer Kopfzeile. Man gibt in das Suchfeld ganz oben in der Mitte „Kopfzeile" ein *(Abb. 51)*.

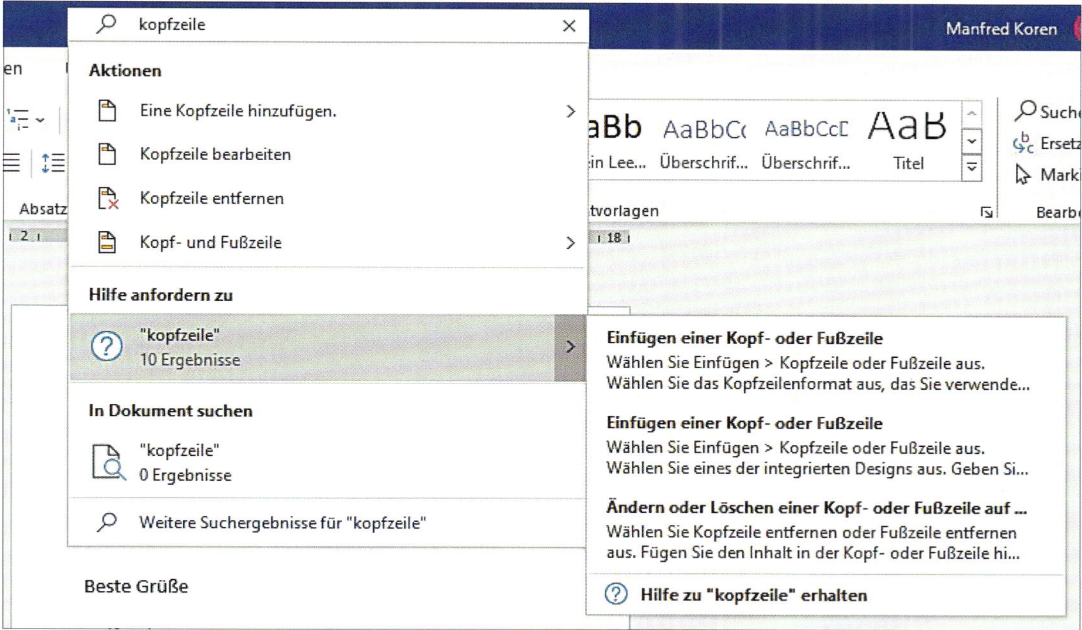

Abb. 51: Das Hilfesystem von Word

Word bietet drei verschiedene Möglichkeiten an:

- **Aktionen**: durch Anklicken wird die Aktion direkt ausgeführt, in unserem Fall wird dann beispielsweise eine Kopfzeile eingefügt.
- **Hilfe anfordern** zu: Hier kann man Erläuterungen zu dem gesuchten Thema abrufen.
- **In Dokument suchen:** Wenn man im Dokument nach dem Wort „Kopfzeile" gesucht hat, dann klickt man hier.

Hat man auf *Hilfe anfordern zu* und *Einfügen einer Kopf- oder Fußzeile* geklickt, erscheint ein erklärender Text:

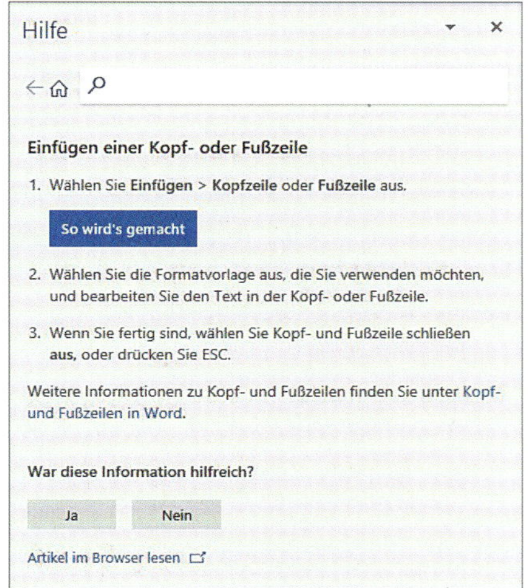

Abb. 52: Hilfe zu „Kopfzeile"

Abb. 53: Hilfe aus dem Internet

Will man sich die Sache genauer erklären lassen, kann man auf *Artikel im Browser lesen* klicken: Hier kann man dann mit dem Browser ein kurzes Erklärvideo ansehen. Dafür ist natürlich eine Internetverbindung nötig. (Der gesprochene Text ist auf Deutsch.)

Tabellenkalkulationsprogramme gibt es schon sehr lange. Mittlerweile haben z. B. Microsoft Excel oder Libre-Office Calc eine Vielzahl zusätzlicher Funktionen. Neben Berechnungen können die Programme aus den Daten Diagramme und Grafiken erzeugen oder kleine Datenbanken verwalten.

5.1 Excel starten und beenden

Nach einem Doppelklick auf das Excel-Symbol auf dem Desktop öffnet sich das Programm. Man kann auch „excel" in die Suche der Taskleiste eingeben, dann erscheint das Excel-Symbol, auf das man klicken kann. Beim Öffnen von Excel wird automatisch ein neues, leeres Arbeitsblatt erzeugt.

Arbeitsblatt
Spreadsheet

Das **Arbeitsblatt** (oder englisch **Spreadsheet**) besteht aus Zeilen und Spalten. Die Spalten werden üblicherweise mit Großbuchstaben benannt, die Zeilen mit Zahlen.

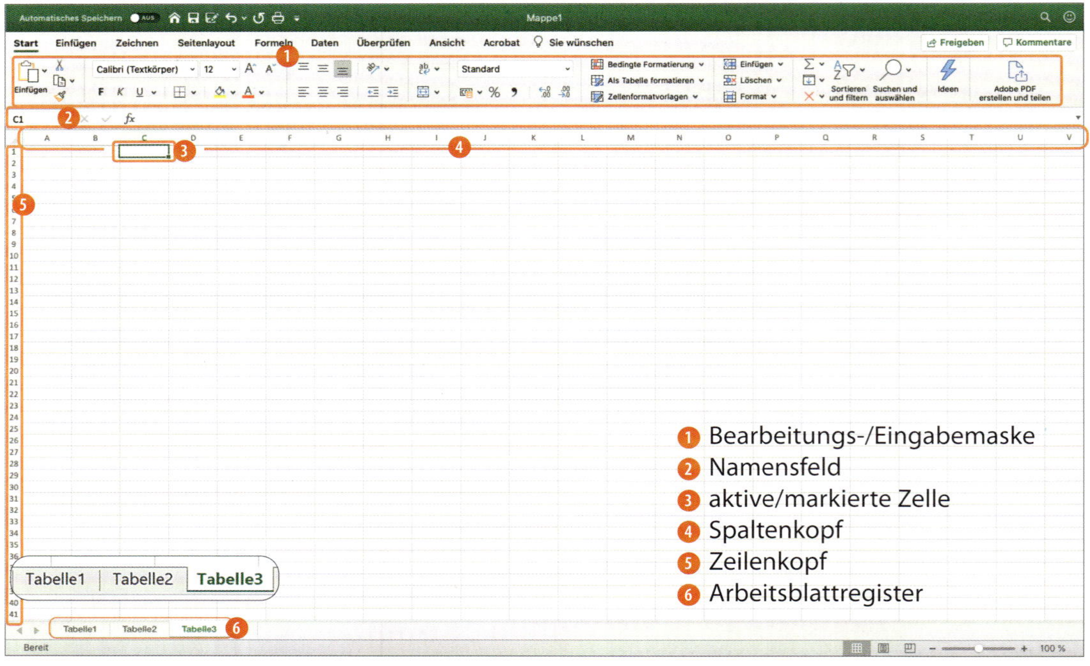

Abb. 1: Die Excel-Oberfläche

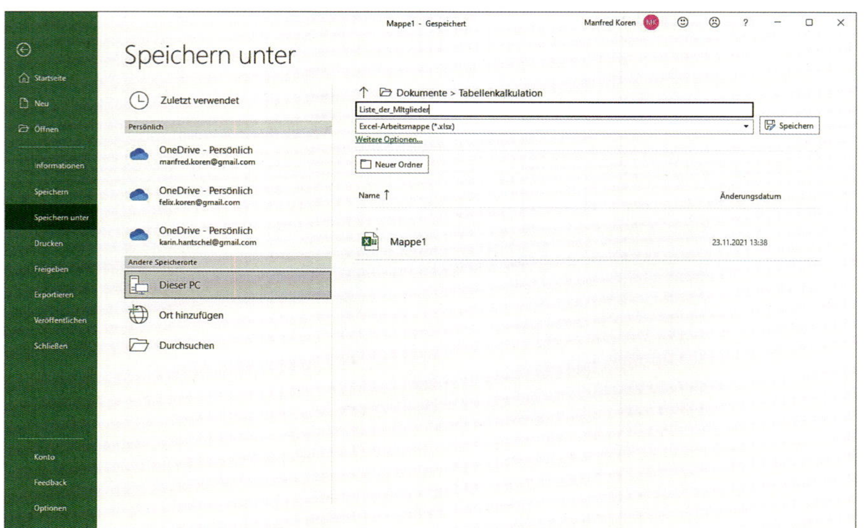

Abb. 2: Excel-Datei speichern

Ein neues Arbeitsblatt sollte man unter einem sinnvollen Namen in einem sinnvoll benannten Ordner speichern. Diesen Ordner kann man entweder im Explorer bzw. Finder anlegen (vgl. dazu *Kapitel 4.3*) oder direkt in Excel *(Abb. 2)*, über das Menü *Datei/Speichern unter*.

Will man ein bestimmtes Arbeitsblatt, das schon auf dem Rechner vorhanden ist, öffnen bzw. bearbeiten, so kann man im Explorer oder im Finder auch auf das Symbol dieser Excel-Datei klicken, die z. B. in einem Ordner auf dem Computer oder ggf. direkt auf das Dateisymbol auf dem Desktop. Dann wird Excel ebenfalls gestartet, und zwar ist dann das entsprechende Arbeitsblatt sofort geöffnet.

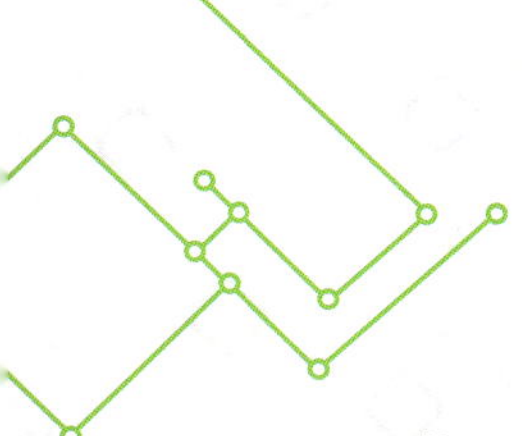

5.2 Zellen und Zellinhalte

Das Arbeitsblatt ist in Zellen unterteilt. Mit den in Tabelle 1 aufgeführten Tasten, bewegt man sich innerhalb eines Arbeitsblattes.

Tasten	**Bewegung**
[←] [↑] [↓] [→]	Wechseln in die vorige bzw. nächste Zeile/Spalte, je nach Pfeilrichtung
Tabulatortaste	Wechseln in die nächste Spalte (mit zusätzlich gedrückter [Shift]-Taste zurück in die vorherige Spalte)
[Pos 1]	Wechselt an den Anfang der aktuellen Zeile
[STRG] + [Pos 1]	Wechselt zur Zelle A1
[STRG] + [Ende]	Wechselt in die letzte verwendete Tabellenzelle
[Bild↑] bzw. [Bild↓]	Das Arbeitsblatt „rutscht" weiter nach oben bzw. unten, jeweils um eine gesamte Arbeitsblattlänge

Tab. 1: Bewegung innerhalb des Arbeitsblattes

Zellen

In den einzelnen **Zellen** eines Arbeitsblattes befinden sich konstante Werte oder Formeln. Konstante Werte können **Zahlen, Texte, Uhrzeiten, Daten, Währungen oder Wahrheitswerte** (Wahr oder Falsch) sein. Excel kennt in der Version für Microsoft 365 neben Datentypen **Zahlen, Formeln** und **Buchstaben** auch die Datentypen **Aktien, Währungen oder Geografie**. Hier werden aktuelle Daten aus dem Internet in die Tabelle geladen, z. B. der Kurs einer bestimmten Aktie.

In *Abb. 3* ist die Zelle B1 aktiv und oben rechts im Eingabefeld kann man den aktuellen Wert ändern. Das geht auch in der Zelle selbst, wenn der Ausdruck aber länger wird, ist es im Eingabefeld oben übersichtlicher.

Das Dokument, hier **Arbeitsmappe** genannt, kann mehrere **Blätter** enthalten.

	A	B	C	D
1	Zahl	3,5		
2	Text	Hallo		
3	Datum	15.04.1999		
4	Uhrzeit	12:22		
5	Wahrheitswert	FALSCH		
6				
7				
8				

Abb. 3: Unterschiedliche Datentypen in Excel

Beispiel: Ganz unten sieht man die Reiter für vier **Blätter**. Von Excel vorgegeben heißen die Blätter standardmäßig **Tabelle1, Tabelle2** usw. Diese Blätter kann man ganz einfach umbenennen, indem man auf den Namen klickt und den neuen Namen eintippt. Zu einem anderen Blatt wechseln Sie durch einfaches Klicken auf den Blattnamen im Reiter unten. Durch Klicken auf das Plus-Zeichen erzeugen Sie ein neues Blatt.

Blätter in der Arbeitsmappe

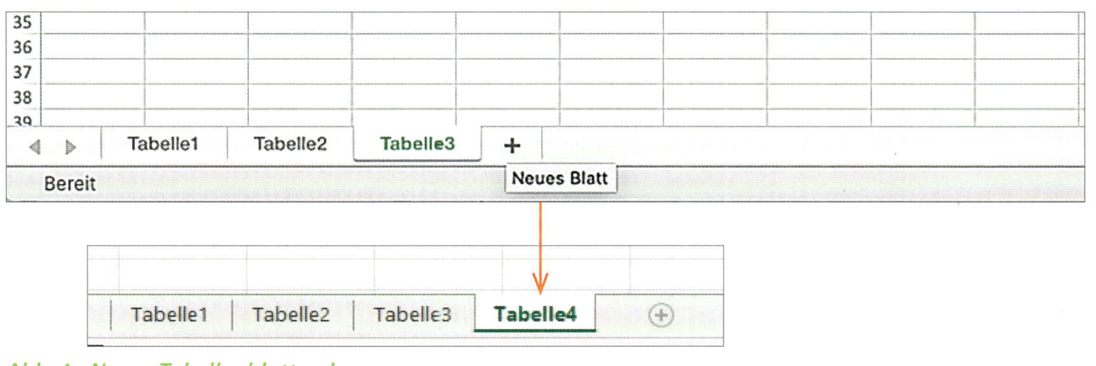

Abb. 4: Neues Tabellenblatt anlegen

5.3 Daten eingeben

Um etwas in eine Zelle eingeben zu können, klicken Sie einfach in die Zelle hinein. Von Zelle zu Zelle kommt man auch mit den Pfeiltasten der Tastatur. Die Breite einer Spalte lässt sich sehr einfach mit der Maus verändern. Bringt man den Mauszeiger in den Übergangsbereich zweier Spaltennamen, dann erscheint ein Doppelpfeil, der nach rechts oder links gezogen werden kann. Die Spalte wird breiter oder schmaler. Alternativ kann man nach einem Rechtsklick auf den Spaltennamen über den Menüpunkt *Spaltenbreite* die Breite eingeben.

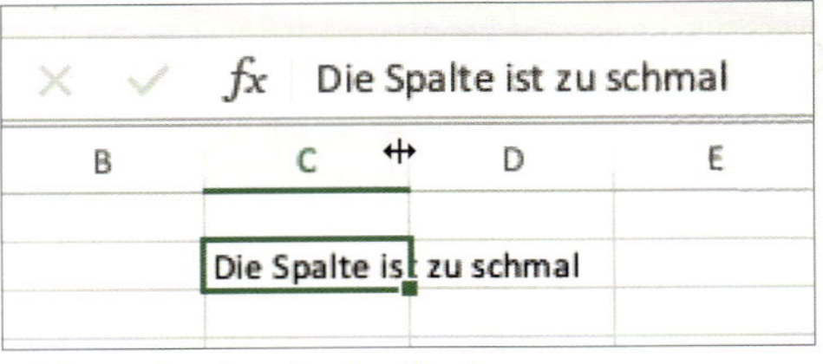

Abb. 5: Spaltenbreite ändern

5.4 Zellen formatieren

Excel kennt die Datentypen **Zahlen, Formeln** und **Texte** und seit der Version **Office 365** auch **Aktien, Währungen oder Geografie**.

A3 (Namenfeld) | fx Zahlen und Daten immer rechtsbündig in der Zelle:

	A	B	C	D	E	F	G
1	Text immer linksbündig						
2							
3	Zahlen und Daten immer rechtsbündig in der Zelle:						
4							
5			4				
6			1000				
7			70,7				
8			01. Dez				
9							
10							
11							
12							

Abb. 6: Die Standardformate für Texte und Daten in Excel

Voreingestellt ist immer das Format **Standard;** werden Buchstaben in die Zelle eingegeben, erkennt Excel diese automatisch als Text. Ein Text wird in der Standardeinstellung immer in einer bestimmten Schriftgröße und Schriftart erscheinen und ist linksbündig ausgerichtet.

Werden in eine Zelle ausschließlich Ziffern eingetragen, erkennt Excel diese Ziffern automatisch als Zahl. Zahlen und Daten werden im Standardformat immer rechtsbündig ausgerichtet.

ACHTUNG: Bei der Eingabe entscheidet das Programm, um welchen Datentyp es sich wohl handelt und formatiert entsprechend. Gibt man z. B. Dez1 in eine Zelle ein, so wird das als Datum interpretiert, auch wenn es ein Name und somit ein Text sein soll. Hat man die leere Zelle aber zuvor aber z. B. als **Text** formatiert, so werden Eingaben immer als Text verwendet.

Formeln müssen in Excel immer mit einem = Zeichen beginnen.

Format einer Zelle ändern

Um das Format einer Zelle oder eines ganzen Bereichs zu ändern, müssen Sie die entsprechende Zelle oder den entsprechenden Bereich zuerst markieren und dann über die rechte Maustaste das Kontextmenü aufrufen. Nach Auswahl von **Zellen formatieren** erscheint der Dialog zum Formatieren der Zelle. (Unter Windows können Sie stattdessen auch die Tastenkombination [STRG] + [1] verwenden, um diesen Dialog zu öffnen.) Hier lassen sich z. B. die Währung, aber auch die angezeigten Nachkommastellen einstellen. Für die unterschiedlichen Datentypen können die speziellen Formatierungen eingestellt werden, aber auch Schriftart, Schriftfarbe usw.

Zahlenformat ändern

Im Dialog **Zellen formatieren** können Sie zwischen verschiedenen Kategorien wechseln:

Voreingestellt ist auch für Zahlen in Excel immer das Format **Standard.** Stellt man beispielsweise das Format **Währung** ein, so kann man die Anzahl der Nachkommastellen, auf die gerundet werden soll, eingeben und das Symbol der entsprechenden Währung (hier €) voreinstellen *(Abb. 7)*.

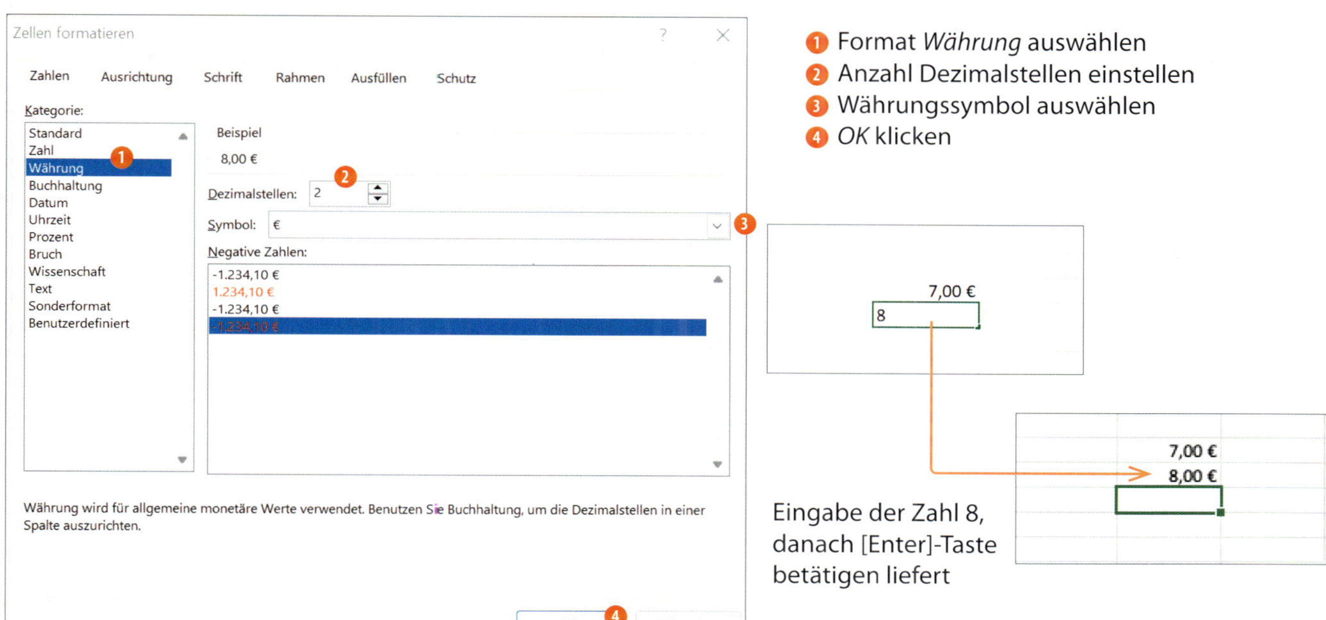

Abb. 7: Zellformat auf Währung umstellen

Rahmen

Der Reiter *Rahmen* bietet eine Menge Möglichkeiten, um die Rahmen optisch (Strichstärke, Strichelung, etc.) zu verändern.

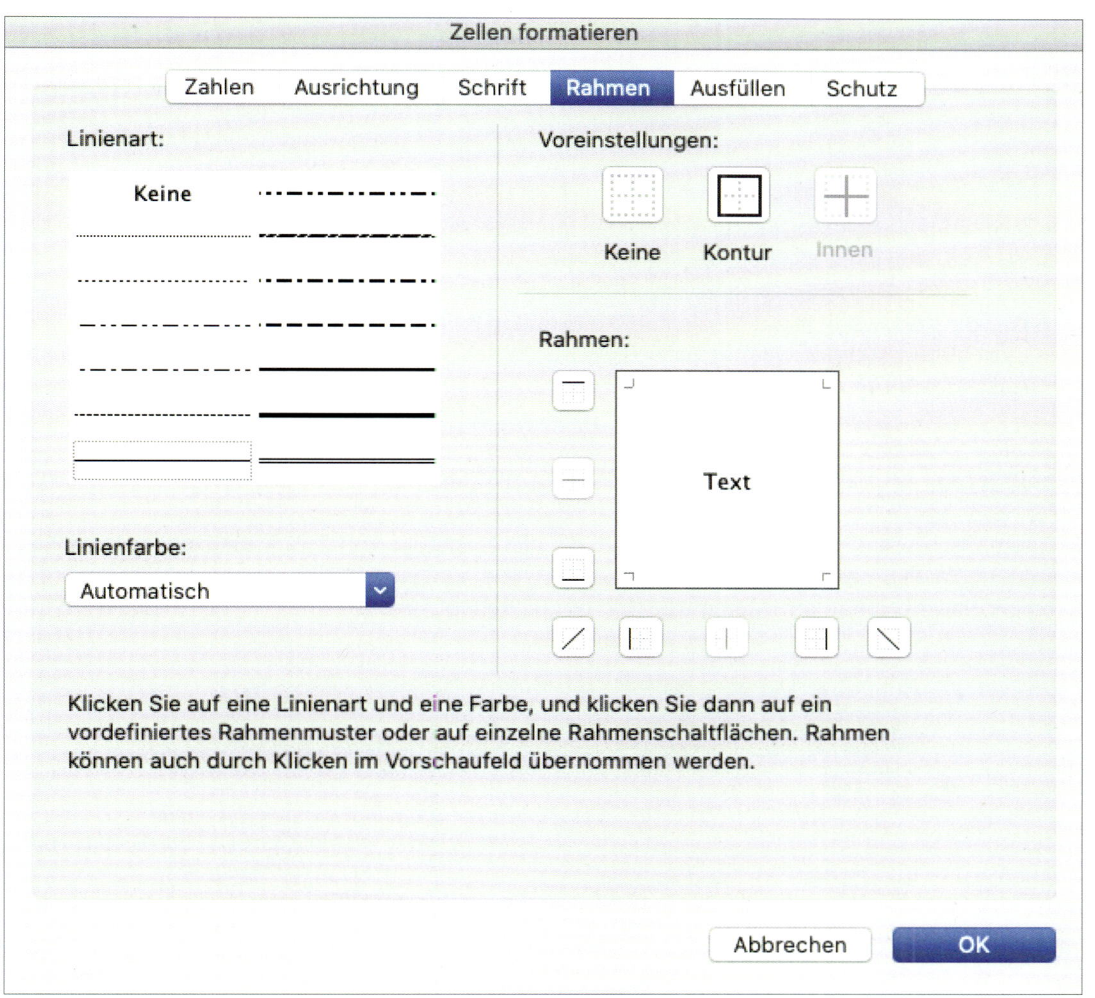

Abb. 8: Verschiedene Möglichkeiten für die Rahmengestaltung der Zellen

Zellen färben oder schraffieren

Über den Reiter *Ausfüllen* können Sie beispielsweise Zellen färben oder mit einem Muster hinterlegen.

Formatierungen löschen

ACHTUNG: Hat man in eine Zelle einen bestimmten Datentyp eingegeben, z. B. **Währung**, dann behält die Zelle die Formatierung als **Währung**, auch wenn man den **Wert** löscht. Man muss dann die Formatierung wieder auf **Standard** umstellen.

5.5 Zahlen addieren oder multiplizieren mit Excel

Summe berechnen

Aufgabe:
In der Zelle C2 soll beispielsweise die Summe der Zahlen aus A2 und B2 erscheinen.

In A2 und B2 werden Zahlen eingetragen. Berechnungen und Formeln fangen immer mit einem Gleichheitszeichen an. Man tippt also in C2 die Formel =A2+B2 ein. Statt A2 oder B2 einzutippen kann man auch einfach mit dem Mauszeiger auf die entsprechende Zelle klicken. Man gibt also = ein, klickt dann auf A2, dann gibt man + ein und klickt auf B2. Nach Abschluss der Eingabe mit der [Enter]-Taste erscheint das Ergebnis (vgl. *Abb. 9*).

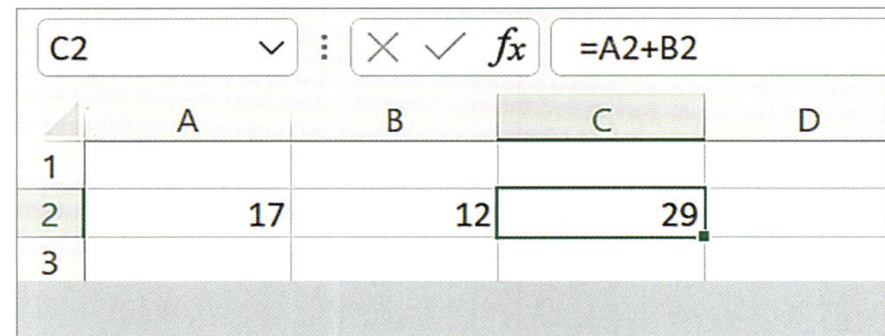

Abb. 9: Berechnung einer Summe; die Werte in A2 und B2 werden automatisch addiert.

TO DO
- 17 in A2 schreiben
- 12 in B2 schreiben
- = A2 + B2 ohne Leerzeichen in die Eingabezeile schreiben

TO DO
- Probieren Sie aus, was passiert, wenn Sie in A2 die Zahl 27 eingeben.
- Was passiert, wenn Sie in B2 die Zahl 50 eingeben?
- Was passiert, wenn Sie in B2 das Wort Hallo eingeben?
- Was passiert, wenn Sie in A1 die Zahl 7000 und in B2 ein Datum eingeben?
- Es ist also tatsächlich wichtig, dass der Wert das richtige Format hat. Siehe dazu den Abschnitt 1.9: *Projekt Fieberkurve*.

Produkte berechnen

In Zelle B2 soll z. B. das Produkt aus der Zahl 2 und der Zahl in Zelle A2 erscheinen.

Mathematisch schreibt man das Malzeichen oft nicht, anstelle von 2 · a schreibt man tatsächlich meist kurz 2a. In Excel muss das Malzeichen (der *) aber auf alle Fälle eingegeben werden. Mit 2A1 kann Excel nichts anfangen. Man muss 2*A1 eingeben (vgl. *Abb. 10*).

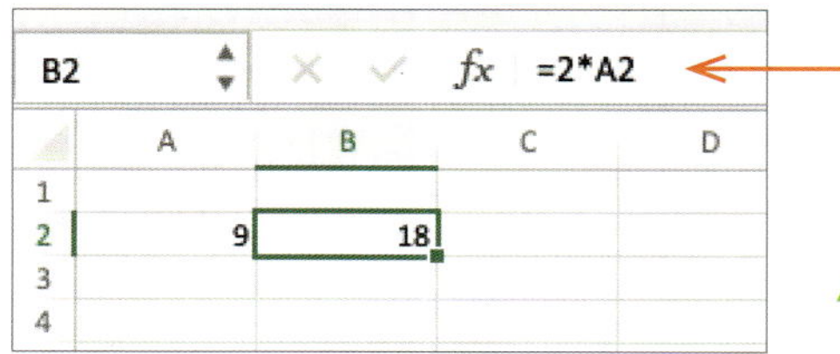

*Abb. 10: Das Produkt muss immer mit einem * geschrieben werden, sonst erkennt Excel es nicht.*

5.6 Bereiche markieren, ausschneiden, kopieren

Markieren

Um einen Bereich zu markieren, klicken Sie auf die aktive Zelle und bewegen den Mauscursor bei gedrückter linker Maustaste. Bei gedrückter Hochstelltaste können Sie auch die Pfeiltasten der Tastatur verwenden. Nun könnten Sie z. B. allen Zellen im markierten Bereich die gleiche Formatierung zuweisen.

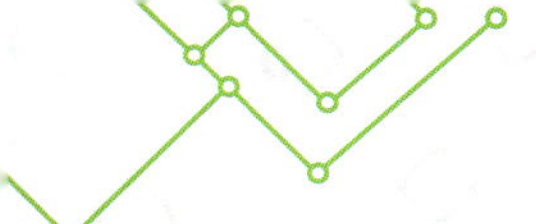

Was soll markiert werden	Vorgehensweise
Eine Zelle	Die Zelle anklicken
Eine Spalte	Den Spaltenkopf (Buchstabe) anklicken
Eine Zeile	Zeilenkopf (Zahl) anklicken
Das ganze Blatt	Schnittpunkt der Zeilen-Spaltenköpfe anklicken
Einen Bereich	Auf die erste Zelle des Bereichs klicken und bei gedrückter linker Maustaste über den Bereich ziehen, der markiert werden soll
Mehrere nicht zusammenhängende Bereiche	**Unter Windows:** [STRG]-Taste gedrückt halten und Bereiche mit der Maus markieren **Mit dem Mac:** [cmd]-Taste gedrückt halten und Bereiche mit der Maus markieren

Tab. 2: Markieren in Excel

Probieren Sie alle Markierungsmöglichkeiten aus.

Einfügen

Markierten Bereich/Zelleninhalt kopieren und an anderer Stelle einfügen:

- Markierten Bereich bzw. markierte Zelle mit rechts anklicken, im Kontextmenü *Kopieren* auswählen und in die obere linke Zelle des Bereichs klicken, in den kopiert werden soll. Dann z. B. mit [STRG]+[v] (Windows) oder [cmd]+[v] (Mac-OS) einfügen.

Markierten Bereich/Zelleninhalt ausschneiden und an anderer Stelle einfügen:

- Markierten Bereich bzw. markierte Zelle mit rechts anklicken, im Kontextmenü *Ausschneiden* auswählen und in die obere linke Zelle des Bereichs klicken, in den kopiert werden soll. Dann z. B. mit [STRG]+[v] (Windows) oder [cmd]+[v] (Mac-OS) einfügen.

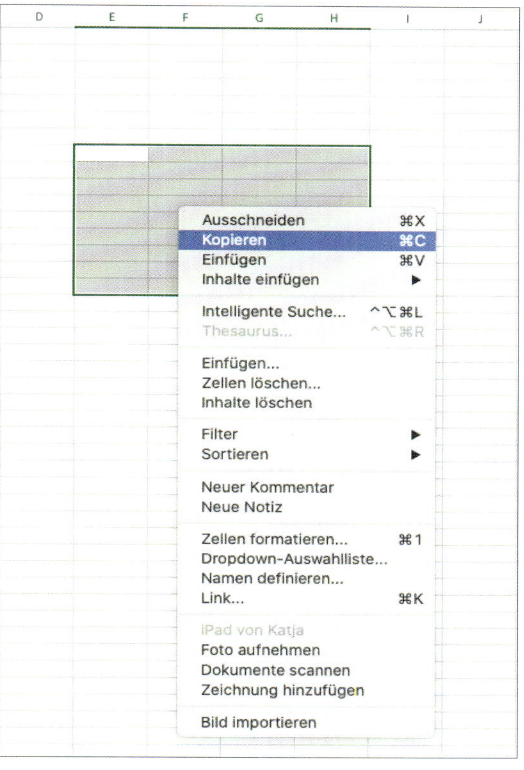

Abb. 11: Bereich markieren und kopieren

5.7 Relative Zellbezüge

Will man beispielsweise nicht nur eine, sondern gleich mehrere Summen berechnen, so vereinfachen die voreingestellten sogenannten **relativen Bezüge** (WICHTIG!) die Eingabe erheblich. Die Werte in den Spalten A und B sollen zeilenweise addiert werden. In C2 steht für die erste Addition die Formel =A2+B2.

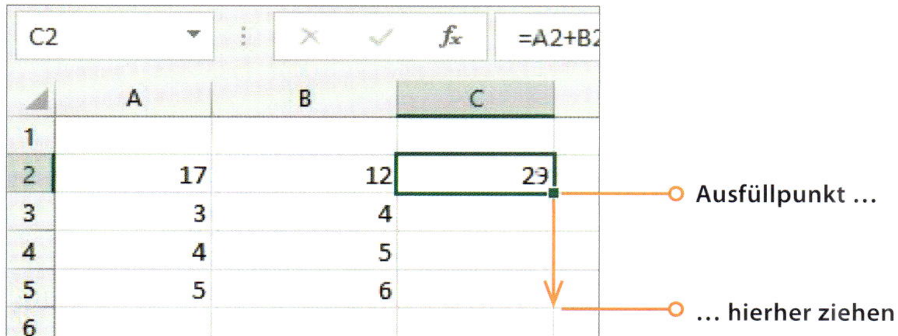

Abb. 12: Drei weitere Summen sollen berechnet werden

Die Zelle C2 hat unten rechts das so genannte **Ausfüllkästchen** *(Abb. 12)*. Wenn man dieses mit dem Mauszeiger packt und bis C5 herunterzieht, so wird die Formel aus C2 in jede Zelle dieses Bereichs **kopiert** *(Abb. 13)*.

C5 | *fx* | =A5+B5

	A	B	C	D
1				
2	17	12	29	
3	3	4	7	
4	4	5	9	
5	5	6	11	
6				

Abb. 13: Nach dem Kopieren

Excel passt Formeln automatisch an

Excel passt die Formel automatisch an jede Zeile an. Statt =A2+B2 steht jetzt z. B. in C3 nun beispielsweise =A3+B3. Grund dafür sind die **relativen Bezüge**. Excel hat sich als Formel „nimm die Zahl aus der Zelle zwei weiter links und addiere die Zahl aus der Zelle eins weiter links“ gemerkt. Zur Vereinfachung reicht es, in Zelle C2 die Formel =A2+B2 einzugeben. (Wenn man diese Formel kopiert und z. B. in F6 einfügt, so wird =D6+E6 erscheinen. D6 ist zwei Zellen links von F6 und E6 ist eine Zelle links von F6.)

In obigem Beispiel war in jeder Formel immer die gleiche Zeilennummer. Das muss nicht so sein: Gibt man in B2 z. B. die Formel =A1+C3 ein, so merkt sich das Programm die Formel: „Nimm den Inhalt der Zelle eins nach links und eins hoch und addiere dazu den Wert der Zelle eins nach rechts und eins runter“. Kopiert man diese Formel nach C5 so erscheint =B4+D6.

TO DO

Zum Ausprobieren:

- =B2+B3 in C1 eintragen. Was erscheint in D1, wenn man den Inhalt von C1 hier einfügt?
- =A1+B1 in C1 eintragen. Was passiert, wenn man den Inhalt von C1 nach A3 kopiert? Warum gibt es ein Problem?

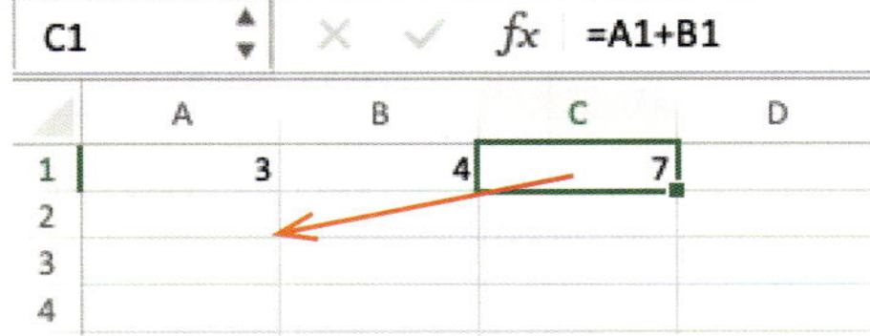

- =C1+B4 in C4 eintragen. Was erscheint in D5, wenn man den Inhalt von C4 hier einträgt?

5.8 Absolute Zellbezüge

Mehrwertsteuer berechnen

Möchte man von verschiedenen Preisen den Mehrwertsteuersatz berechnen, muss man jeden dieser Preise mit derselben Zahl (derzeit beträgt der Mehrwertsteuersatz in Deutschland 19 %), also in diesem Fall mit 0,19 multiplizieren.

Hier wären relative Zellbezüge unsinnig. Hat man z. B. in Zelle A1 den aktuellen Mehrwertsteuersatz eingetragen, so soll in allen Formeln, die den Mehrwertsteuersatz berechnen, immer der Wert aus A1 stehen, und kein an die jeweilige Zelle angepasster Wert.

Das Dollarzeichen $ einsetzen

Man gibt in dem Beispiel in *Abb. 14* in B4 entweder per Tastatur =A4*A1$ oder man klickt nach Eingabe des * auf A1 und kann mit Drücken der Taste [F4] den Bezug von **relativ** auf **absolut** umstellen. Egal, wohin man diese Formel kopiert, der Zellbezug auf A1 bleibt mit A1 immer erhalten.

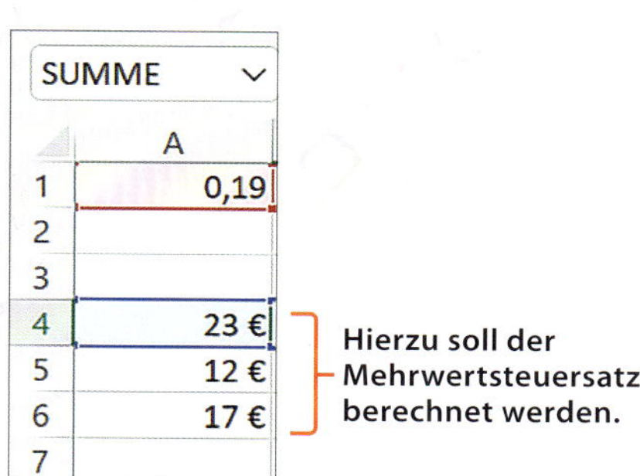

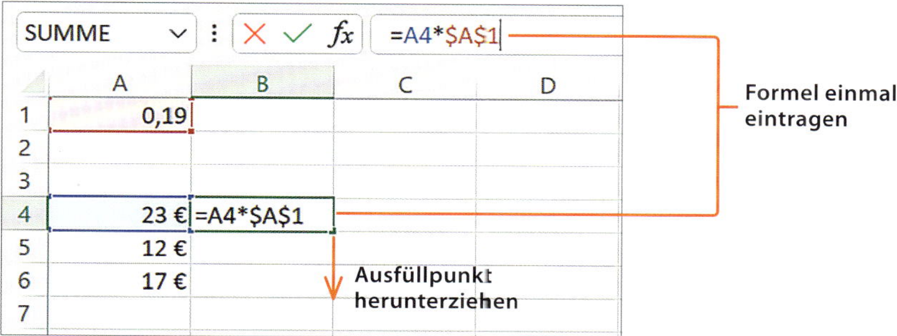

Abb. 14: Arbeiten mit einem absoluten Bezug

Jetzt kann man wieder das Ausfüllkästchen von B4 packen und nach unten ziehen *(Abb. 14)*. In B6 steht jetzt die Formel =A6*A1.

B6 | =A6*A1

	A	B	C	D
1	0,19			
2				
3				
4	23 €	4 €		
5	12 €	2 €		
6	17 €	3 €		
7				
8				

Abb. 15: Das Ergebnis; die ganzzahligen Werte kommen zustande, weil im Format Währung hier 0 Dezimalstellen eingestellt wurden.

Mischformen der Zellbezüge

Es gibt bei den Bezügen noch zwei Mischformen: Steht nur vor dem Spaltenbuchstaben ein $-Zeichen, so bleibt die Spaltenbezeichnung in der Formel immer erhalten, nur die Zeilenbezug wird angepasst. Steht nur vor der Zeilennummer ein $-Zeichen, so bleibt die Zeilennummer immer gleich, die Spaltenbezeichnung wird aber angepasst.

Zellen benennen

Es gibt auch die Möglichkeit, einer Zelle einen Namen zu geben. Nennt man in obigem Beispiel die Zelle A1 Mwst so gibt man bei Berechnungen nicht A1 ein, sondern den Namen Mwst.

Dazu markiert man Zelle A1 und drückt auf [STRG] + [F3]. Hier klickt man auf *Neu* und definiert einen Namen.

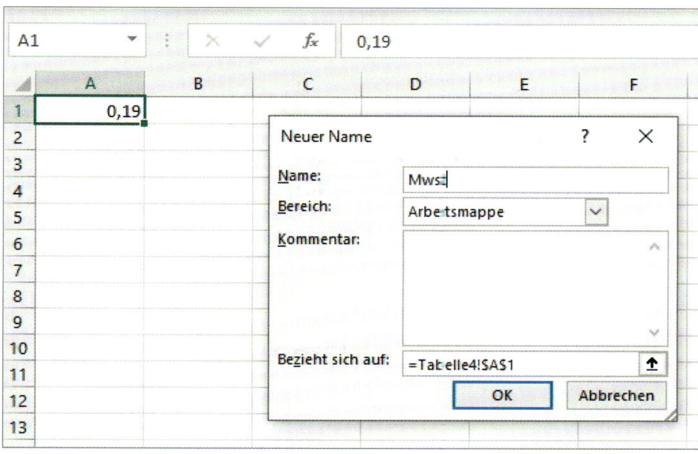

Abb. 16: Einer Zelle einen Namen geben (hier Mwst)

Danach kann man Mwst verwenden *(Abb. 17)*:

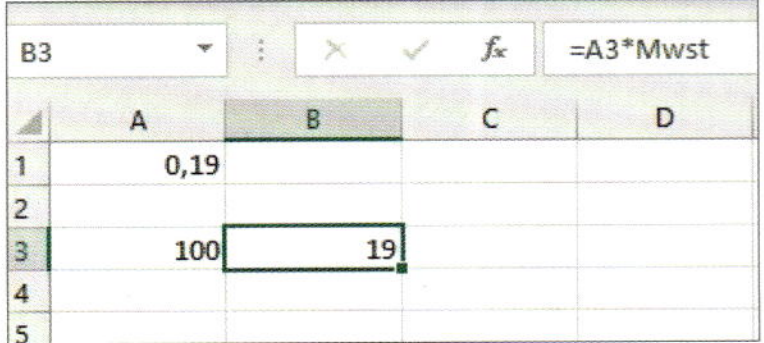

Abb. 17: Den neuen Namen Mwst in der Formel verwenden

Besonderheit bei Excel für den Mac

Verwendet man Excel für den Mac, so klickt man im Menü *Einfügen* auf *Name/Namen definieren* und gibt den neuen Namen im Dialog ein (Abb. 18).

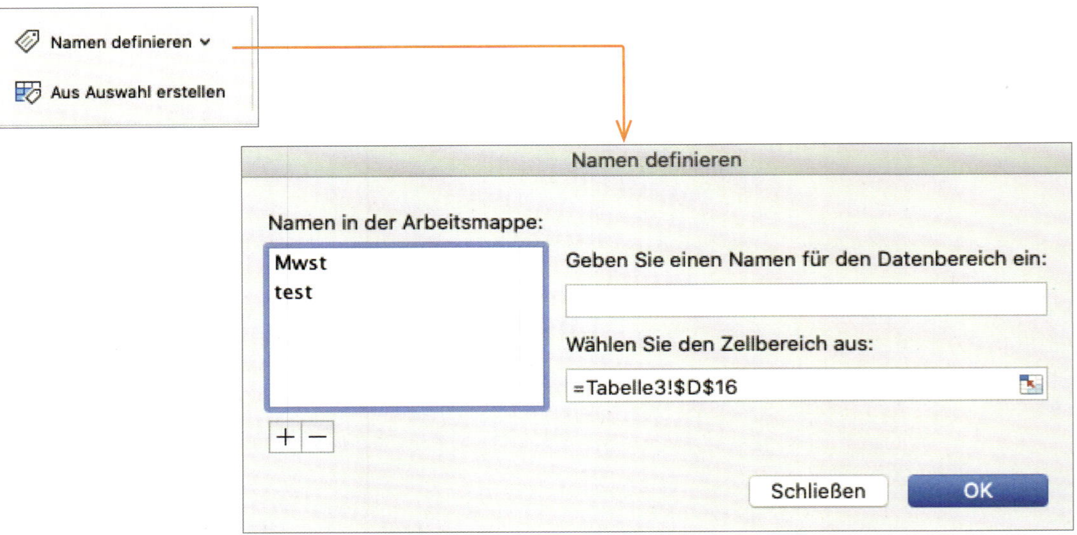

Abb. 18: Namen definieren mit Excel für den Mac

5.9 Projekt Fieberkurve

Aufgabe:
Wir erstellen eine Tabelle mit Temperaturmessungen und färben alle Temperauren ab 39 °C aufwärts rot. Die zugehörigen Zellfarben sollen außerdem hellrot werden, sobald der Wert 39 °C oder mehr beträgt.

Bedingte Formatierungen

Es gibt die Möglichkeit, die Formatierung einer Zelle von ihrem Inhalt abhängig zu machen. So kann es z. B. sinnvoll sein, bei der Dokumentation von Fieberkurven Werte über 39 °C rot zu färben bzw. markieren.

So gehen wir vor:

1. Im Menü *Start* das Untermenü *Bedingte Formatierung* wählen,
2. *Regeln zum Hervorheben von Zellen* auswählen und
3. z. B. den Punkt *Größer als …* anklicken.

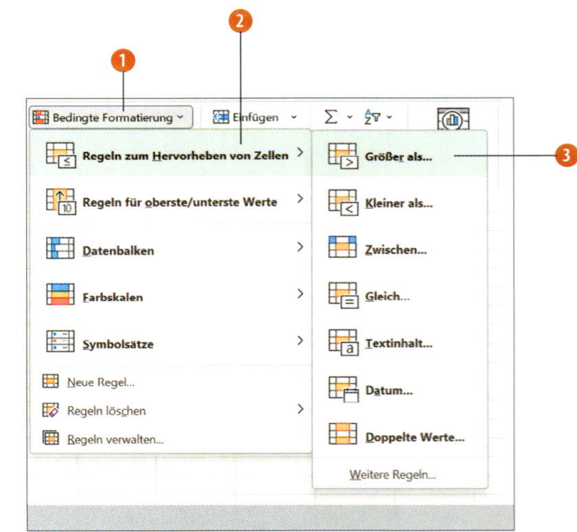

Abb. 19: Bedingte Formatierung

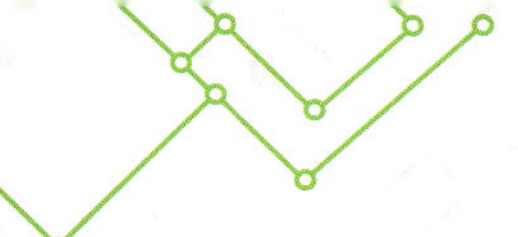

4 Jetzt kann man eine Formatierung wählen *(Abb. 20)*.

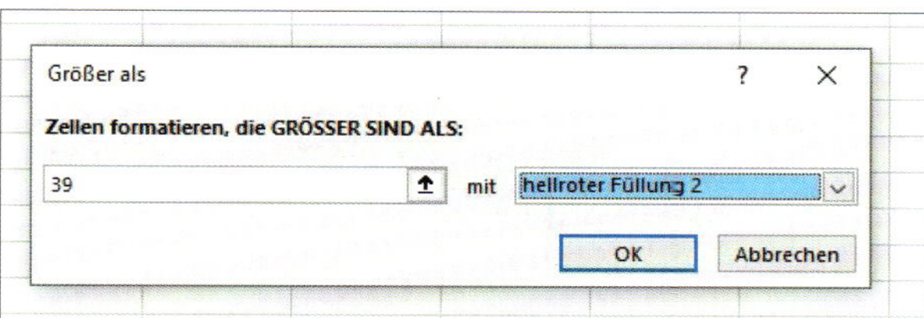

Abb. 20: Alle Zellen, deren Wert über 39 liegt, werden hellrot eingefärbt.

5 Nun den Bereich B2:B7 markieren.

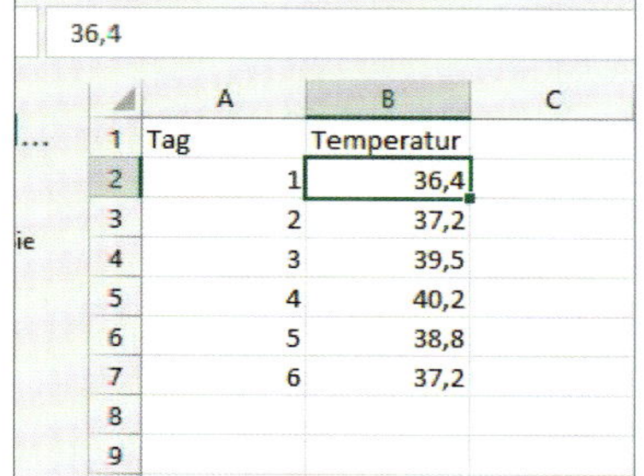

36,4

	A	B	C
1	Tag	Temperatur	
2	1	36,4	
3	2	37,2	
4	3	39,5	
5	4	40,2	
6	5	38,8	
7	6	37,2	
8			
9			

Abb. 21: Temperaturtabelle

6 Über *Start/Bedingte Formatierung/Regeln zum Hervorheben von Zellen/Größer als. . .* kann man nun 39 als Untergrenze eingeben und *hellrote Füllung* anwählen.

Das Ergebnis sollte so aussehen wie in *Abb. 22*.

earbeitungsleiste

	A	B	C
1	Tag	Temperatur	
2	1	36,4	
3	2	37,2	
4	3	39,5	
5	4	40,2	
6	5	38,8	
7	6	37,2	
8			
9			

Abb. 22: Bedingte Formatierung

5.10 Werte verknüpfen/einfache Funktionen in Excel

Interessant wird die Tabellenkalkulation durch Funktionen. Hier werden Werte miteinander verknüpft. Neben den üblichen mathematischen Funktionen, die man vom Taschenrechner kennt, gibt es eine Vielzahl von Funktionen aus unterschiedlichsten Bereichen z. B. technische Funktionen, logische Funktionen, finanzmathematische Funktionen, statistische Funktionen, Textfunktionen usw.

ACHTUNG Neue Versionen von Tabellenkalkulationsprogrammen enthalten oft neue, bessere Funktionen. „Alte“ Funktionen bleiben aber meist aus Gründen der Kompatibilität erhalten

Bereiche in Funktionen

Auch in Formeln und Funktionen kann man Bereiche verwenden. So ergibt =SUMME(A1:B10) die Summe der Inhalte der Zellen von A1 bis B10. Anstatt den Bereich per Tastatur einzugeben kann man auch nach der Klammer mit der Maus einen Bereich markieren. Die Werte werden dann in die Formel eingetragen.

Neben SUMME gibt es noch eine Vielzahl an Funktionen. Hier eine kleine Auswahl:

Funktion mit Beispiel	*Bedeutung*	
=MITTELWERT(A1:B3) 2 Argumente	Berechnet den Mittelwert des Bereichs A1:B3	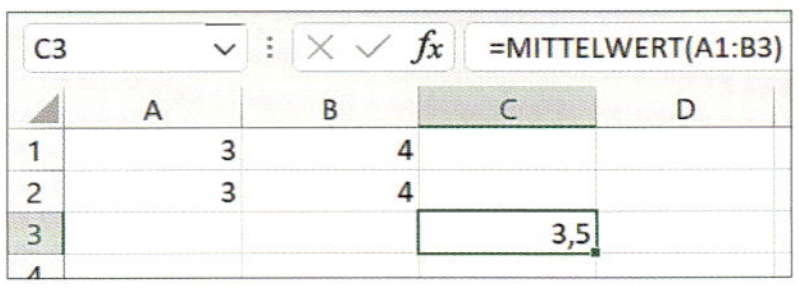
=RUNDEN(A2;2) 2 Argumente	Gibt den Wert von A2 auf zwei Nachkommastellen gerundet zurück	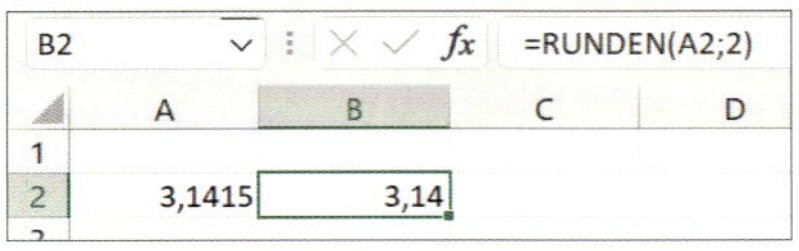
=DATUM(2020;5;12) 3 Argumente	Gibt ein Datum zurück, das aus drei Zahlen zusammengesetzt wurde. Hier also 12.05.2020	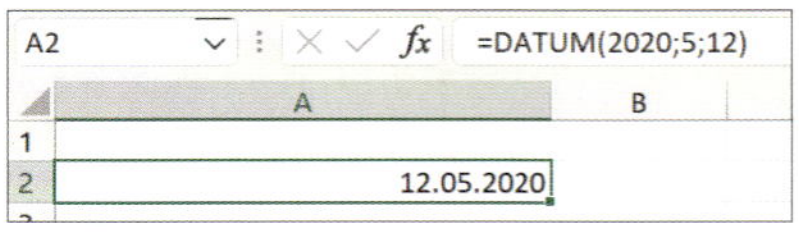
=TAGE(A1;A2) 2 Argumente	Berechnet die Tage zwischen den beiden Daten, die in A2 und A1 stehen	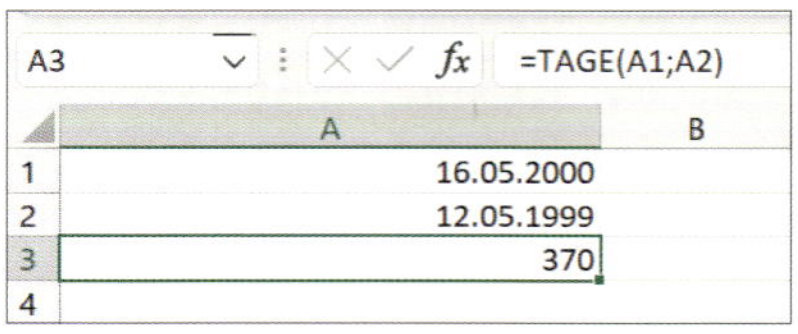

Tab. 3: Häufig gebrauchte Funktionen in Excel

Probieren Sie es aus:
Berechnen Sie den Mittelwert von der Zahlen 2,0; 3,5 und 4,2. Lassen Sie das Ergebnis auf 2 Stellen gerundet anzeigen. Berechnen Sie, wie viel Tage Sie alt sind.

5.11 Die Funktion XVERWEIS()

Die Funktion XVERWEIS() gibt es seit Office 365. XVERWEIS() ist eine Nachschlagfunktion; man sucht nach bestimmten Einträgen in einem Zellbereich und kann sich diese Einträge ausgeben lassen.

Mitarbeitersuche über Personalnummer

Beispiel:
In der Tabelle in *Abb. 23* sind in den Zeilen 2 bis 5 die Mitarbeiter einer Firma mit Personalnummer, Namen und Abteilung gespeichert. Sucht man Name und Abteilung, die zu einer bestimmten Personalnummer gehören, so hilft XVERWEIS weiter. Es wird mit folgenden Argumenten verwendet:

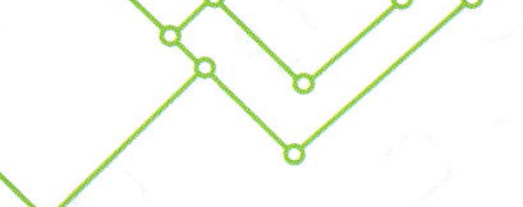

=XVERWEIS(Suchkriterium;Suchmatrix;Rückgabematrix;[wenn_nicht_gefunden];[Vergleichsmodus];[Suchmodus])

1 danach wird gesucht
2 in diesem Bereich wird nach den Suchkriterien gesucht
3 in diesem Bereich sollen die Werte aus der Suchmatrix stehen, die zum Suchkriterium gehören
4 optional

Suchkriterium wäre hier die Personalnummer.

Suchmatrix ist der Bereich, in dem die Personalnummern stehen.

Rückgabematrix ist der Bereich, in dem die gesuchten Informationen stehen. Hier also der Bereich, in dem Namen und Abteilungen stehen.

[wenn_nicht_gefunden];[Vergleichsmodus]; [Suchmodus] sind optional und können benutzt werden, um Feinheiten der Funktion einzustellen (siehe Hilfefunktion).

Je nachdem, welche Personalnummer man in A8 eingibt, erscheinen daneben der zugehörige Name und die Abteilung. Das Ganze sieht dann so aus wie in *Abb. 23*.

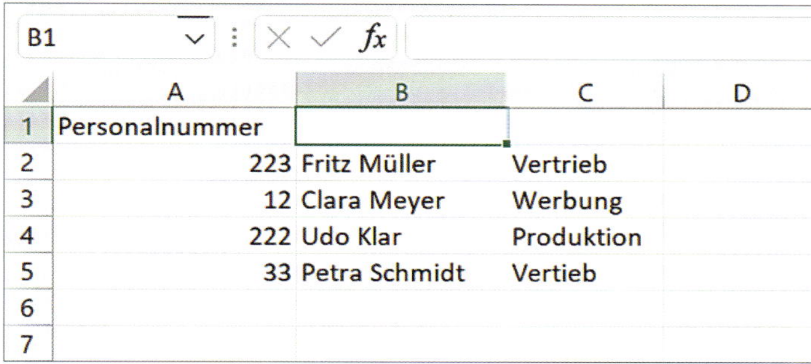

B1 | fx

	A	B	C	D
1	Personalnummer			
2	223	Fritz Müller	Vertrieb	
3	12	Clara Meyer	Werbung	
4	222	Udo Klar	Produktion	
5	33	Petra Schmidt	Vertieb	
6				
7				

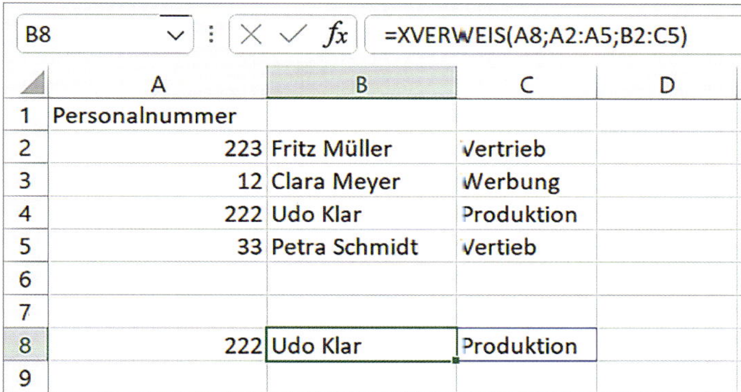

B8 | fx =XVERWEIS(A8;A2:A5;B2:C5)

	A	B	C	D
1	Personalnummer			
2	223	Fritz Müller	Vertrieb	
3	12	Clara Meyer	Werbung	
4	222	Udo Klar	Produktion	
5	33	Petra Schmidt	Vertieb	
6				
7				
8	222	Udo Klar	Produktion	
9				

Abb.23: Anwendung von XVERWEIS()

Aufgabe: Tippen Sie die Liste aus *Abb. 23* ab und suchen Sie nach dem Namen und der Abteilung zu Personalnummer 12.

5.12 Die Funktion XVERGLEICH()

XVERGLEICH() gibt die Position eines gesuchten Elements im Suchbereich an.

Beispiel:
An wievielter Stelle in der Tabelle steht die Personalnummer, die in A8 steht?
=XVERGLEICH(A8;A2:A5) liefert als Ergebnis 3, weil 222 an dritter Stelle im Bereich A2:A5 steht.

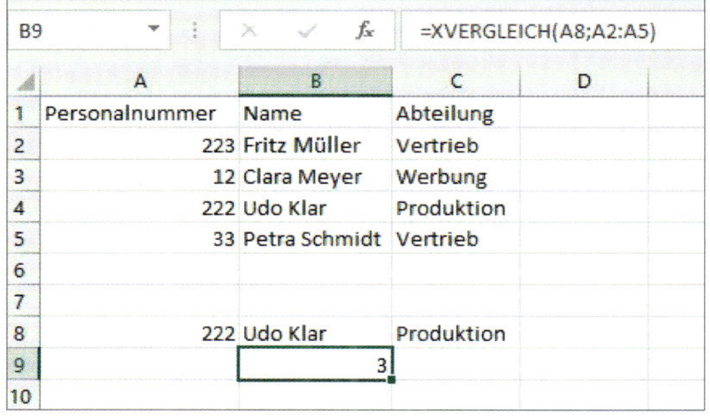

B9 | fx =XVERGLEICH(A8;A2:A5)

	A	B	C	D
1	Personalnummer	Name	Abteilung	
2	223	Fritz Müller	Vertrieb	
3	12	Clara Meyer	Werbung	
4	222	Udo Klar	Produktion	
5	33	Petra Schmidt	Vertrieb	
6				
7				
8	222	Udo Klar	Produktion	
9		3		
10				

Abb. 24: XVERGLEICH

5.13 Die Funktion WENN()

WENN() ist eine logische Funktion. Beispiel: Wenn die Inhalte von A1 und B1 gleich sind, dann soll „gleich" ausgegeben werden, ansonsten „ungleich". Die Funktion lautet dann =WENN(A1=B1;"gleich";"ungleich").

Also:

A3 | =WENN(A1=B1;"gleich";"ungleich")

	A	B	C	D	E	F
1	12	13				
2						
3	ungleich					

Abb. 25: Die Funktion WENN

Man kann auch auf Ungleichheit, kleiner, größer, kleiner gleich und größer gleich testen. Die Zeichen lauten wie in *Tab. 4*.

Aufgabe: Probieren Sie die =WENN() Funktion mit unterschiedlichen Vergleichen aus.

Beispiel:
Die Fortbildungsklausur haben alle bestanden, die mindestens 50 Punkte erreicht haben. Alle anderen müssen die Fortbildung wiederholen.

Vergleichsoperator	Beispiel in Excel
=	A1=B1
<	A1<B1+B4
>	A1>B6
≥	C8>=F25+G17
≤	A1*17<=D8
≠	K11<>B1+D9

Tab. 4: Mathematische Vergleichsoperatoren in Excel

Wer muss die Fortbildung wiederholen?
So lautet die entsprechende WENN-Funktion:
Wenn die **Punktzahl > = 50**; dann ist die Prüfung **bestanden, sonst wiederholen**

Übersetzt in Excel:

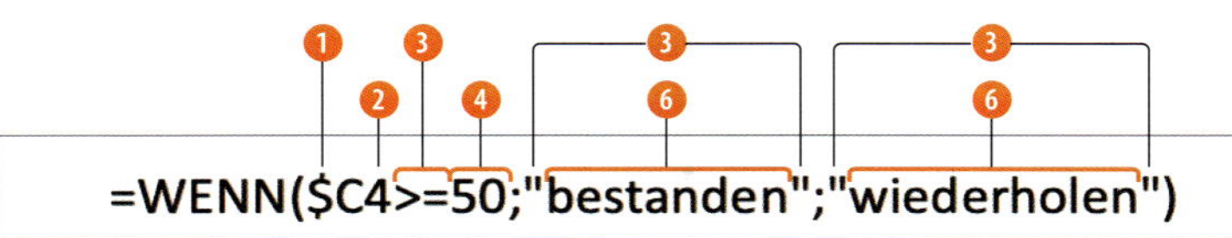

1. absoluter Zellbezug, Spalte C bleibt fest
2. relativer Bezug, jede Zeile im Bereich wird durchgegangen
3. Operator ≥ größer gleich
4. Wert, ab dem bestanden wird
5. Anführungszeichen für die Angabe einer Zeichenkette
6. Zeichenkette wird ausgegeben, wenn die Bedingung $C4 > = 50 gilt

	A	B	C	D
1	Punktzahl in der Klausur			
2				
3	Name	Vorname	Punktzahl	
4	Schmidt	Sabine	80	
5	Schneider	Klaus	50	
6	Löwe	Emma	100	
7	Krause	Lara	77	
8	Müller	Meike	32	
9				
10				
11				
12				

Abb. 26: Liste der in der Fortbildung erreichten Punktzahlen

Die Auswertung erfolgt durch Eingabe der Formel =WENN ($C4 > = 50;"bestanden";"wiederholen") vgl. Abb. 27.

F4 | =WENN($C4>=50;"bestanden";"wiederholen")

	A	B	C	D	E
1	Punktzahl in der Klausur				
2					
3	Name	Vorname	Punktzahl		
4	Schmidt	Sabine	80		bestanden
5	Schneider	Klaus	50		bestanden
6	Löwe	Emma	100		bestanden
7	Krause	Lara	77		bestanden
8	Müller	Meike	32		wiederholen
9					
10					
11					
12					

Abb. 27: Frau Müller muss die Fortbildung noch einmal absolvieren.

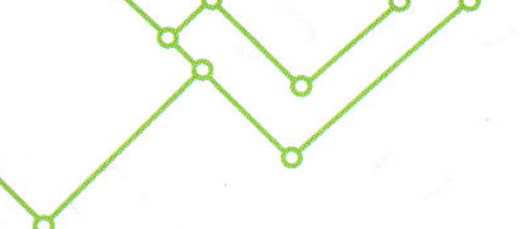

5.14 Daten sortieren

Will man eine Tabelle, wie in *Abb. 24* z. B. nach der Abteilung sortieren, so geht das ganz einfach. Man markiert den Bereich, der sortiert werden soll (hier A1:C5). Im Menü *Daten* klickt man auf *Sortieren*.

Nun wählt man aus, nach welcher Spalte sortiert werden soll, nach was sortiert wird und in welcher Reihenfolge. Hat man die Option *Daten haben Überschriften* angeklickt, dann wird die Überschrift **nicht** mitsortiert. Das sieht aus wie in *Abb. 28*.

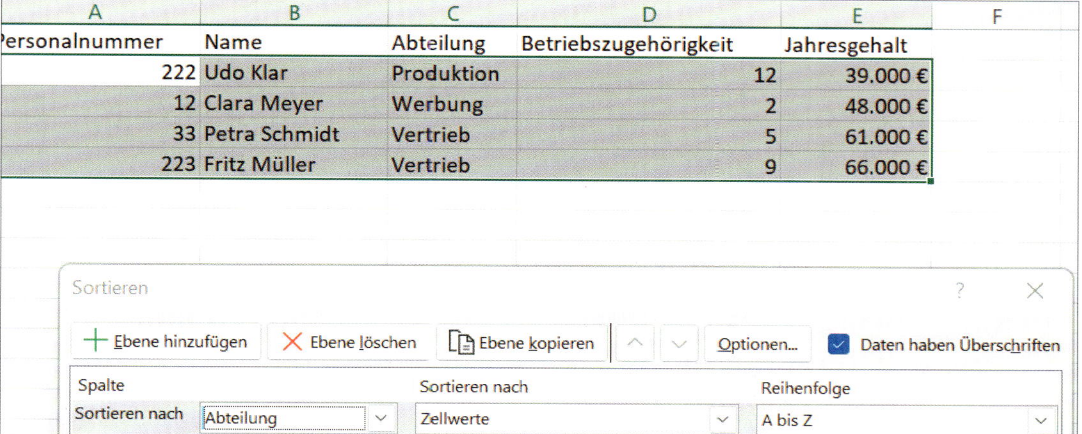

A	B	C	D	E
Personalnummer	Name	Abteilung	Betriebszugehörigkeit	Jahresgehalt
222	Udo Klar	Produktion	12	39.000 €
12	Clara Meyer	Werbung	2	48.000 €
33	Petra Schmidt	Vertrieb	5	61.000 €
223	Fritz Müller	Vertrieb	9	66.000 €

Abb. 28: Sortieren einer Tabelle

	A	B	C
1	Personalnummer	Name	Abteilung
2	222	Udo Klar	Produktion
3	223	Fritz Müller	Vertrieb
4	33	Petra Schmidt	Vertrieb
5	12	Clara Meyer	Werbung
6			

Abb. 29: Die nach Abteilung sortierte Tabelle

Aufgabe: Sortieren Sie die Tabelle aus *Abb. 24* nach den Abteilungen, anschließend nach den Namen. Was fällt hier auf? Wie könnte man das Problem beheben?

5.15 Diagramme erstellen

Um Daten bildlich darzustellen, benutzt man Diagramme:

Beispiel: In einer Tabelle sind die Verkaufszahlen eines Produktes für die einzelnen Monate gegeben. Wenn man die Tabelle markiert und dann im Menüpunkt *Einfügen* auf *Empfohlene Diagramme* klickt, werden unterschiedliche Diagrammtypen angeboten (vgl. *Abb. 30*).

1. Empfohlene Diagramme
2. Verkaufszahlen
3. aus diesen Diagrammtypen kann man auswählen

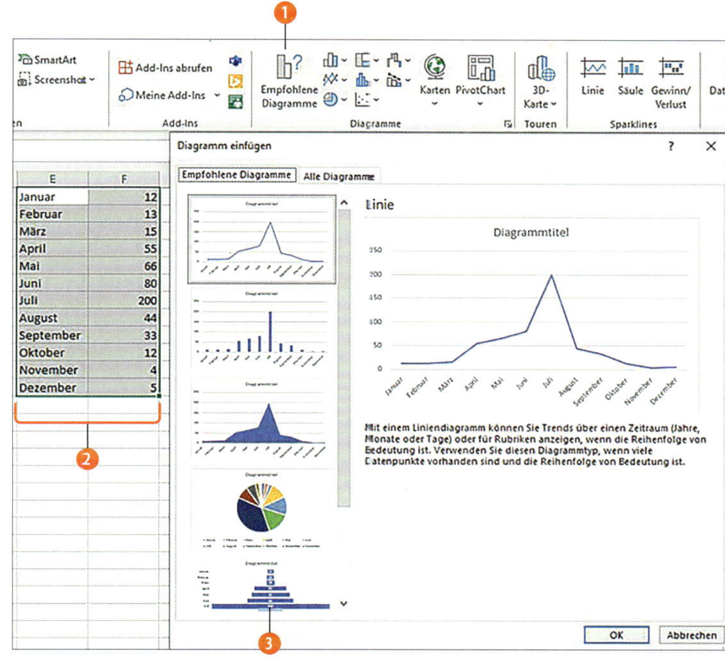

Abb. 30: Einfügen eines Diagramms

Welcher Diagrammtyp der passende ist, muss der Anwender selbst entscheiden. An dem eingefügten Diagramm gibt es dann jeweils zahlreiche Einstellmöglichkeiten. Mittels der Anfasserkreise am Rahmen lässt sich die Darstellungsgröße verändern.

Über *Diagrammelemente* lassen sich verschiedene Anpassungen vornehmen.

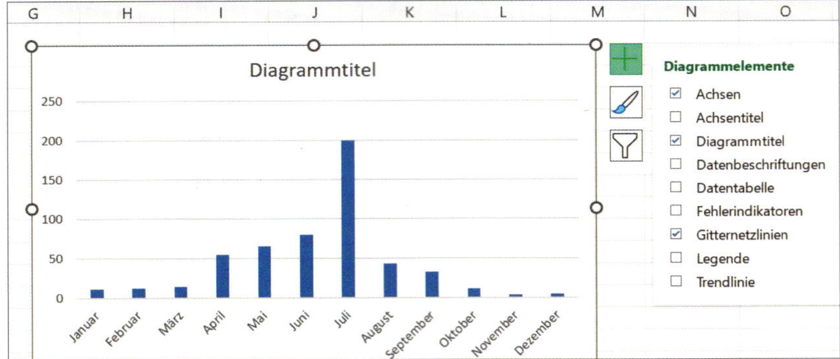

Abb. 31: Ein Diagramm einfügen

Diagrammentwurf

Der Menüpunkt *Diagrammentwurf* bietet zahllose Einstellungsmöglichkeiten. Es werden aber auch fertige Diagrammvorlagen angeboten, aus denen man sich die passende heraussucht.

Schnelllayout

Der Menüpunkt *Schnelllayout* bietet verschiede Layout-Alternativen an. Wenn man hier das passende findet, spart man sich weitere Arbeit.

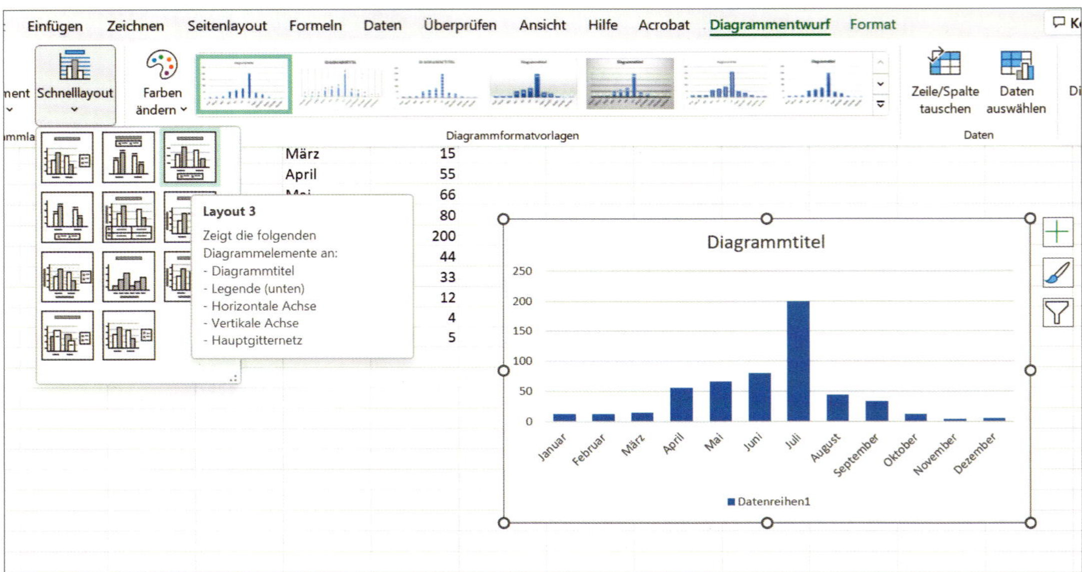

Abb. 32: Schnelllayout

Diagramm anpassen

Um einzelne Elemente in einem Diagramm zu ändern, klickt man diese mit der rechten Maustaste an. Es erscheint ein passendes Menü für das jeweilige Element.

Beispiel: Nach einem Rechtsklick auf einen der blauen Balken klickt man *Füllung* an und kann die Farbe der Balken ändern:

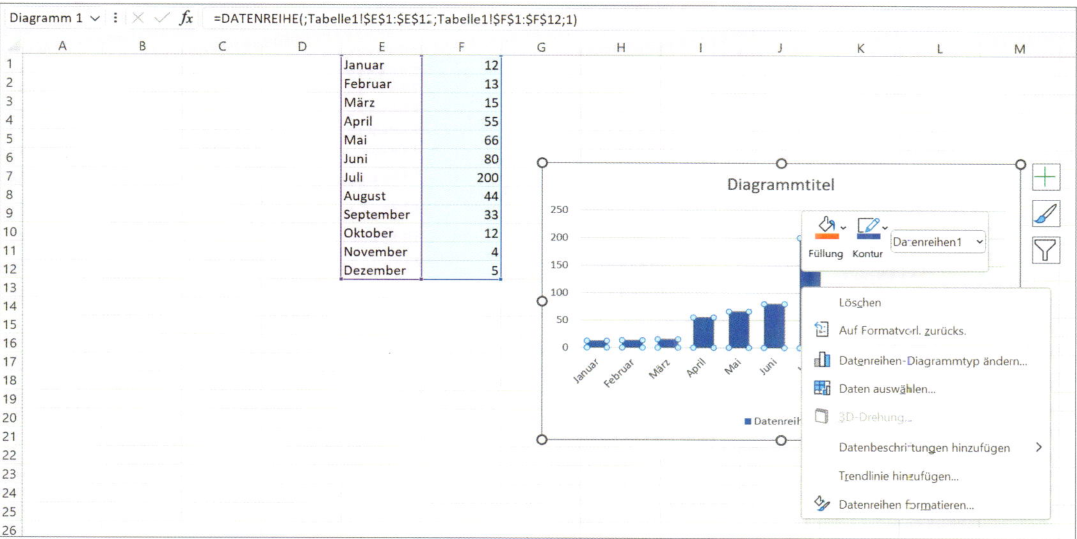

Abb. 33: Farbe der Balken ändern

5.16 Projekt Datenbank mit Excel: Analyse der Gehälter in einer Firma

Für das Datenbankbeispiel wurde Excel für Windows verwendet. In Excel für Mac sehen die Dialoge teilweise minimal anders aus. Die Funktionalität ist aber dieselbe.

Die Firma Ellwein & Co hat einige Daten ihrer Mitarbeiter in einer Excel-Tabelle erfasst. Betriebszugehörigkeit gibt hier an, seit wieviel Jahren jemand schon in der Firma arbeitet.

	A	B	C	D	E
1			**Ellwein & Co**		
2	Personalnummer	Name	Abteilung	Betriebszugehörigkeit	Jahresgehalt
3	23	Karl Grün	Produktion	4	36.000 €
4	222	Udo Klar	Produktion	12	39.000 €
5	18	Hans Meier	Vertrieb	6	46.000 €
6	12	Clara Meyer	Werbung	2	48.000 €
7	45	Roland Pohl	Entwicklung	3	58.000 €
8	46	Thomas Braun	Vertrieb	7	47.000 €
9	48	Kai Schrank	Vertrieb	11	45.000 €
10	14	Gisela Rosenbach	Entwicklung	5	59.000 €
11	33	Petra Schmidt	Vertrieb	5	61.000 €
12	223	Fritz Müller	Vertrieb	9	66.000 €
13					
14					

Abb. 34: Daten der Firma Ellwein & Co

Tabelle als Datenbank auffassen

Fassen wir die Tabelle als Datenbank auf

- 1. Die Spaltenüberschriften sind **Feldnamen**.
- 2. Jede einzelne Zeile ist ein **Datensatz**.
- 3. Jede einzelne Zelle ist ein **Datenfeld**.

Wie man diese Tabelle sortieren kann, haben wir in Abschnitt 5.14 schon gesehen.

Daten filtern

Es ist aber auch möglich, bestimmte Daten herauszufiltern. Will man beispielsweise nur die Daten der Mitarbeiter aus der Abteilung Vertrieb sehen, klickt man im Menü auf *Daten* und dann auf *Filtern*. Hierüber wird der Filtermodus ein- bzw. ausgeschaltet.

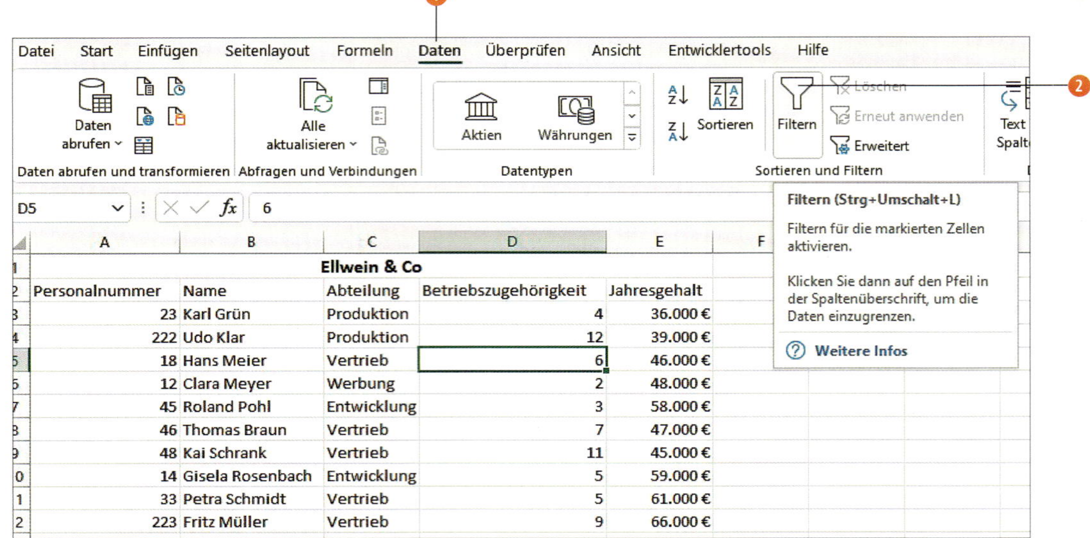

	A	B	C	D	E
1			Ellwein & Co		
2	Personalnummer	Name	Abteilung	Betriebszugehörigkeit	Jahresgehalt
3	23	Karl Grün	Produktion	4	36.000 €
4	222	Udo Klar	Produktion	12	39.000 €
5	18	Hans Meier	Vertrieb	6	46.000 €
6	12	Clara Meyer	Werbung	2	48.000 €
7	45	Roland Pohl	Entwicklung	3	58.000 €
8	46	Thomas Braun	Vertrieb	7	47.000 €
9	48	Kai Schrank	Vertrieb	11	45.000 €
10	14	Gisela Rosenbach	Entwicklung	5	59.000 €
11	33	Petra Schmidt	Vertrieb	5	61.000 €
12	223	Fritz Müller	Vertrieb	9	66.000 €

1 Zuerst Auf *Daten* … 2 dann auf *Filtern* klicken

Abb. 35: Filter einschalten

Neben den Spaltenüberschriften (Feldnamen) erscheinen kleine Pfeile. Wenn man einen dieser Pfeile anklickt, kann man bestimmte Werte herausfiltern. Wenn man den Pfeil bei „Abteilung" klickt, so kann man z. B. auswählen, dass nur Datensätze bestimmter Abteilungen angezeigt werden (vgl. *Abb. 3).*

anklicken

4					
5	Personalnummer	Name	Abteilung	Betriebszugehörigkeit	Jahresgehalt
6	23	Karl Grün	Produktion	4	36.000 €
7	222	Udo Klar	Produktion	12	39.000 €
8	18	Hans Meier	Vertrieb	6	46.000 €
9	12	Clara Meyer	Werbung	2	48.000 €
10	45	Roland Pohl	Entwicklung	3	58.000 €
11	46	Thomas Braun	Vertrieb	7	47.000 €
12	48	Kai Schrank	Vertrieb	11	45.000 €
13	14	Gisela Rosenbach	Entwicklung	5	59.000 €
14	33	Petra Schmidt	Vertrieb	5	61.000 €
15	223	Fritz Müller	Vertrieb	9	66.000 €
16					
17					
18				53500	
19					

Abb. 36: Hierüber können mehrere oder eine bestimmte Abteilung(en) herausgefiltert werden.

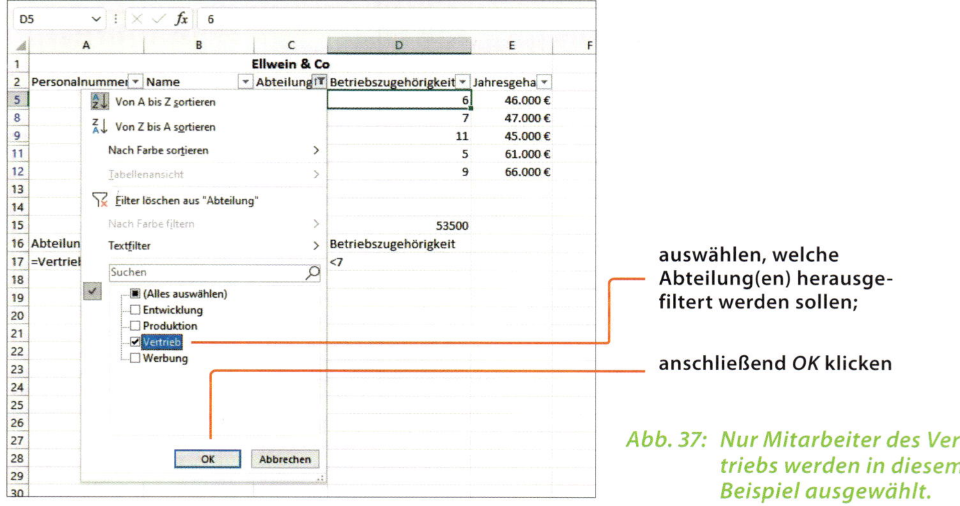

Abb. 37: Nur Mitarbeiter des Vertriebs werden in diesem Beispiel ausgewählt.

	A	B	C	D	E
1			Ellwein & Co		
2	Personalnummer	Name	Abteilung	Betriebszugehörigkeit	Jahresgehalt
5	18	Hans Meier	Vertrieb	6	46.000 €
8	46	Thomas Braun	Vertrieb	7	47.000 €
9	48	Kai Schrank	Vertrieb	11	45.000 €
11	33	Petra Schmidt	Vertrieb	5	61.000 €
12	223	Fritz Müller	Vertrieb	9	66.000 €
13					
14					

Abb. 38: Da nur die Abteilung Vertrieb markiert wurde, sieht man ausschließlich die Mitarbeiter dieser Abteilung.

Hier wurde nur „Vertrieb“ markiert. Daher sieht man nun nur noch Mitarbeiter dieser Abteilung.

Natürlich kann man weiter filtern. Wenn man beispielsweise nur Mitarbeiter anzeigen lassen will, die im Vertrieb arbeiten **und** mehr als 60.000 € verdienen, klickt man nun auf den Pfeil bei „Jahresgehalt“ und wählt *Zahlenfilter* aus (vgl. *Abb. 6*).

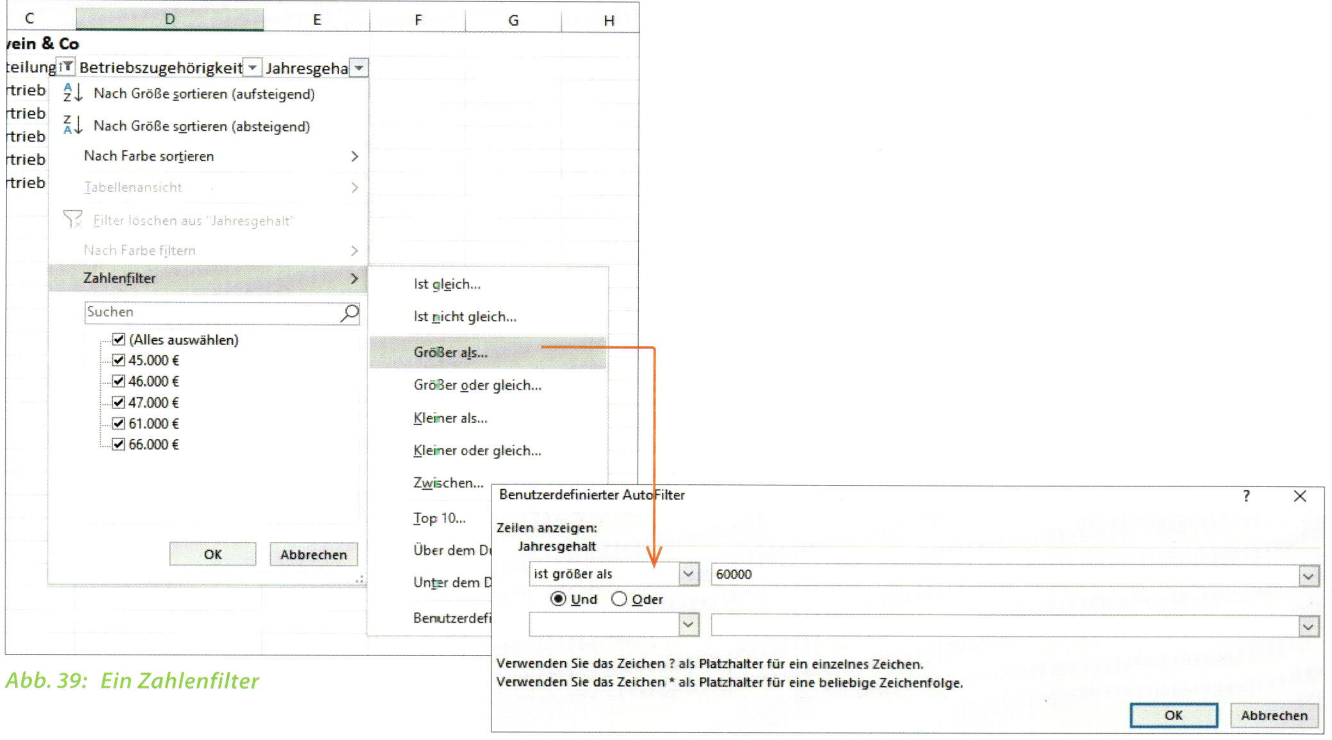

Abb. 39: Ein Zahlenfilter

Abb. 40: Nur Mitarbeiter mit einem Jahresgehalt über 60.000 € werden angezeigt.

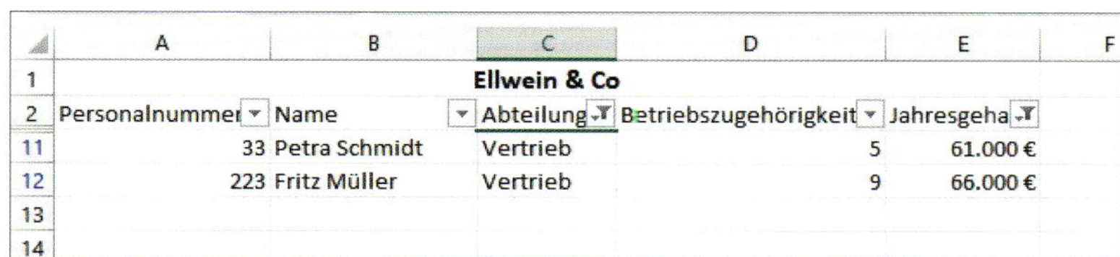

	A	B	C	D	E
1			Ellwein & Co		
2	Personalnummer	Name	Abteilung	Betriebszugehörigkeit	Jahresgehalt
11	33	Petra Schmidt	Vertrieb	5	61.000 €
12	223	Fritz Müller	Vertrieb	9	66.000 €
13					
14					

Abb. 41: Alle Mitarbeiter des Vertriebs, die über 60.000 € pro Jahr verdienen werden angezeigt.

Jetzt werden nur noch die Mitarbeiter angezeigt für die die beiden Kriterien „Abteilung Vertrieb“ und „Jahresgehalt liegt über 60.000 €“ gelten.

Ein erneuter Klick auf Filtern ganz oben in der Symbolleiste schaltet den Filtermodus wieder aus.

TO DO

- a) Tippen Sie die Tabelle ein.
- b) Lassen Sie alle Mitarbeiter anzeigen, die mehr als 46.000 € pro Jahr verdienen.
- c) Lassen Sie alle Mitarbeiter anzeigen, die in der Entwicklung oder in der Produktion arbeiten.
- d) Wer davon verdient weniger als 55.000 € pro Jahr?

Datenbankfunktion

Es sind noch komplexere Auswertungen mithilfe der Datenbankfunktion von Excel möglich. Spezielle Datenbankfunktionen sind u. A. DBMITTELWERT, DBSUMME, DBANZAHL.

Uns interessiert nun, wie hoch das durchschnittliche Jahresgehalt von Mitarbeitern im Vertrieb ist, die weniger als sieben Jahre in der Firma sind?

DBMITTELWERT

Hier hilft die Funktion DBMITTELWERT, die den Mittelwert von Zahlenwerten von Datensätzen berechnet, die bestimmte Bedingungen erfüllen.

=DBMITTELWERT(A2:E12;"Jahresgehalt";A16:B17)

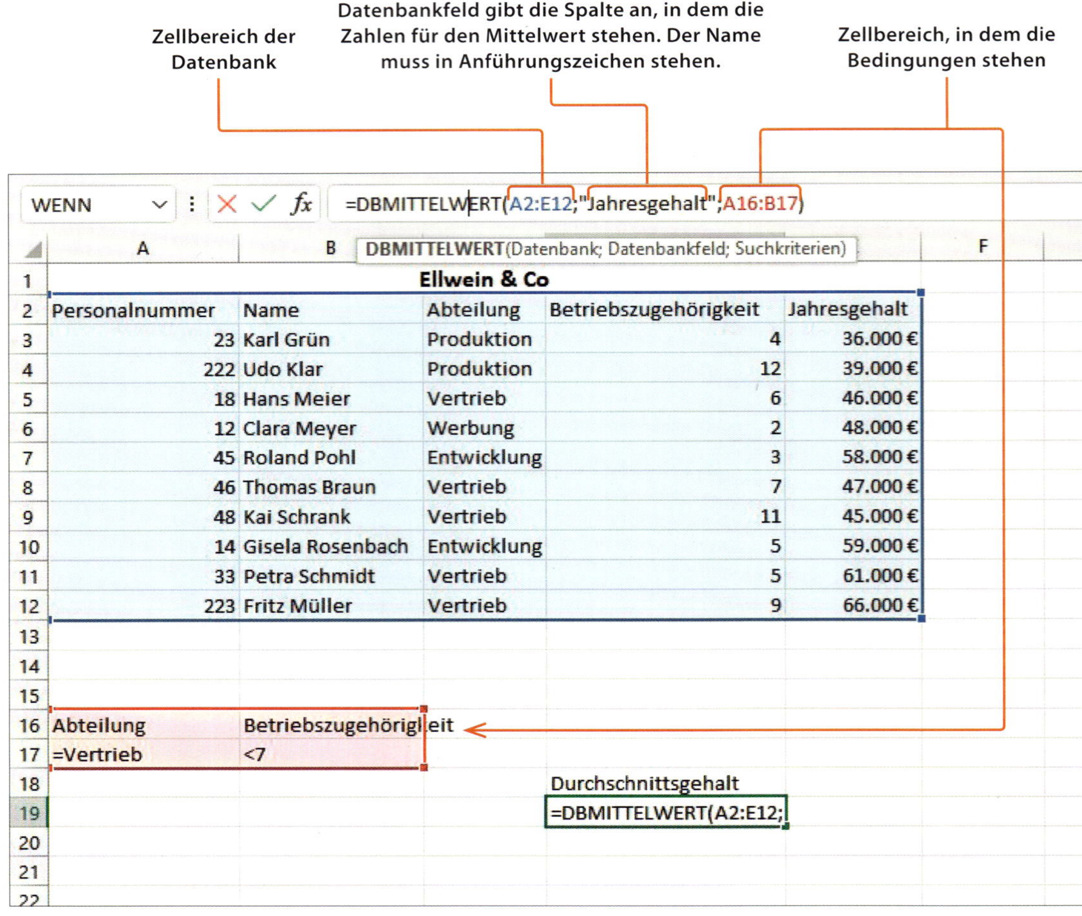

	A	B	C	D	E	F
1			Ellwein & Co			
2	Personalnummer	Name	Abteilung	Betriebszugehörigkeit	Jahresgehalt	
3	23	Karl Grün	Produktion	4	36.000 €	
4	222	Udo Klar	Produktion	12	39.000 €	
5	18	Hans Meier	Vertrieb	6	46.000 €	
6	12	Clara Meyer	Werbung	2	48.000 €	
7	45	Roland Pohl	Entwicklung	3	58.000 €	
8	46	Thomas Braun	Vertrieb	7	47.000 €	
9	48	Kai Schrank	Vertrieb	11	45.000 €	
10	14	Gisela Rosenbach	Entwicklung	5	59.000 €	
11	33	Petra Schmidt	Vertrieb	5	61.000 €	
12	223	Fritz Müller	Vertrieb	9	66.000 €	
13						
14						
15						
16	Abteilung	Betriebszugehörigkeit				
17	=Vertrieb	<7				
18				Durchschnittsgehalt		
19				=DBMITTELWERT(A2:E12;		
20						
21						
22						

Abb. 42: Die Datenbankfunktion DBMITTELWERT

In A16:B17 (rot umrandet) stehen die beiden Bedingungen für die Funktion DBMITTELWERT. Oben steht die Spaltenüberschrift (hier auch Feldname genannt) und darunter die Bedingung.

Achtung: Die Bedingung in A17 muss = " =Vertrieb " eingegeben werden, damit nur die Zahlen des Vertriebs verwendet werden.

Durchschnittsgehalt
53.500 €

Abb. 43: Das Ergebnis

Das Ergebnis ist also, dass Mitarbeiter im Vertrieb, die kürzer als 7 Jahre dabei sind, im Schnitt 53.500 € verdienen.

Im Bereich der Bedingungen A16:B17 stehen zwei Bedingungen nebeneinander. Das bedeutet, dass beide Bedingungen erfüllt sein müssen. Es muss gelten **Abteilung =Vertrieb UND Betriebszugehörigkeit <7**.

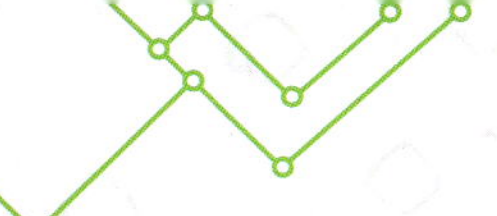

Es ist aber auch möglich, nach dem Durchschnittsgehalt der Mitarbeiter der Abteilungen Vertrieb ODER Werbung, mit einer Betriebszugehörigkeit von weniger als 7 Jahren zu fragen:

WENN | =DBMITTELWERT(A2:E12;"Jahresgehalt";A16:B18)

DBMITTELWERT(Datenbank; Datenbankfeld; Suchkriterien)

	A	B	C	D	E	F
1			**Ellwein & Co**			
2	Personalnummer	Name	Abteilung	Betriebszugehörigkeit	Jahresgehalt	
3	23	Karl Grün	Produktion	4	36.000 €	
4	222	Udo Klar	Produktion	12	39.000 €	
5	18	Hans Meier	Vertrieb	6	46.000 €	
6	12	Clara Meyer	Werbung	2	48.000 €	
7	45	Roland Pohl	Entwicklung	3	58.000 €	
8	46	Thomas Braun	Vertrieb	7	47.000 €	
9	48	Kai Schrank	Vertrieb	11	45.000 €	
10	14	Gisela Rosenbach	Entwicklung	5	59.000 €	
11	33	Petra Schmidt	Vertrieb	5	61.000 €	
12	223	Fritz Müller	Vertrieb	9	66.000 €	
13						
14						
15						
16	Abteilung	Betriebszugehörigkeit				
17	=Vertrieb	<7				
18	=Werbung			Durchschnittsgehalt		
19				=DBMITTELWERT(A2:E12;		
20						
21						
22						

Abb. 44: Eine weitere Bedingung

Hier schreibt man unter die Bedingung =Vertrieb noch =Werbung (Eingabe ist ="=Werbung"), sodass die Abteilung Vertrieb ODER Werbung sein kann. Der Zellbereich für die Bedingungen muss natürlich noch auf A16:B18 angepasst werden.

Abb. 45: Das Ergebnis – das Zellformat muss noch auf die gewünschte Anzahl an Dezimalstellen eingestellt werden (vgl. Abschnitt 5.4).

Das Durchschnittsgehalt von Mitarbeitern, die weniger als sieben Jahre in der Firma sind und im Vertrieb oder der Werbung tätig sind, beträgt also 51.667 €.

TO DO

- a) Wie viel verdienen Mitarbeiter im Schnitt, deren Betriebszugehörigkeit schon länger als 5 Jahre dauert?
- b) Wie viele Jahre sind die Mitarbeiter der Abteilung Vertrieb im Schnitt schon bei der Firma angestellt?
- c) Erkunden Sie die Funktion DBSUMME, die statt des Durchschnitts der Werte ihre Summe berechnet.

6 PRÄSENTATIONSSOFTWARE

Folien und Slides

Früher wurden Präsentationen mittels Overheadprojektoren und transparenter Folien vorgetragen. Diese Folien wurden beschriftet oder bedruckt. Aufgrund ihrer Transparenz konnten mehrere Folien übereinandergelegt werden, sodass es möglich war, weiteren Text oder weitere Bilder zu ergänzen. Diese wurden dann auf eine weiße Wand projiziert.

Aus diesem Grund spricht man auch heute noch bei Präsentationsprogrammen von „Folien", die man erzeugt und präsentiert. Die „Folien" können Texte, Bilder, Filme, Musikdateien, Tabellen oder Grafiken enthalten. Alles zusammen wird in einer Folie und die gesamte Präsentation in einer Datei gespeichert.

Früher wurden die Präsentationsfolien manchmal auf Diapositive (engl. Slides) übertragen und die Präsentation lief mithilfe eines Diaprojektors ab. Deshalb verwendet man auch heute noch die Bezeichnungen „Slides" oder „Slideshows".

6.1 Allgemeine Tipps für die der Erstellung einer Präsentation

KISS

Zuhörer müssen die Präsentation während des Vortrags lesen und verstehen können. Also: „Keep It Short and Simple" (KISS). „Haltet den Vortrag kurz und einfach." Das bedeutet:

- Nicht zu viel Text auf den Folien (maximal 7 Punkte pro Folie)
- Auf gute Lesbarkeit achten (große Schriftgröße, kontrastreiche Farben, keine Spielereien)
- Man rechnet bei einem Vortrag mit ca. 2–3 Minuten pro Folie, also maximal 25 Folien pro Stunde einplanen.
- Format (Farben, Hintergründe, Schriftarten usw.) schon zu Beginn festlegen, damit bei späteren Änderungen keine umfangreichen Nachkorrekturen erforderlich sind

6.2 Präsentationstechnik

Beamer und Presenter

Eine Präsentation erfolgt heutzutage üblicherweise mithilfe eines Beamers oder eines größeren Bildschirms. Mit einer Fernbedienung (Presenter genannt) kann man zwischen den Folien wechseln, ohne direkt am Computer zu stehen. Üblicherweise ist im Presenter ein Laserpointer eingebaut, sodass man auf besondere Stellen auf der Projektionsfläche hinweisen kann.

Abb. 1: Ein Presenter

Verschiedene Präsentationssoftware

Zum Einstieg beschäftigen wir uns mit PowerPoint. Allerdings gibt es eine ganze Reihe mehr oder weniger unterschiedlicher Präsentationsprogramme (vgl. *Tab. 1*).

Name	Betriebssystem
Microsoft PowerPoint	Windows, MacOS, iOS, iPadOS, Android
Keynote	MacOS, iOS, iPadOS
Impress	Windows, MacOS, Linux
Google Präsentationen	Läuft im Browser
Prezi	Läuft im Browser

Tab. 1: Verschiedene Präsentationsprogramme

In Prezi gibt es keine Folien, sondern es gibt nur eine einzige große Fläche, auf der man sich bewegt und in die hinein- und aus der herausgezoomt werden kann. Man legt vorher den Weg und die Zoomstufe auf der Fläche an. Schritt für Schritt können somit die Informationen angezeigt werden (vgl. Abschnitt 6.4).

6.3 Superschneller Einstieg mit dem Schnellstarter

Nach dem Start von PowerPoint können Sie mit Neu eine neue Präsentation erstellen. Sie können mit einem leeren Blatt beginnen, oder aus vorhandenen Vorlagen aussuchen. Hier sind Farben, Grafiken, Schriftarten usw. schon vorgegeben. Sie müssen also nur noch Ihre eigenen Inhalte einfügen.

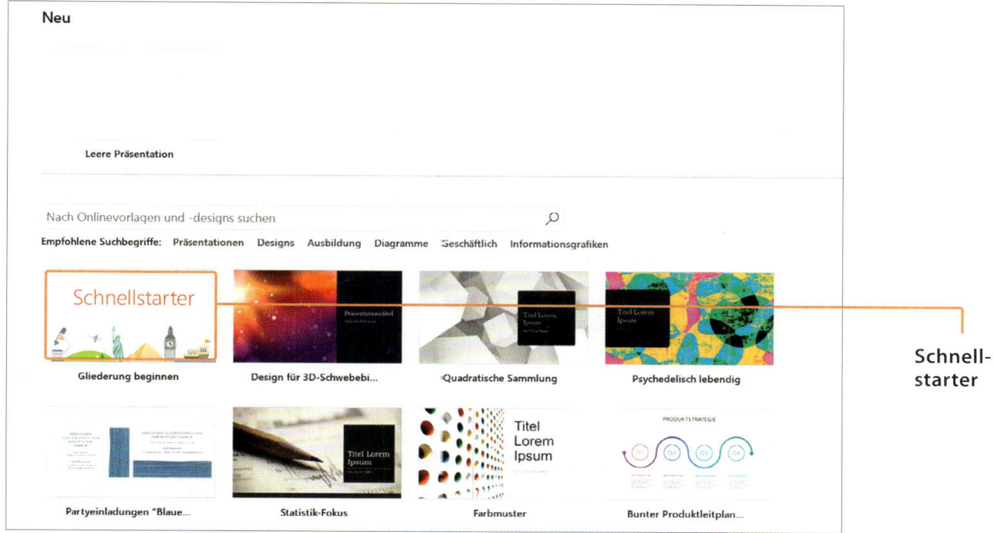

Abb. 2: Loslegen mit PowerPoint: Eine Vorlage oder sogar die Option Schnellstarter auswählen?

Schnellstarter

Wählen Sie beispielsweise die Vorlage „Schnellstarter" (vgl. *Abb. 2*; ausschließlich im Microsoft 365 Abo enthalten), so brauchen Sie nur ein Thema einzugeben und erhalten eventuell sogar einen kompletten Gliederungsvorschlag. Manchmal gibt es dazu auch gleich noch Tipps für den Inhalt. Diese Informationen werden teilweise aus Wikipedia bezogen, sollten aber keinesfalls einfach bzw. unkritisch übernommen werden.

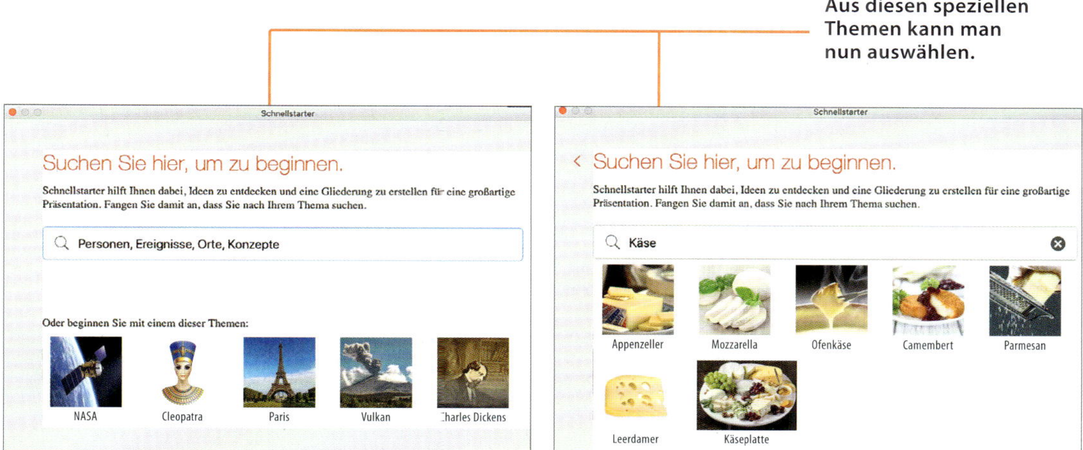

Abb. 3: Über „Schnellstarter" kann man nach Gliederungen zu einem Thema suchen (hier als Beispiel „Käse").

Wählt man das gewünschte Teilgebiet aus, über das man einen Vortrag erstellen möchte, so kann noch aus verschiedenen Folienthemen auswählt werden (vgl. *Abb. 4*). Klicken Sie auf *Weiter* um ein ansprechendes Design erstellen zu lassen (vgl. *Abb. 5*).

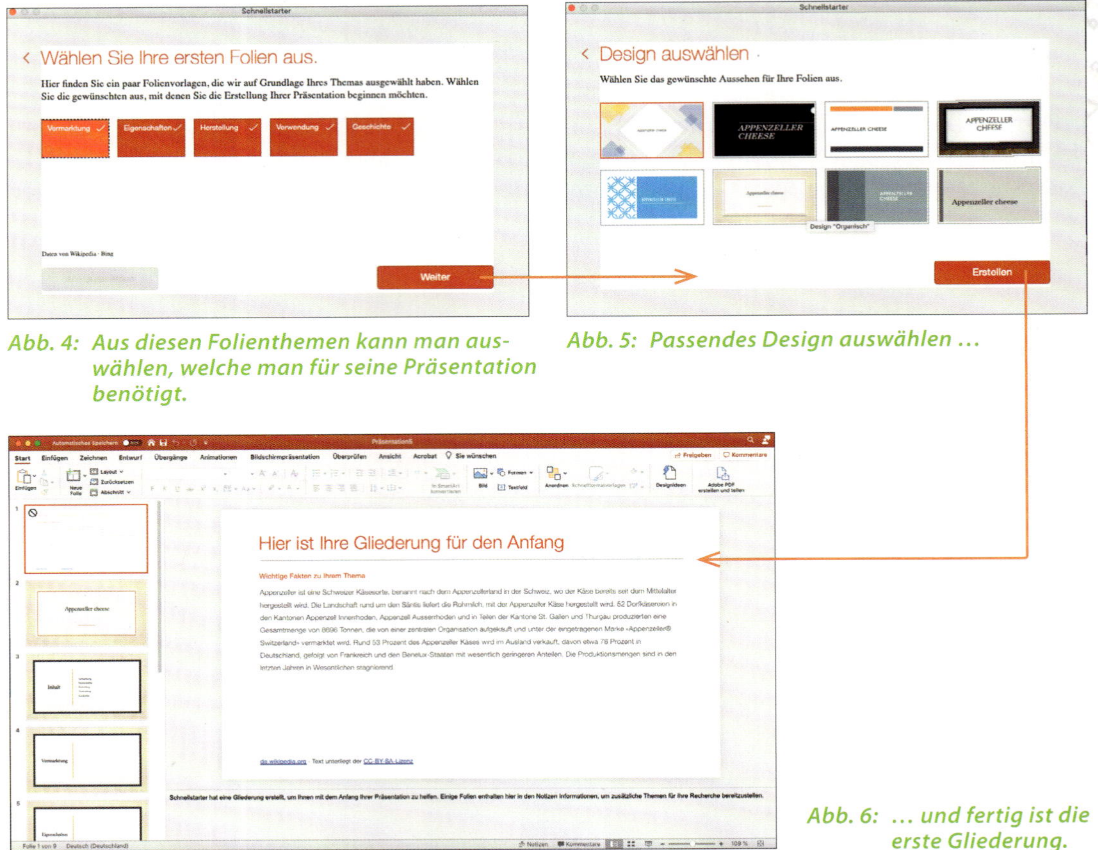

Abb. 4: Aus diesen Folienthemen kann man auswählen, welche man für seine Präsentation benötigt.

Abb. 5: Passendes Design auswählen …

Abb. 6: … und fertig ist die erste Gliederung.

Die erste Gliederung beinhaltet in diesem Fall neun Folien, die bereits teilweise mit Inhalt befüllt sind. Sie können hier nun über *Einfügen/Neue Folie* (vgl. Abschnitt 6.4) nach Belieben Folien hinzufügen oder entfernen, aber ein Grundgerüst steht.

Dieses Gerüst können Sie nun mit Ihren eigenen (eigentlichen) Inhalten füllen, indem Sie die Textfelder überschreiben bzw. füllen.

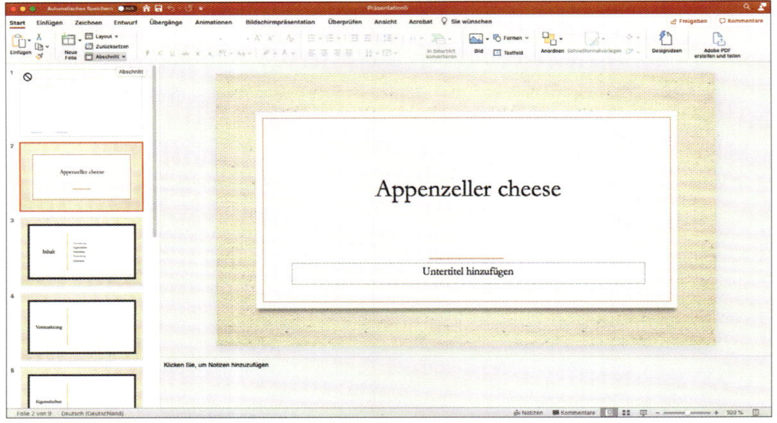

Abb. 7: Nun können Sie Folie für Folie mit Ihren Texten versehen.

Die Textfelder auf den Folien lassen sich verschieben, in der Größe ändern und drehen.

Abb. 8: Ein Textfeld

An den kleinen Anfasserkreisen (bzw. Anfasservierecken) lässt sich die Größe des Feldes durch Ziehen mit der Maus ändern. Am gebogenen Pfeil ganz oben lässt sich das Objekt drehen. Wenn innerhalb des Rahmens ein Vierfachpfeil auftaucht, kann das Objekt bei gedrückter Maustaste verschoben werden.
Klicken Sie auf ein Textfelder Ihrer Folie. Probieren Sie ruhig ein wenig herum, indem Sie es verschieben und drehen. Auch hier kann man mit [STRG] + [Z] alles schrittweise wieder rückgängig machen.

Texte formatieren

Um einen Text zu formatieren, markieren Sie ihn und weisen Sie ihm über die Menüleiste *Start*, ähnlich wie in Word, die richtige Formatierung zu (siehe Abschnitt 4.7 und vgl. *Abb. 9*).

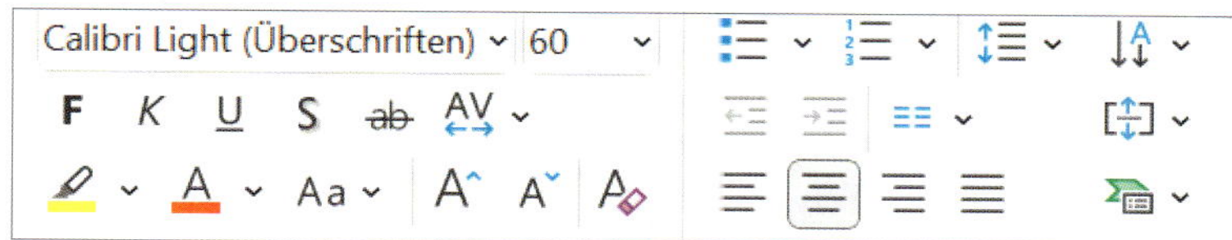

Abb. 9: Über die bekannten Menüs Schriftart und Absatz kann der Text formatiert werden.

Präsentation starten

Mit der Taste [F5] bzw. über das Menü *Bildschirmpräsentation/Vom Anfang wiedergeben* kann man sich die Präsentation anschauen. Mit den Pfeiltasten kann man zur nächsten oder vorherigen Folie wechseln. In der Menüleiste Bildschirmpräsentation gibt es einige hilfreiche Funktionen. Man kann z. B die Präsentation ab einer bestimmten Seite starten. Weiteres zur Folienpräsentation finden Sie im Abschnitt 6.5.

6.4 Mit Vorlagen arbeiten

Präsentation mit Vorlage „Tropfen" anlegen

Firmen oder Organisationen haben meist eigene Vorlagen mit entsprechenden Logos, mit denen alle Vorträge gestaltet werden sollen. Deshalb ist der Umgang mit vorgegeben Vorlagen besonders wichtig. Wir führen das am Beispiel des Folienlayouts „Tropfen" durch.

TO DO

- 1. PowerPoint starten
- 2. Auf *Weitere Designs* klicken
- 3. Im Eingabefeld *Nach Onlinevorlagen und -designs suchen* den Begriff „Tropfen" eingeben
- 4. *Tropfen* anklicken
- 5. Farbmuster auswählen, um das „Gerüst" einer Präsentation zu erstellen (vgl. *Abb. 10*)

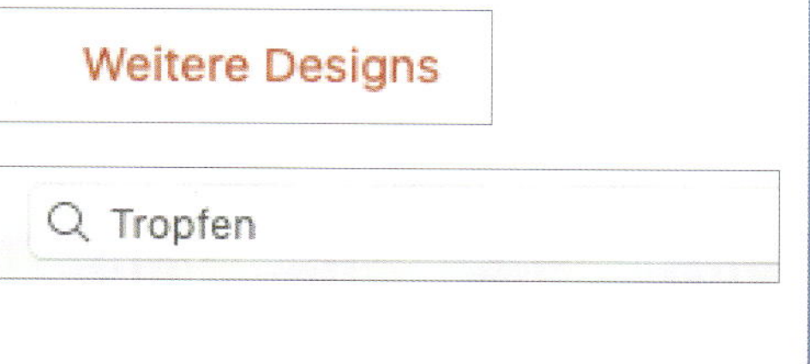

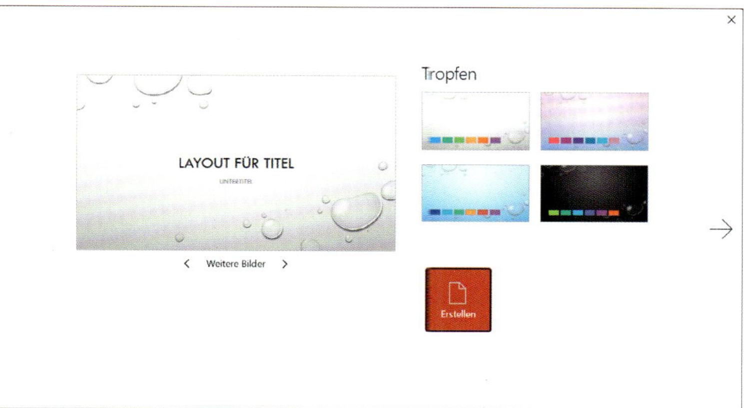

Abb. 10: Die Auswahl eines vorgegeben Layouts (hier „Tropfen") kann in PowerPoint für Mac leicht abweichend aussehen.

Eigene Texte erfassen

Die Titelfolie sieht aus wie in *Abb. 11* zu sehen. Durch Klicken in die Textfelder kann man auch hier (vgl. Abschnitt 6.4) eigenen Text eingeben: Geben Sie dazu in das obere Textfeld den Titel der Präsentation ein, in das untere den Untertitel (falls gewünscht).

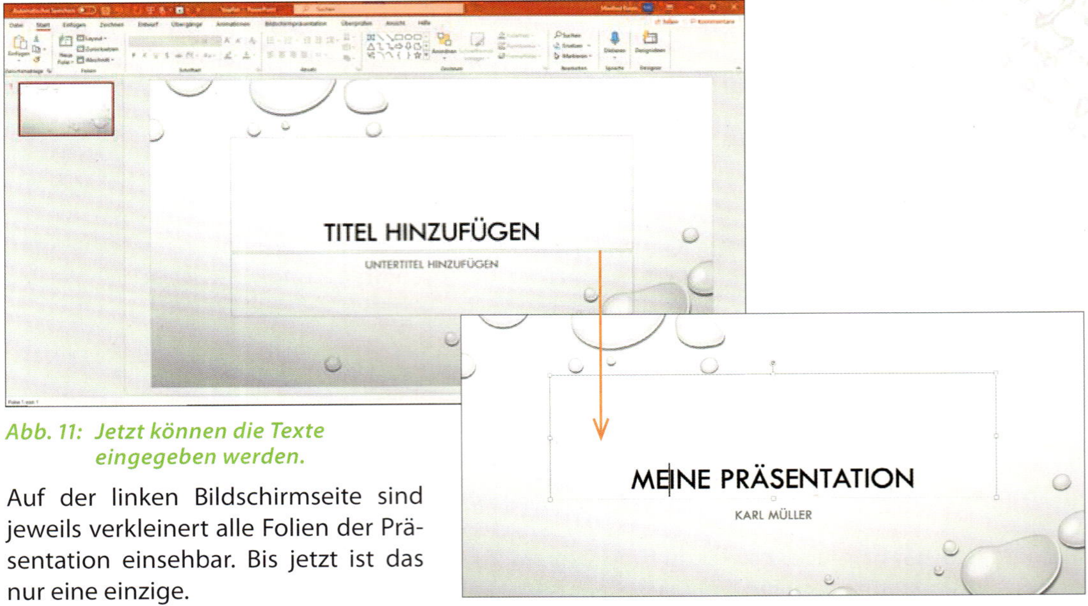

Abb. 11: Jetzt können die Texte eingegeben werden.

Auf der linken Bildschirmseite sind jeweils verkleinert alle Folien der Präsentation einsehbar. Bis jetzt ist das nur eine einzige.

Abb. 12: Die erste Seite ist fertig

Direkte Suche nach Informationen im Internet

Um nach Begriffen im Internet zu suchen, kann man diese in ein Textfeld eingeben und markieren. Nach einem Rechtsklick (Mac: [CTRL] + Klick) wird nach den Begriffen im Internet gesucht, ohne dass Sie PowerPoint dafür verlassen müssen. Im Beispiel in *Abb. 13* ist das Wort „Goethe" markiert.

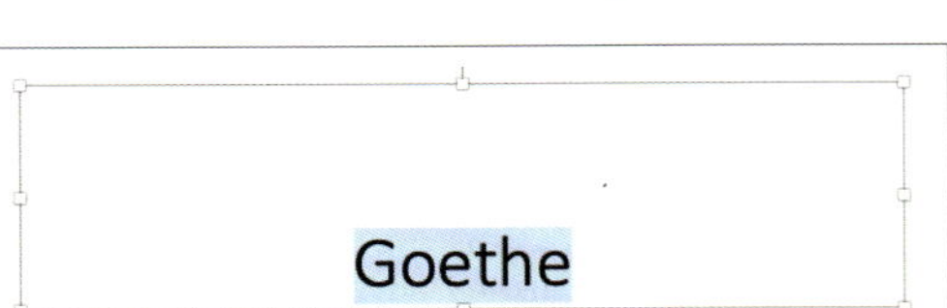

Abb. 13: „Goethe" markieren und mit rechter Maustaste klicken (Mac: CTRL + Klick)

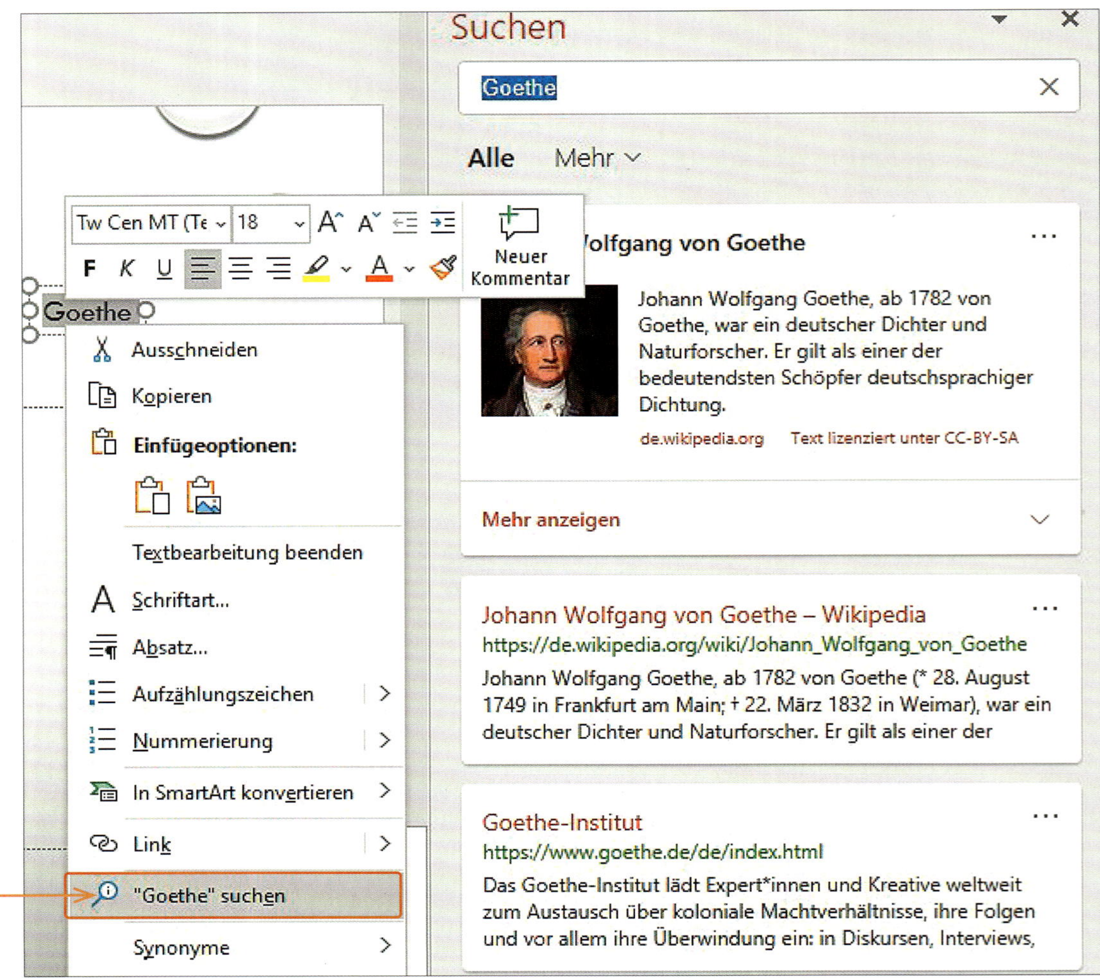

Abb. 14: Suche nach Informationen über Goethe im Internet während der Erstellung der Präsentation (in PowerPoint für Mac heißt es nicht „Goethe" suchen, sondern Intelligente Suche …)

Weitere Folien einfügen

Um eine weitere Folie einzufügen, klickt man im Menü *Einfügen* auf *Neue Folie* (alternativ im Menü *Start* auf *Neue Folie*) und es werden einige Folien mit fertigen Layoutvorschlägen angeboten.

Die Layoutvorschläge bieten teilweise auch direkte Verknüpfungen zu Tabellen, Bildern oder ins Internet an (dies kann jedoch von Version zu Version variieren):

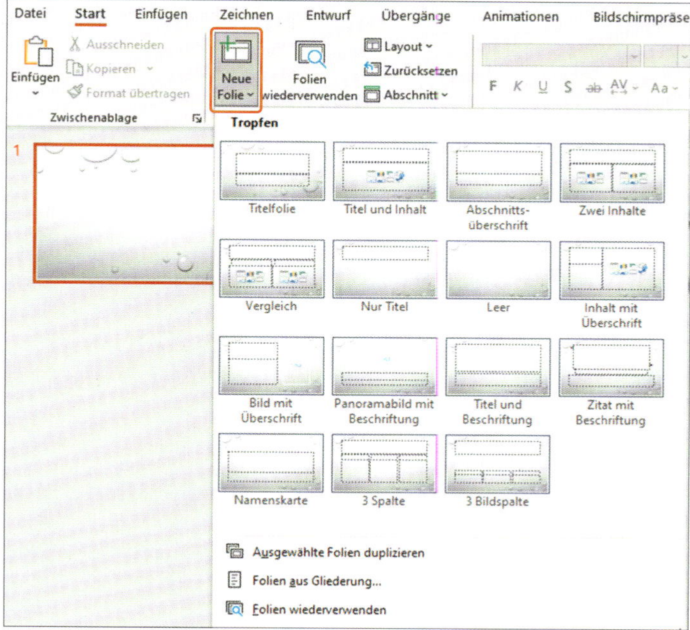

Abb. 15: Eine neue Folie einfügen.

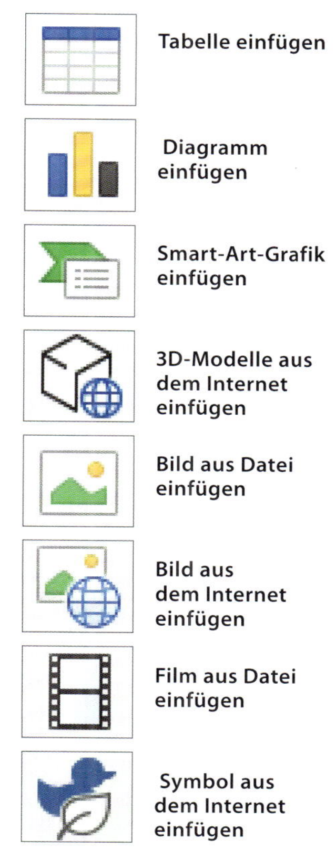

Wir wählen hier beispielhaft das Layout „3 Spalte" (bzw. "3-spaltig") aus und haben damit schon das Gerüst für die zweite Folie erzeugt (vgl. *Abb. 16*).

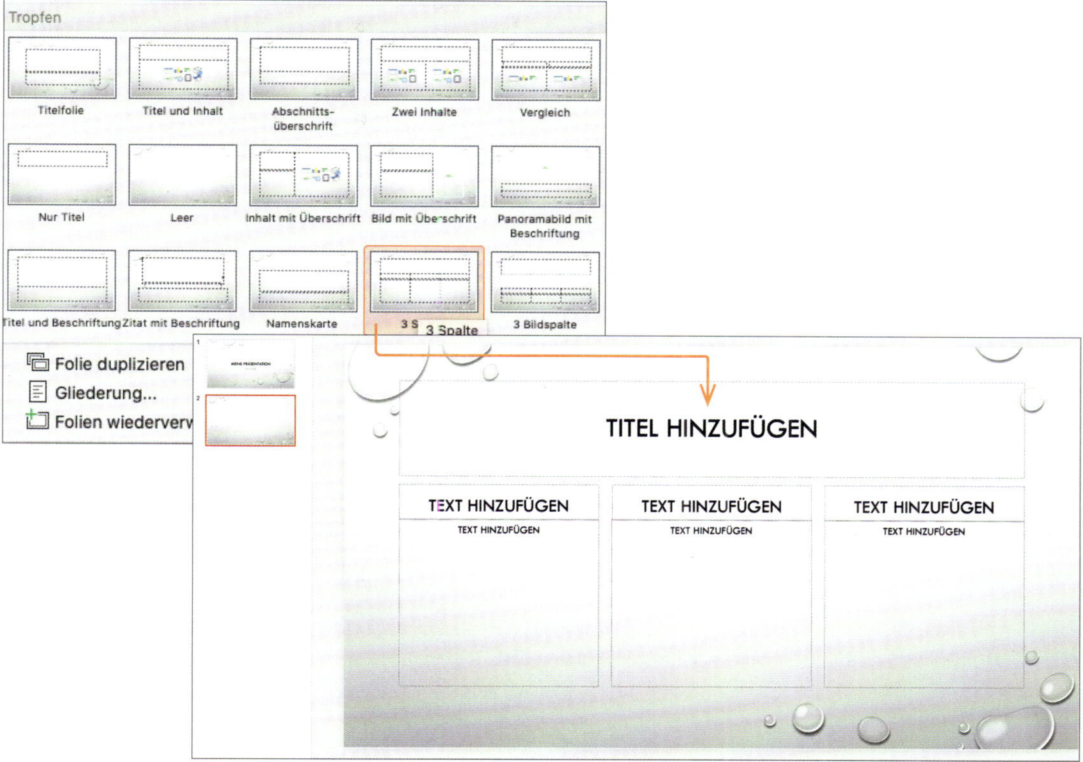

Abb. 16: Wir haben beispielhaft das Layout „3 Spalte" (bzw. "3-spaltig") ausgewählt

Am linken Bildschirmrand sieht man hier wieder, wie viele Folien in der Präsentation insgesamt vorhanden sind; jetzt sind es zwei Folien. In dieser Spalte kann man auch jederzeit die Folie auswählen (Doppelklick oder Taste [cmd] + Rechtsklick), die man bearbeiten will.

Die Texte werden dann einfach durch Überschreiben eingefügt (vgl. *Abb. 17*).

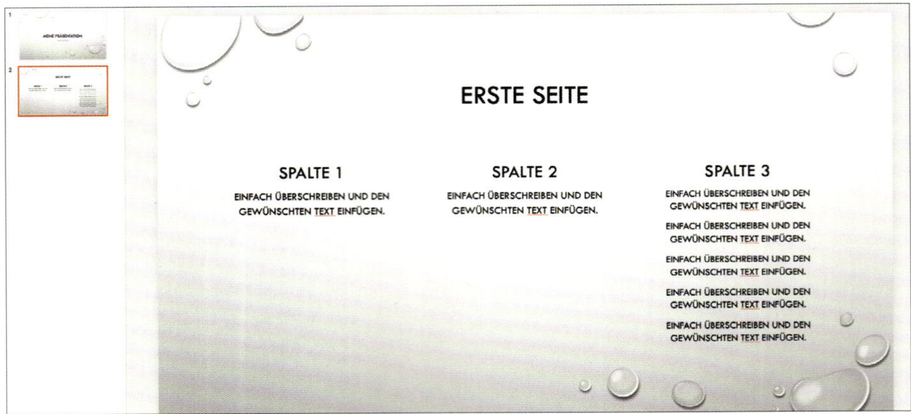

Abb. 17: Texte einfach überschreiben

Natürlich kann man weitere Textfelder und andere Objekte einfügen: Das Menü *Einfügen* bietet Tabellen, Bilder, Formen, Piktogramme usw. an.
Wählen Sie ein Objekt aus, das dann auf der Folie erscheint. Bei einigen Objekten muss noch auf die gewünschte Stelle geklickt werden, damit das Gewünschte dort eingefügt wird.

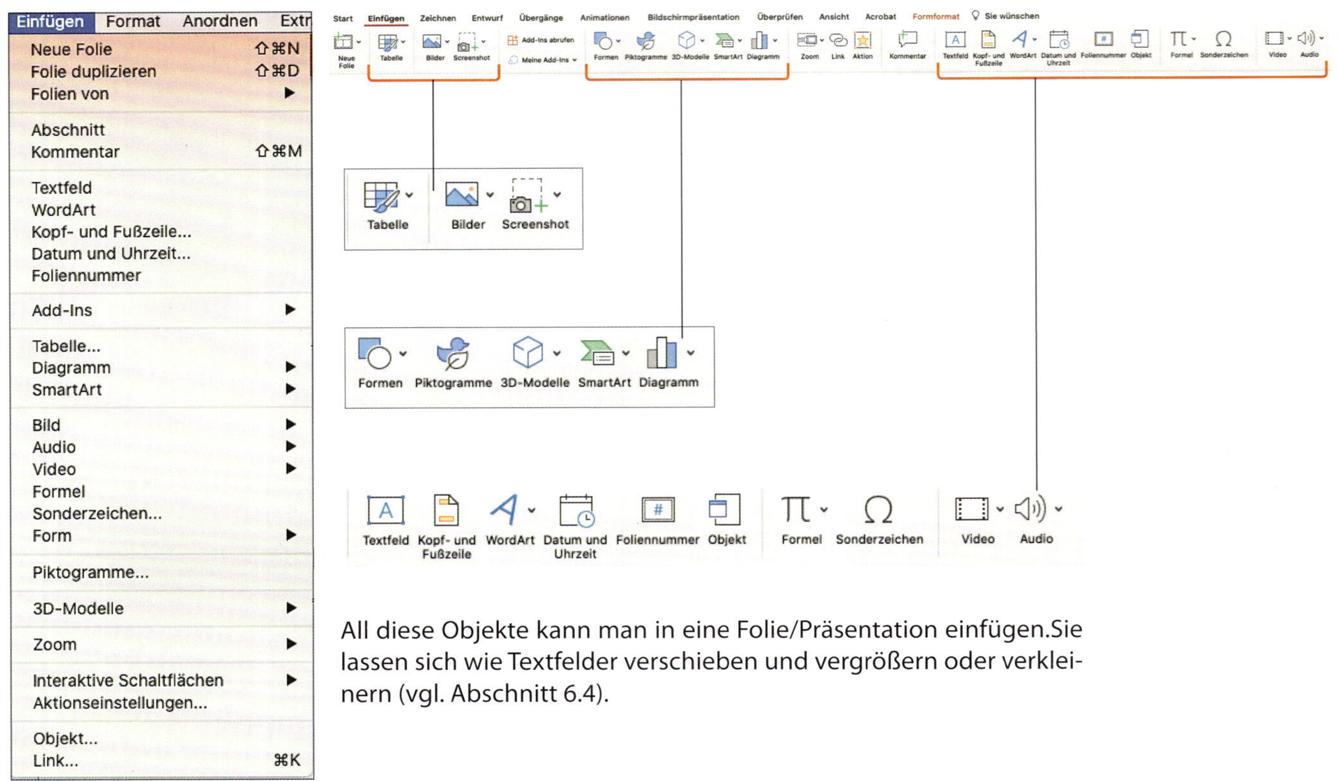

All diese Objekte kann man in eine Folie/Präsentation einfügen.Sie lassen sich wie Textfelder verschieben und vergrößern oder verkleinern (vgl. Abschnitt 6.4).

Abb. 18: Das Menü Einfügen, einmal als PopUp-Menü, einmal als Menüband

Bilder in Folien einfügen

Möchten Sie ein Bild vom eigenen Rechner in die Folie einer Präsentation einfügen, klicken Sie im Menü *Einfügen* auf *Bilder/Bild aus Datei* … und wählen das entsprechende Bild aus. Beim Abo von Microsoft 365 schlägt das Programm am rechten Bildschirmrand verschiedene Designideen vor.

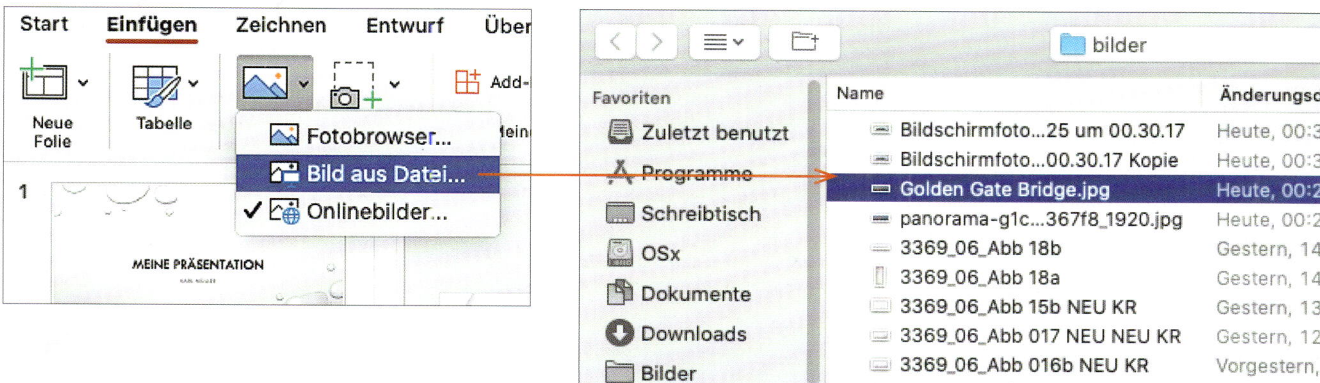

Abb. 19: Das Bild Golden Gate Bridge wird ausgewählt.

Abb. 20: In der rechten Spalte werden Designs vorgeschlagen.

Neue Folie

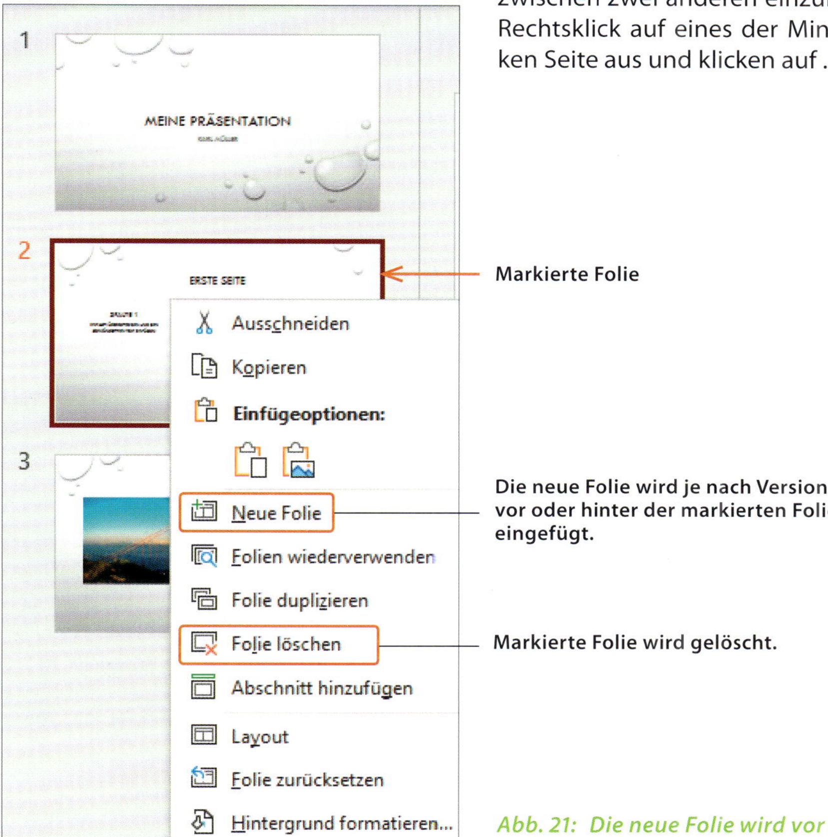

Folien löschen oder dazwischenschieben

Um z.B. einzelne Folien zu löschen oder eine Folie zwischen zwei anderen einzufügen führen Sie einen Rechtsklick auf eines der Miniaturbilder auf der linken Seite aus und klicken auf .

Abb. 21: Die neue Folie wird vor oder hinter der markierten Folie in die Präsentation eingefügt.

6.5 Die Bildschirmpräsentation

Bildschirmpräsentation starten

Mit der Taste F5 bzw. über das Menü *Bildschirmpräsentation/Vom Anfang wiedergeben* kann man sich die Präsentation anschauen. Mit den Pfeiltasten kann man zur nächsten oder vorherigen Folie wechseln. Im Menü *Bildschirmpräsentation* gibt es einige hilfreiche Funktionen. Man kann z. B. die Präsentation ab einer bestimmten Seite starten (vgl. *Abb. 22*).

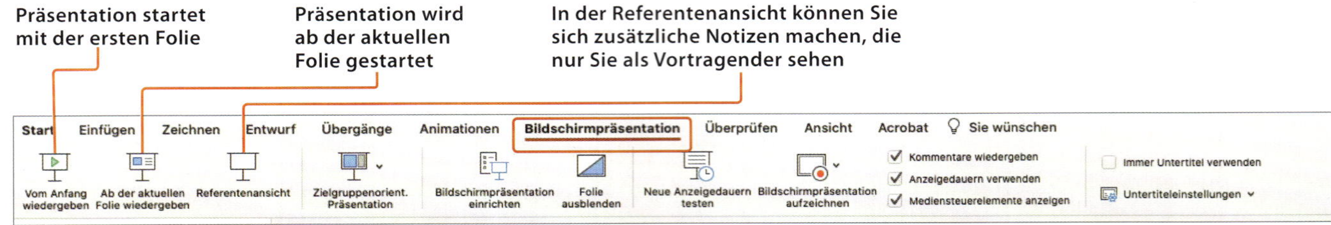

Abb. 22: Das Menü Bildschirmpräsentation

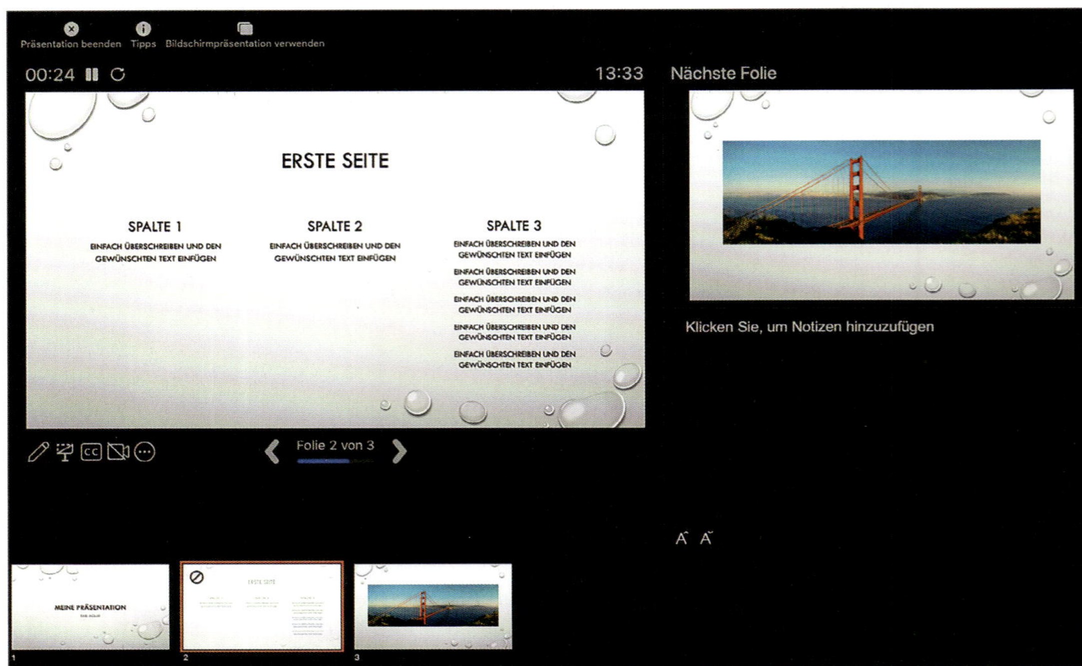

Abb. 23: In der Referentenansicht kann man sich zusätzliche Notizen zu den einzelnen Folien machen, die die Zuhörer nicht sehen.

6.6 Ebenen auf Folien

Objekte auf einer Folie können sich teilweise oder ganz überlagern. Sie liegen dann in sogenannten „Ebenen“: Es gibt einen Hintergrund, auf dem Objekte abgebildet sind. Darüber liegen transparente Schichten, auf denen ebenfalls Objekte abgebildet sind (vgl. *Abb. 24*).

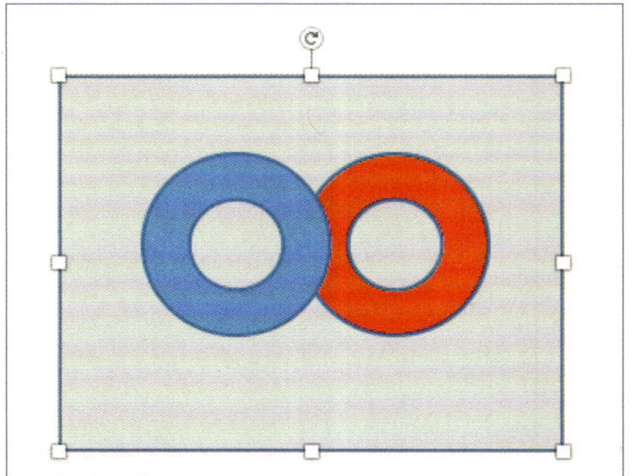

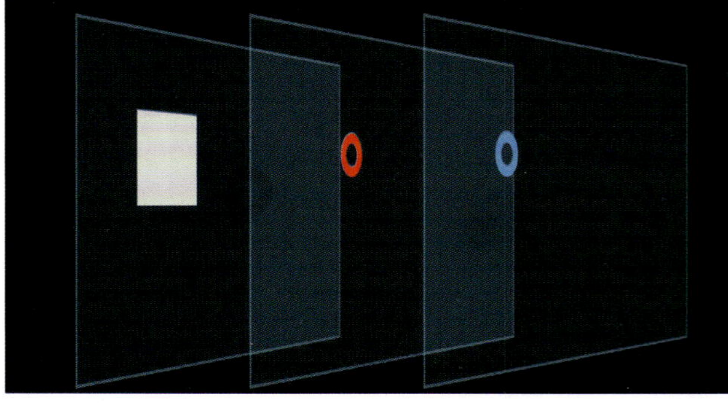

Abb. 24: In diesem Beispiel ist der Hintergrund (erste Ebene) grau, auf der zweiten Ebene ist ein roter Ring und auf der dritten Ebene ein blauer Ring abgebildet. Was man links sieht ist die „Draufsicht“. Rechts sieht man die einzelnen Ebenen.

Reihenfolge der Ebenen ändern

Soll nun beispielsweise der rote Ring auf dem blauen Ring liegen, so können die Objekte neu angeordnet werden, indem man über das Menü *Start/Anordnen/Objekte neu anordnen* wählt (vgl. *Abb. 25*). Nun kann man die Ebenen mit der Maus hin- und herziehen.

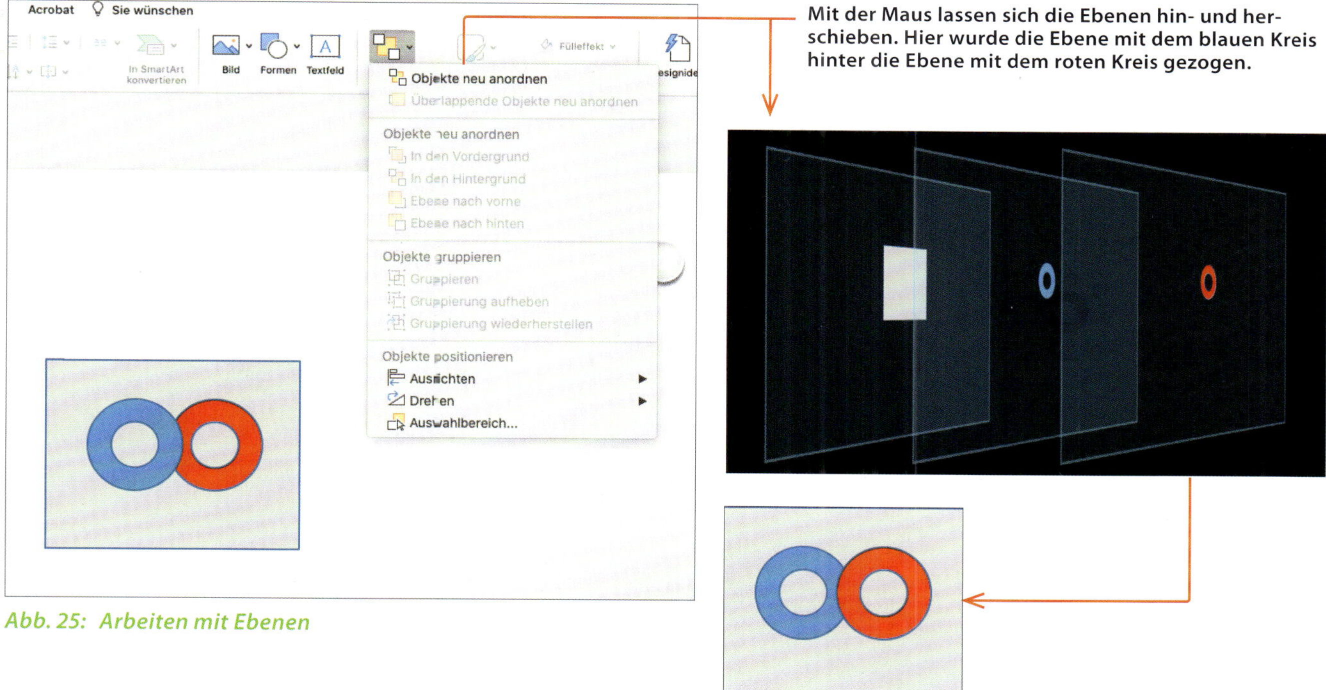

Abb. 25: Arbeiten mit Ebenen

Nach einem Rechtsklick auf ein Objekt kann ein Objekt auch ganz einfach über das erscheinende Kontextmenü eine Ebene höher oder niedriger, bzw. ganz nach vorne oder ganz nach hinten geschoben werden (vgl. *Abb. 26*).

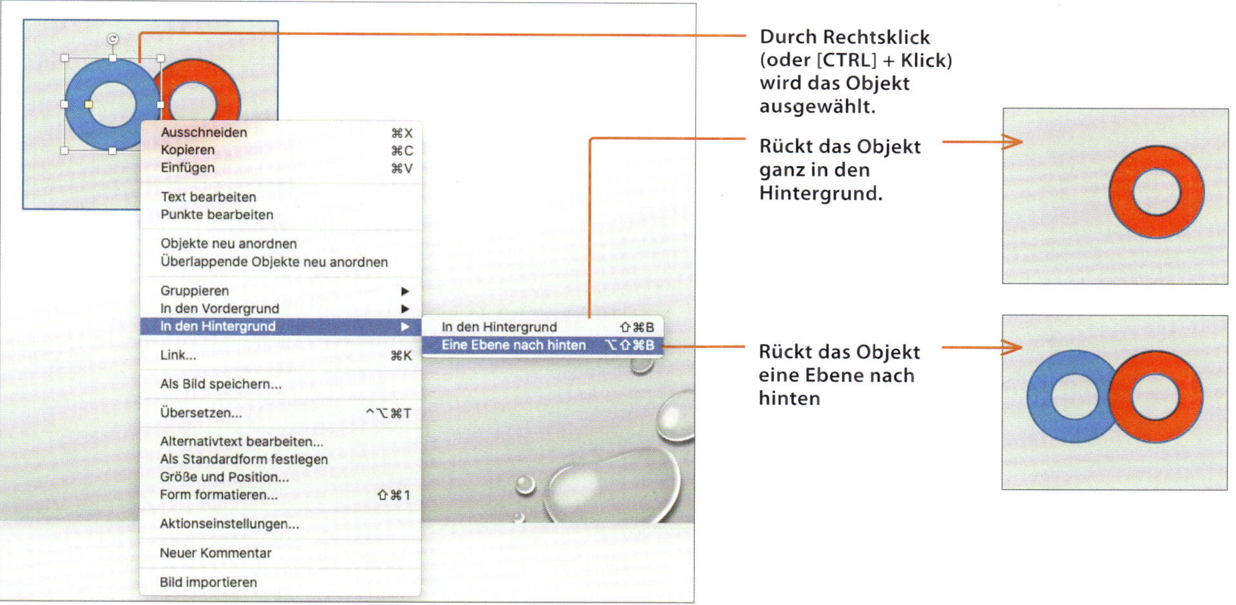

Abb. 26: Die Ebenen eines Objekts verschieben

6.7 Folienmaster erstellen

Um vorformatierte Folien zu erzeugen oder zu ändern, gibt es den „Folienmaster". Über den Folienmaster wird festgelegt, welchen Hintergrund oder auch welche Kopf- bzw. Fußzeilen alle Folien der Präsentation haben sollen. Hier werden auch die unterschiedlichen Folientypen definiert, die man später in die Präsentation einfügen kann. Erst wenn alle Formatierungen im Folienmaster fertig sind, ändert man wieder die Ansicht und gibt die eigentlichen Inhalte des Vortrags ein.

Folienmaster-ansicht

Zunächst klickt man im Menü *Ansicht* auf *Folienmaster*. Dann erscheint am linken Bildschirmrand eine Liste mit allen verwendbaren und definierbaren Folien. Ganz oben finden Sie immer den Folienmaster, der die Grundlage für alle Folien bildet.

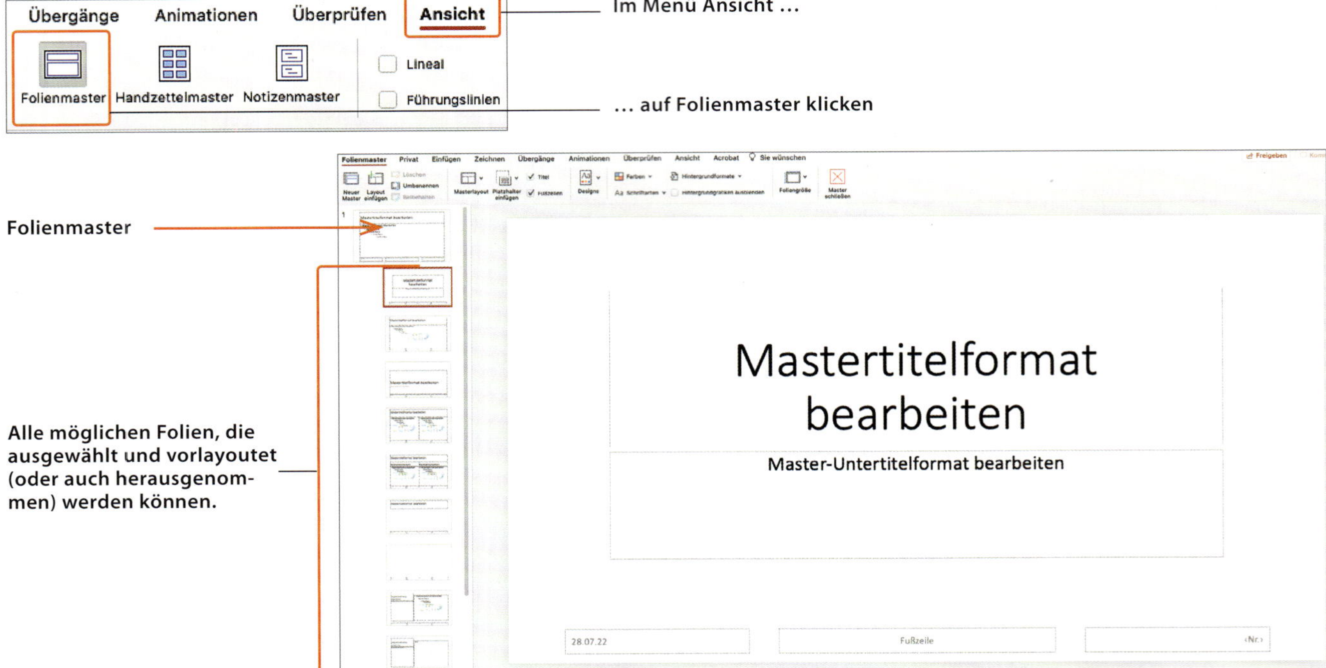

Abb. 27: Folienmasteransicht

Die Folie, die in der linken Spalte ganz oben steht, ist der „Folienmaster". Alle Änderungen am „Master" werden an alle Folien weitergegeben, die auf ihm beruhen.

Der „Folienmaster" ist der Hintergrund, auf dem transparent das „Layout" und die „Folie" liegen.

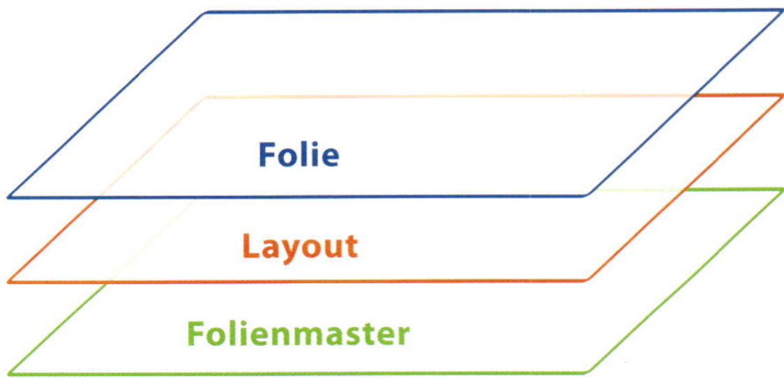

Abb. 28: Aufbau und Gestaltung einer Folie auf der Grundlage von Folien und Layoutmaster

Die Folien, die in der Liste (siehe *Abb. 27*) unter dem Folienmaster stehen, werden Layoutmaster genannt. Sie stellen unterschiedliche Typen von Folien dar, die alle auf dem Master beruhen. Wenn man in der Normal-Ansicht arbeitet, so bleiben die meisten Einstellungen auf dem Folienmaster oder einem Layoutmaster erhalten, sie können nicht geändert oder gelöscht werden. Hat man in den Folienmaster z. B. ein Bild eingefügt, ist es auf allen Folien enthalten und man kann es in der Normal-Ansicht nicht löschen, sondern nur ausblenden. Damit ist sichergestellt, dass Formatierungen nicht versehentlich geändert werden.

Designs

Im Menü *Folienmaster/Designs* kann man eine vorgegebene Kombination von Farben, Schriftarten und speziellen Effekten aussuchen.

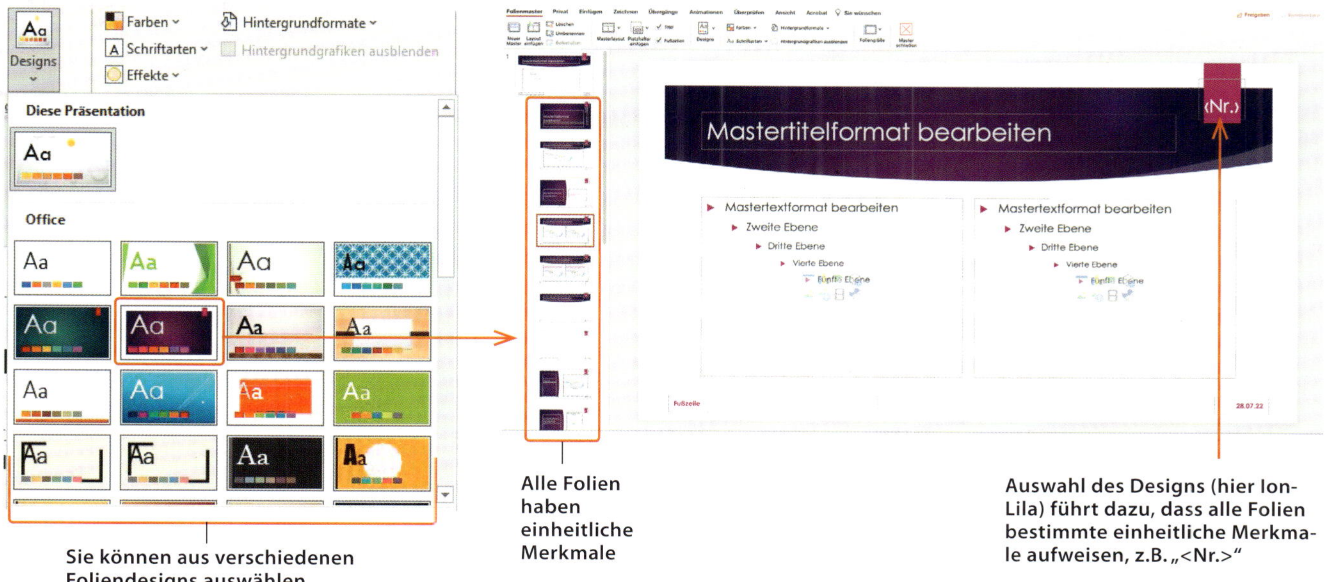

Abb. 29: Hier kann man aus verschiedenen Designs auswählen.

Über *Folienmaster/Layout einfügen* können Sie einen neuen Layoutmaster (Folientyp) erzeugen. Dieser wird automatisch nach der zuvor markierten Folie eingefügt (vgl. *Abb. 30*).

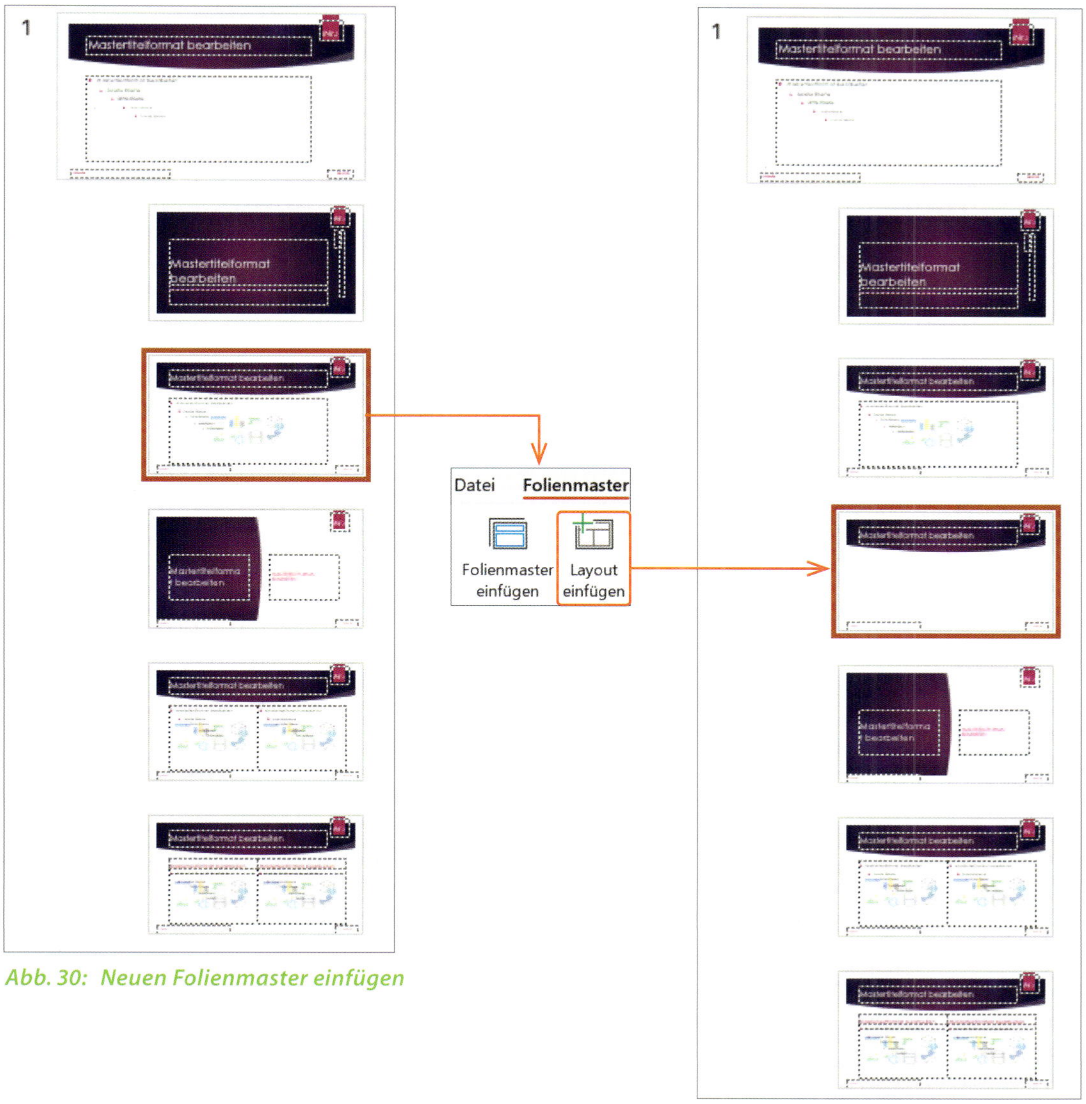

Datei
Folienmaster
Folienmaster einfügen
Layout einfügen

Abb. 30: Neuen Folienmaster einfügen

Durch *Platzhalter einfügen* können Sie vorgeben, wo auf der Folie mit diesem Layout die Texte, Grafiken usw. stehen sollen.

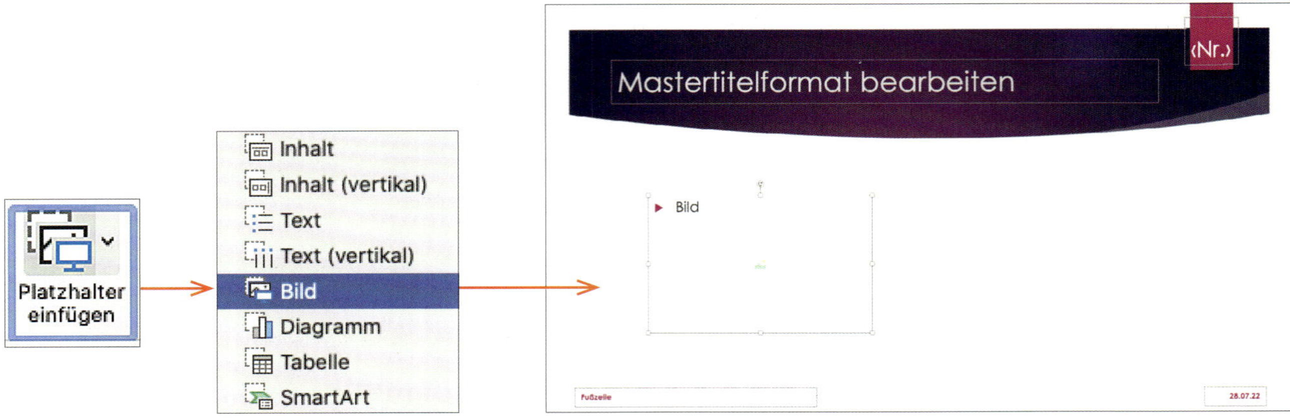

Abb. 31: An dieser Stelle sollen die Bilder eingefügt werden.

Über das Menü *Hintergrund* bzw. *Hintergrundformate* können Sie den Hintergrund für ein spezielles Folienlayout verändern.

Mit *Ansicht/Normal* gelangen Sie wieder in die Normalansicht, in der Sie die Präsentation erstellen können.

6.8 Gesamtprojekt Vorstellung mit PowerPoint

Planung der Präsentation

Martina Bauer erstellt eine Präsentation, um sich in der Firma, in der sie gerade anfängt, den neuen Kollegen und Kolleginnen vorzustellen.

TO DO

1. Dauer des Vortrags und
2. Anzahl der Folien festlegen.
3. Welcher Text soll auf welche Folien?
4. Welche Bilder werden benötigt?
5. Welches Layout soll benutzt werden?

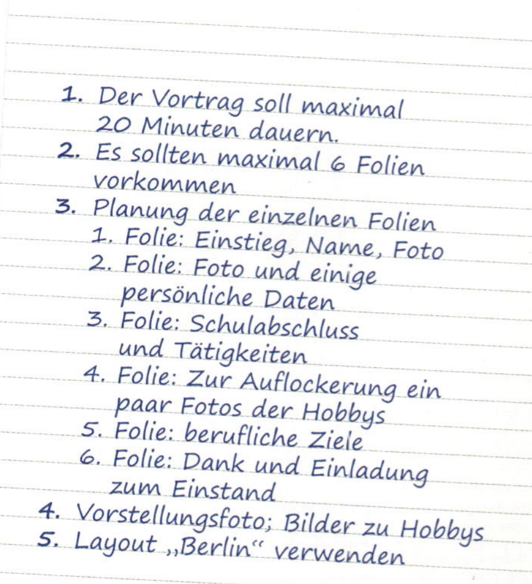

1. Der Vortrag soll maximal 20 Minuten dauern.
2. Es sollten maximal 6 Folien vorkommen
3. Planung der einzelnen Folien
   1. Folie: Einstieg, Name, Foto
   2. Folie: Foto und einige persönliche Daten
   3. Folie: Schulabschluss und Tätigkeiten
   4. Folie: Zur Auflockerung ein paar Fotos der Hobbys
   5. Folie: berufliche Ziele
   6. Folie: Dank und Einladung zum Einstand
4. Vorstellungsfoto; Bilder zu Hobbys
5. Layout „Berlin" verwenden

Design auswählen

Öffnen Sie PowerPoint und klicken Sie auf *Datei/Neu* (oder *Datei/Neu aus Vorlage*) und wählen die Vorlage „Berlin" aus.

Abb. 32: Ein Layout auswählen

Hier können Sie bei einigen Versionen von PowerPoint zusätzlich aus verschiedenen Farbkombinationen wählen. Wir bleiben bei Rot und klicken auf *Erstellen*. In die Titelfolie können Sie nun Ihren Text eingeben (vgl. *Abb. 33*).

Abb. 33: Die Titelfolie – hier soll Ihr Name oder der Titel Ihrer Präsentation stehen.

Neue Folie einfügen

Die erste Folie ist fertig. Nun klicken Sie auf *Einfügen/Neue Folie* und wählen das Design für die nächste Folie aus (vgl. *Abb. 34*).

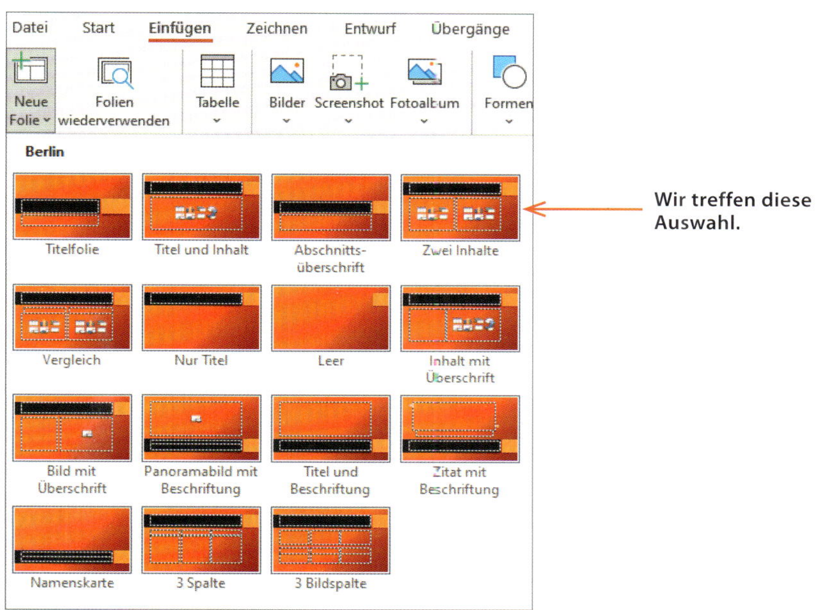

Abb. 34: Sie haben die Wahl zwischen verschiedenen Layouts

Das Design *Zwei Inhalte* sieht direkt vor, dass Sie links und rechts unterschiedliche Inhalte, beispielsweise ein Bild und einen Text eingeben können (vgl. *Abb. 34*).

Um im linken Feld ein Bild einzufügen, klicken Sie das Icon für Bilder oder Archivbilder an. Alternativ können Sie aber auch *Einfügen/Bilder* in der Menüleiste anklicken und hier aussuchen, woher Sie ein Bild einfügen wollen.

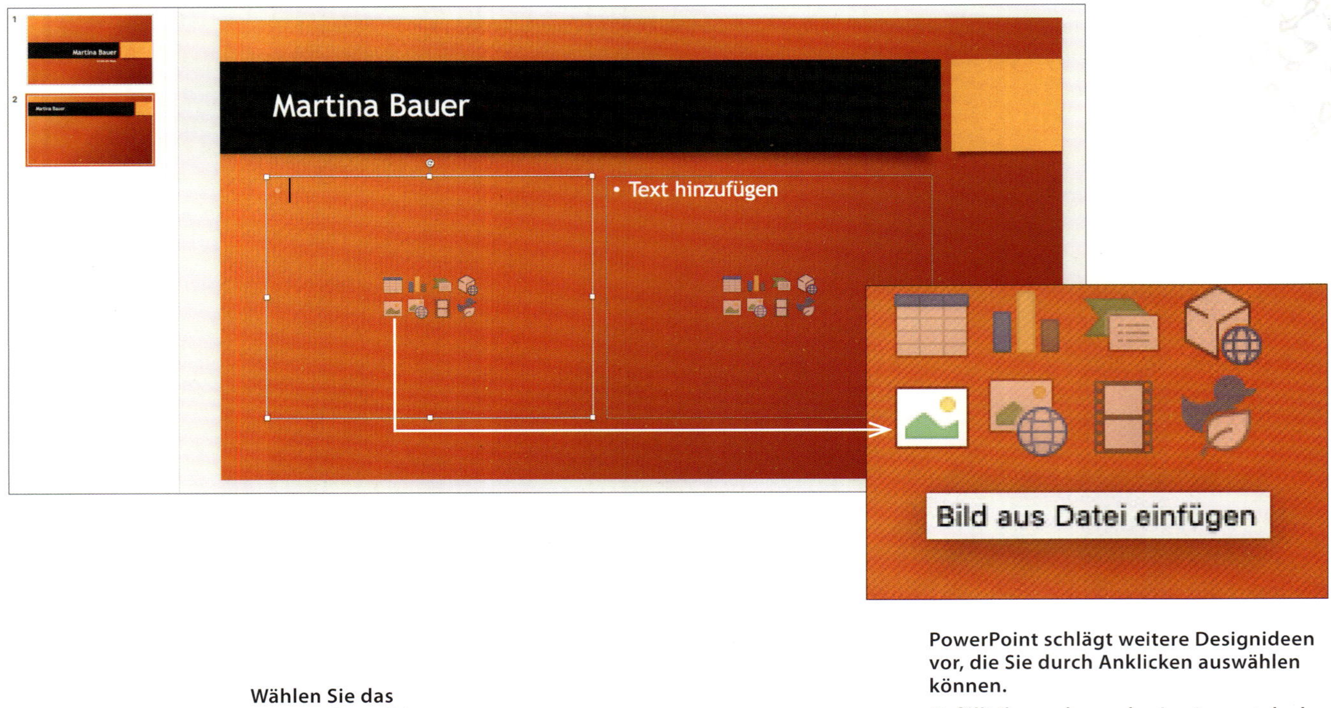

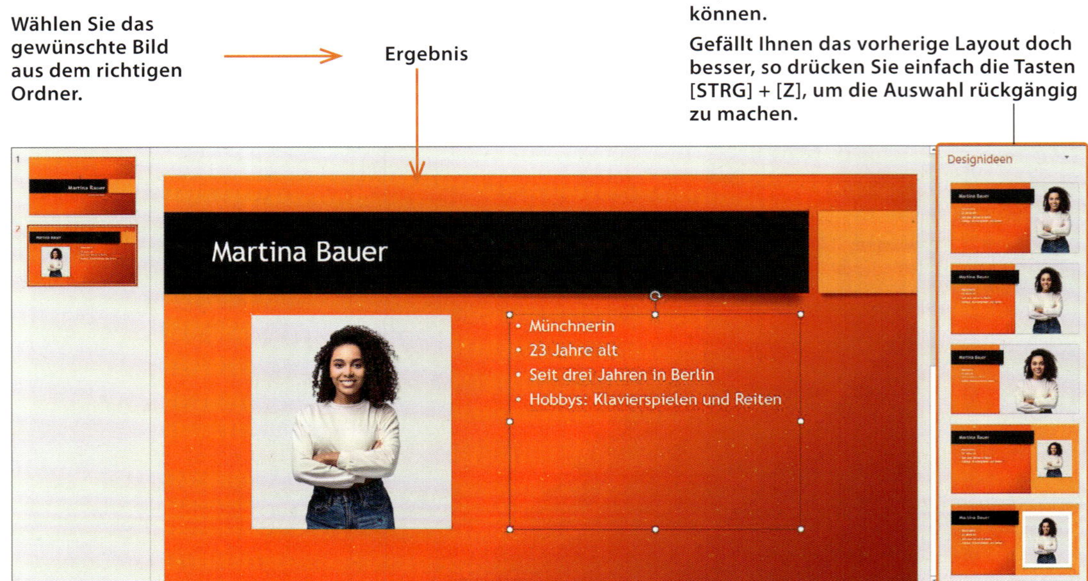

Abb. 35: Ein Bild einfügen

Anwendung des Folienmasters

Möchten Sie, dass auf allen Folien beispielsweise die Initialen MB unten rechts erscheinen, können Sie ein entsprechendes Textfeld in den Folienmaster eintragen. Dieses sollte dann auf allen Folien erscheinen.

Über *Ansicht/Folienmaster* erscheinen links die unterschiedlichen wählbaren Layouts. Scrollen Sie nach ganz oben zum Folienmaster. Per *Einfügen/Textfeld* können Sie an beliebiger Stelle ein Textfeld einfügen. Geben Sie „MB“ bzw. Ihre Initialen ein. Nun ist dieses Textfeld auf allen Folien zu sehen, wenn es nicht überdeckt oder ausgeblendet wird.

4 Über *Ansicht/Normal* erkennen Sie, auf welchen Folien die Initialen schließlich erscheinen:

Auf beiden bisher erstellten Folien erscheinen die Initialen.

Abb. 36: Folienmaster bearbeiten

Die weiteren Folien werden nun alle über *Einfügen/Neue Folie* erstellt und mit Bildern und Text befüllt (vgl. *Abb. 37*).

Abb. 37: So ähnlich könnten die restlichen vier Folien aussehen.

Speichern

Speichern Sie die Präsentation unter einem passenden Namen, dann werden Veränderungen bei Programmabsturz protokolliert, sodass bei Bedarf auf eine frühere Version der Präsentation gewechselt kann. Sinnvoll ist es auch, wichtige Zwischenschritte unter unterschiedlichen Namen zu speichern, beispielsweise „Vorstellung MB 01", „Vorstellung MB 02" usw. (vgl. *Abb. 38*).

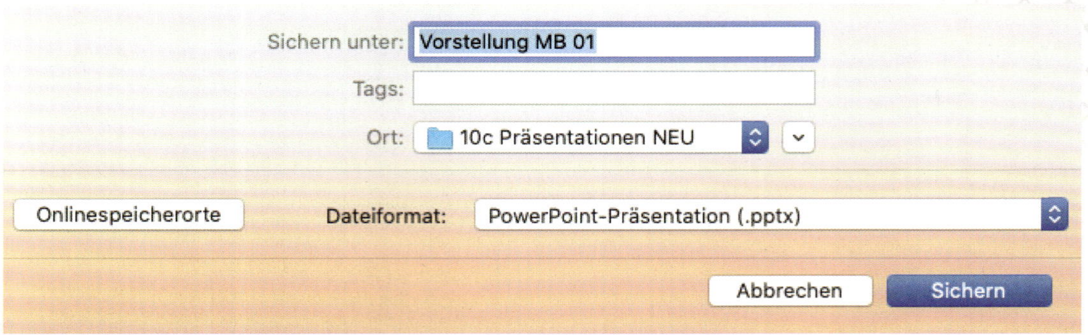

Abb. 38: Es ist sinnvoll, verschiedene Versionen und Zwischenschritte zu speichern.

Bildschirmpräsentation

Mit der Taste [F5] (bzw. [CTRL] + [Shift] + [Enter]) können Sie sich Ihre Präsentation anschauen. Mit den Pfeiltasten gelangen Sie zur nächsten oder vorherigen Folie. Im Menü *Bildschirmpräsentation* gibt es einige hilfreiche Funktionen. Die Präsentation kann z. B. ab einer bestimmten Folie starten. Sie können für unterschiedliche Zuhörerkreise jeweils eine eigene Auswahl der Folien zusammenstellen (*Zielgruppenorientierte* bzw. *Benutzerorientierte Bildschirmpräsentation* vgl. *Abb. 39*).

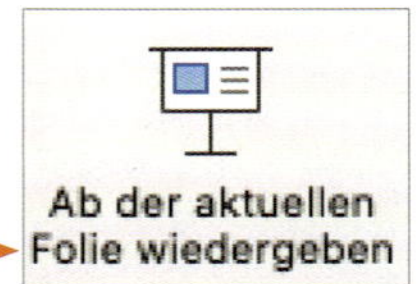

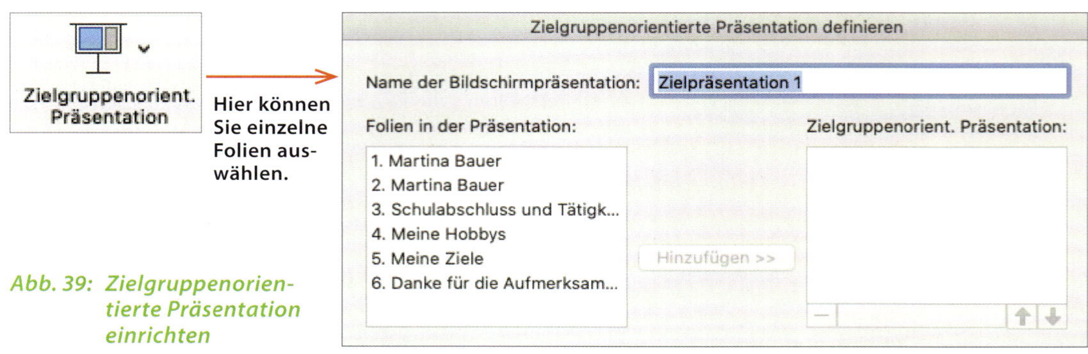

Abb. 39: Zielgruppenorientierte Präsentation einrichten

In einigen Versionen gibt es auch die Möglichkeit, den Vortrag online vorzuführen. Die Zuhörer bekommen einen Link zugesandt und können per Internet in einem beliebigen Browser den Vortrag sehen.

Übergänge gestalten

Sie können die Übergänge von einer Folie zur nächsten individuell gestalten, am besten probieren Sie die verschiedenen Versionen aus. Sie können beispielsweise die nächste Folie von unten nach oben hochschieben lassen oder die aktuelle Folie wie einen Papierflieger davonfliegen lassen. Es gibt viele Möglichkeiten, die nur sparsam eingesetzt werden sollten (KISS). In den unterschiedlichen Versionen von PowerPoint wird die Liste der Übergänge nicht immer gleich dargestellt (vgl. *Abb. 39*).

Abb. 40: Übergänge zwischen Folien

Wahrscheinlich werden Sie Ihre Präsentation mit einem Endgerät mithilfe eines Beamers oder Monitors vorführen. Die Verbindung findet meist über HDMI oder auch über WLAN statt. Ein Notebook wird man evtl. per HDMI Kabel anschließen. Bei Apple-Geräten kann man außerdem, falls vorhanden, Apple-TV verwenden. An andere Geräte können Sie (z. B. per Google-Chromecast oder Amazon-Fire-Stick) eine Kopie des Bildschirms per WLAN schicken.

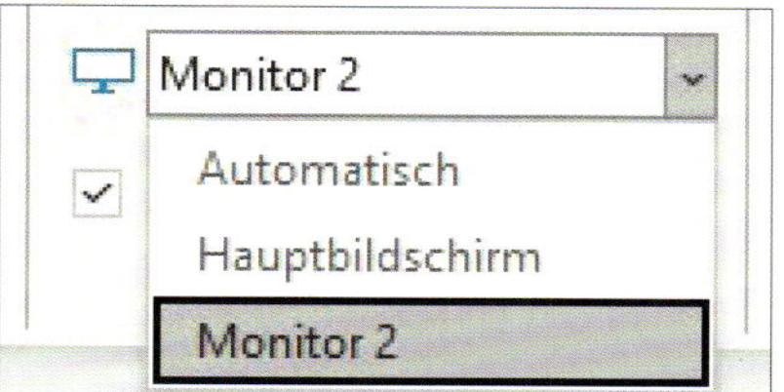

Abb. 41: *Referentenansicht mit zwei Bildschirmen.*

Referentenansicht

Präsentieren Sie von einem Computer aus auf einem zweiten Bildschirm oder einen Beamer, sind die Darstellungen auf dem Computer und dem Beamer nicht zwingend gleich (es gibt eine *Referentenansicht*).

Im Menü *Bildschirmpräsentation* können Sie einstellen, dass die Folien für die Zuschauer beispielsweise auf (hier) Monitor 2 gezeigt werden.

Sie als Vortragender sehen die aktuelle Folie, die nächste Folie und Ihre Notizen auf dem *Hauptbildschirm*. Während des Vortags können Sie handschriftliche Notizen hinzufügen oder einen Textmarker einsetzen. Die Zuhörer/Zuschauer sehen nur die aktuelle Folie.

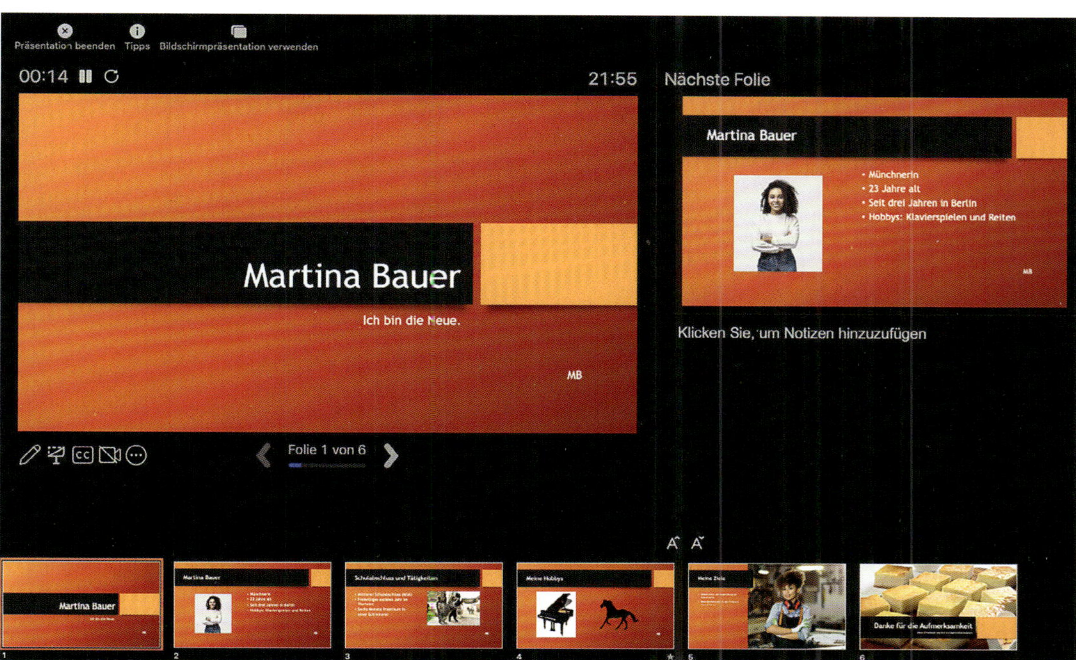

Abb. 42: *Das sehen Sie als Vortragender auf Ihrem Bildschirm.*

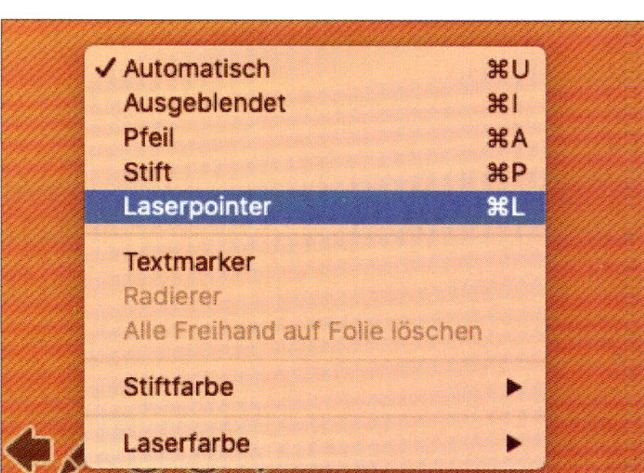

Mit einem virtuellen *Laserpointer* (unten links auf dem Bildschirm zu finden) können Sie auf bestimmte Punkte Ihres Vortrags aufmerksam machen.

Abb. 43: *Der virtuelle Laserpointer*

Aufzeichnen einer Präsentation

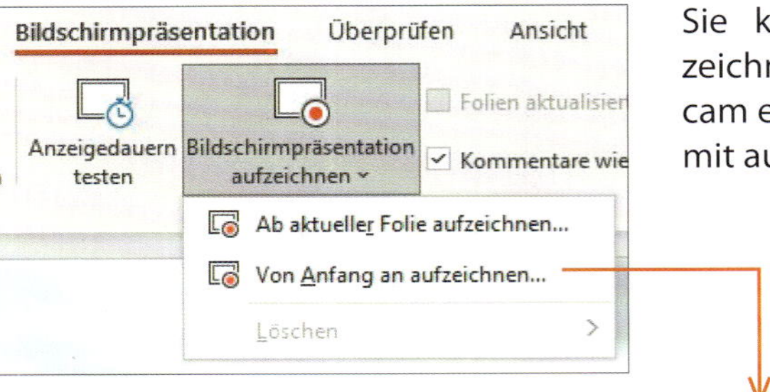

Sie können Ihre Bildschirmpräsentation auch aufzeichnen. Außerdem können Sie das Bild einer Webcam einblenden und/oder den gesprochenen Vortrag mit aufnehmen.

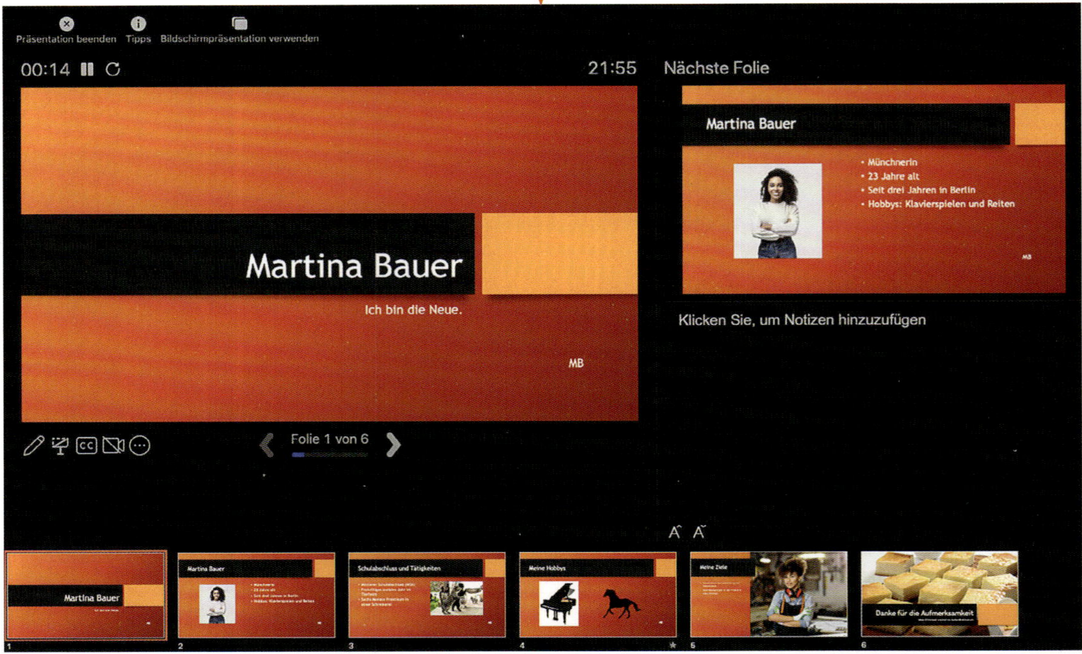

Abb. 44: Der Vortrag wird aufgezeichnet und die einzelnen Foliendauern werden angezeigt und gespeichert.

Danach können Sie über das Menü *Datei* über *Exportieren* ein Video erzeugen und speichern. Das Video können Sie dann beispielsweise versenden.

6.9 Prezi – eine Alternative

Ganz anders funktioniert das Präsentationsprogramm Prezi. Prezi läuft in allen gängigen Browsern und somit auf allen gängigen Betriebssystemen. Um Prezi zu benutzen, muss man sich anmelden. Wenn Sie Ihre Präsentationen öffentlich (maximal fünf gleichzeitig nutzbar) zugänglich machen, kann Prezi kostenlos genutzt werden. Ansonsten muss man für ein Abo regelmäßig bezahlen.

PowerPoint baut auf der ursprünglichen Idee der Folien auf, die man früher auf Overheadprojektoren benutzte. Dagegen stellt Prezi die Präsentation auf einem großen virtuellen Blatt Papier dar, auf dem man sich mit der Maus, oder den Pfeiltasten, bewegen und herein- und herauszoomen kann.

Eine solche Präsentation könnte aussehen wie in *Abb. 45*.

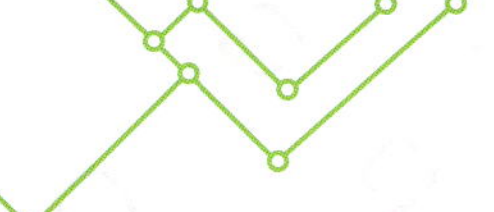

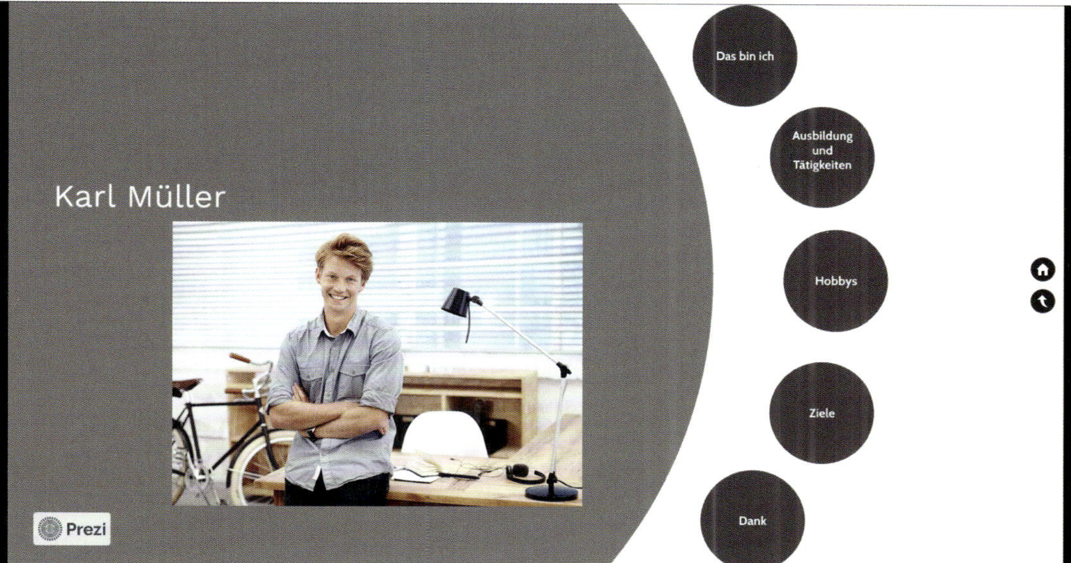

Abb. 45: Eine Prezi-Präsentation

Man kann hier einen der kleineren Kreise anklicken. Prezi zoomt dann in diesen Kreis und man sieht z. B. Folgendes:

Abb. 46: Detail der Präsentation

Mit der Leertaste gelangen Sie wieder zur ersten Ansicht.

Sie können auch mit den Pfeiltasten navigieren, da vorher ein Pfad festgelegt wurde, dem sie folgen. Sie können aber auch jederzeit auf einen der anderen Kreise klicken, und in diesen hereinzoomen.

Auch in Prezi wird mit Vorlagen, sogenannten **Templates**, gearbeitet. Im Beispiel oben wurde *Blank - White (bzw. Leer - Dunkel)* benutzt.

Es ist hilfreich, etwas Englisch zu verstehen, um Prezi bedienen zu können. Es gibt Erklärvideos und Anleitungen im Internet. Es gibt auf der Prezi-Homepage eine Unzahl an Präsentationen, die man sich anschauen kann, um die besonderen Möglichkeiten zu entdecken.

Erste Schritte mit Prezi

Um Prezi auszuprobieren, klicken Sie (nach der Anmeldung) auf der Startseite auf *Prezi Present*, dann auf *Create from a Template (bzw. Mit einer Vorlage beginnen)* und dann auf *Blank - White (bzw. Leer - Dunkel)*. Geben Sie den Namen der Präsentation ein und bestätigen Sie, wer die Präsentation sehen kann. Klicken Sie auf *Fortfahren*.

In die Textfelder tragen Sie nun passende Texte ein. Sie können weitere Kreise einfügen oder Kreise entfernen. Klicken Sie beispielsweise auf *Untitled topic* (*unbenanntes Thema*) um drei kleinere Kreise einzufügen.

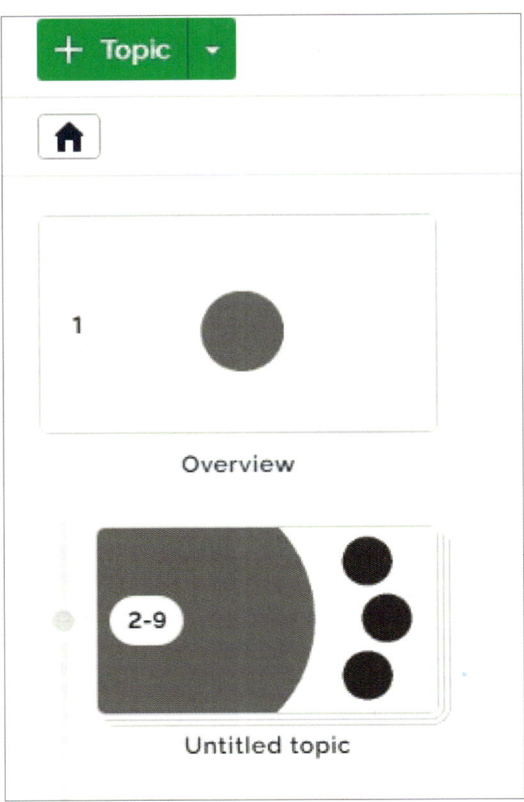

Abb. 47: Drei weitere Kreise einfügen

Jetzt können die Kreise beschriftet werden. Ein Doppelklick auf einen Kreis zoomt hinein. Hier können über *insert* unterschiedliche Objekte (Texte, Bilder…) eingefügt werden. Mit der Schaltfläche *Back to parent* kommt man wieder eine Ebene zurück.

Mit der blauen Schaltfläche *Present* startet man die Präsentation, die man mit der [ESC]-Taste wieder verlassen kann.

Präsentationen mit Prezi haben einen gewissen Aufmerksamkeitserfolg, weil es doch so anders als PowerPoint ist. Die Inhalte eines Vortrags sollten allerdings immer im Vordergrund stehen.